NANCY ARROWSMITH

DIE WELT
DER NATURGEISTER

Feldforschungen im Elbenreich

Handbuch zur Bestimmung
der Wald-, Feld-, Wasser-, Haus-, Berg-,
Hügel- und Luftgeister
aller europäischen Länder

Durchgehend illustriert
von Heinz Edelmann

Aus dem Amerikanischen übersetzt
und mit einem Nachwort versehen
von Michael Korth

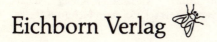

Eichborn Verlag

Sonderausgabe, 1994
© Nancy Arrowsmith, 1977
© Deutsche Ausgabe: Vito von Eichborn GmbH & Co. Verlag KG, Frankfurt am Main,
1984 (August) · Ausstattung: Van Volxem/Gruhle · Gesamtherstellung: Fuldaer
Verlagsanstalt · ISBN 3-8218-0336-3 · Verlagsverzeichnis schickt gern: Eichborn Verlag,
Kaiserstraße 66, D-60329 Frankfurt am Main.

INHALT

Von den Elben wird verzaubert mancher Mann...

Heinrich von Morungen (um 1200)

Zu König Artus' längst vergangner Zeit,
die jeder Brite rühmt und preist, war weit
und breit das Land erfüllt von Zauberei.
Die Elbenkönigin, mit ihrer frohen Kumpanei,
durchtanzte Nacht um Nacht das grüne Gras,
was jeder wußte, und wie ich es las.
Das ist schon viele hundert Jahre her —
die Elben heut, die sieht kein Mensch nicht mehr.

Geoffrey Chaucer (ca. 1340—1400)

Leicht aufzuritzen ist das Reich der Geister.
Sie liegen wartend unter dünner Decke,
Und leise hörend stürmen sie herauf.

Friedrich Schiller (1759—1805)

Wie diese Erde, nicht alle Bildungen erschöpfen kann,
und wie es außer ihr Feen, Erdgeister, Dämonen
geben muß: so gibt es auch Kräfte, die unser Geist
nur in sich ahnen, obwohl an Körpern nicht finden kann.

Jean Paul (1763—1825)

... die ganze Natur ist erfüllt von unsichtbaren Wesen...
einige sind häßlich oder verwachsen, andere boshaft oder närrisch,
viele aber sind derart schön, wie wir es noch nie gesehen haben,
und diese Schönen sind nicht weit, wenn wir an stillen, freundlichen
Plätzen spazieren gehen.

William Butler Yeats (1865—1939)

EINFÜHRUNG

Bereits zu Beginn der geschriebenen Geschichte hatten die Naturgeister eine große Bedeutung in den Volkskulturen der Welt. In der Frühzeit, als jeder Baum und jedes Reh noch seinen eigenen Namen trug, lebten und gediehen sie auf dem Land, in kleinen Ansiedlungen, dort, wo man die Lebensweise der Vorfahren achtete und fortführte. Damals waren sie zahlreich und mächtig; sie spielten eine wichtige Rolle im täglichen Leben und mit ihnen vertraut, kannte man den Namen jedes einzelnen.

Damals galt der Mensch noch nicht als der mächtigste Herrscher der Erde. Auf der Erde lebten nicht nur Menschen und Tiere, sondern auch Riesen, Götter, Ungeheuer, Gespenster und Elben. Manche waren dem Menschen ebenbürtig, manche ihm sogar überlegen an Geschicklichkeit, Stärke und Macht.

Mit dem Christentum wurde der Glaube an Geister und Götter unterdrückt und als verwerflich bezeichnet; doch trotz offizieller Bekämpfung lebten viele der alten Traditionen fort, der jeweiligen Zeit angepaßt. Bis vor wenigen Jahrhunderten behielten die Elben ihre wichtige Stellung im europäischen Volksglauben und standen nur Christus und dem Teufel nach.

Elben sind Naturgeister, Kinder der Natur: lebhaft, melancholisch, rachsüchtig, verstockt, freundlich, lüstern und gehässig. Wesen, die in vielen Gestalten auftreten, sei's als schillernde Schönheit oder als buckliges, gichtiges Greislein, als Ziege, Raupe, Katze, Pflanze, Stein oder Windstoß. Sie sind so groß wie ein Mensch oder so winzig, daß sie sich unter einem Grashalm verstecken können. Sie sind »verwandlungsfähig und unstet in Aussehen und Charakter, und die einzelnen sind nur schwer von einander zu unterscheiden«. Fähig, die Dimensionen zu durchmessen oder gänzlich zu verschwinden, sind sie den Gesetzen des menschlichen Daseins nicht unterworfen.

Solche Fähigkeiten und Eigenschaften machten es dem Menschen seit jeher schwer, Naturgeister wahrzunehmen. Kinder, Dichter, Seher, Heilkundige, mit dem zweiten Gesicht Begabte und im Frieden und im Einklang mit der Natur Lebende waren im Laufe der Geschichte am besten imstande, Zugang zu den Elben zu finden.

Berichte solcher Begegnungen wurden zunächst durch Erzähler, Sänger, Heiler, weise Frauen, Priester, Hexen und Ammen mündlich überliefert. Halluzinogene, Giftpflanzen, komplizierte Initiationsrituale und Zeremonien waren erforderlich, um mit Elben und anderen phantastischen Wesen in Beziehung zu treten. Alle Berichte stimmen jedoch darin überein, daß die wichtigste Voraussetzung Zuneigung oder Wahlverwandtschaft zu den Elben ist. Eine echte Beziehung zu Elben (sexuell oder freundschaftlich) gilt als schwierig, da von beiden Seiten viele Tabus zu beachten sind.

Die mündliche Überlieferung wurde erst im letzten Jahrhundert in exakten, wortgetreuen Aufzeichnungen festgehalten und dokumentiert. Diese Aufzeichnungen bildeten die Grundlage meiner Forschung. Literarische Quellen habe ich nicht benutzt. Meines Erachtens geht die Phantasie der Dichter mit den Naturgeistern derart frei um, daß sie in ihren Werken anders dargestellt werden als in der volkssprachlichen Überlieferung. (Hobbits zum Beispiel wurden in dieses Buch nicht aufgenommen, weil es über Begegnungen mit ihnen bis dato keine Berichte gibt.)

Heute, da sich die Naturgeister vor dem Menschen, seinen lauten Städten und verseuchten Gewässern zurückgezogen haben, ist es noch schwieriger geworden, mit ihnen in Beziehung zu treten, obwohl man sie manchmal auf dem Lande finden kann, in verlassenen Häusern, auf Berggipfeln, in Flüssen oder im freien Feld. Die meisten modernen Berichte über Begegnungen mit Naturgeistern sind jedoch derart fragmentarisch, daß sie bald wieder in Vergessenheit geraten, und den Menschen, die darüber berichten, wird nicht geglaubt. Man hält ihre Erzählungen für Phantastereien, Hirngespinste oder Geistesverwirrung.

In diesem Buch wird versucht, den festen Bestand volkskundlicher Überlieferung in wissenschaftlicher Weise, und zwar durch systematische Aufzeichnung von Berichten über Begegnungen mit Elben, dem heutigen Leser nahezubringen. Die Naturgeister werden nach Spezies, Genus und Familie klassifiziert, es werden Kennzeichen und Verbreitung angegeben sowie Mitteilungen über ihre Lebensgewohnheiten und ihren Umgang mit Menschen. Ich hoffe, einen Beitrag zur leichteren Identifizierung der europäischen Elben zu leisten und größeres Interesse für sie zu wecken, indem ich dem Leser die Augen öffne für ihre Existenz in unserer Zeit.

Eine meiner schwierigsten Aufgaben war es, die älteren, glaubwürdigeren und vollständigeren Fassungen der Volkserzählungen und mündlichen Überlieferungen von den neueren, christianisierten und entstellten Versionen zu trennen. Wenn es zutrifft, was die moderne Märchenforschung behauptet, daß die meisten Volkserzählungen ihrem Wesen und Ursprung nach aus der Steinzeit stammen, und wenn man bedenkt, daß Naturgeister schemenhaft und wandlungsfähig sind, so ist es einleuchtend, daß ihre Kodifikation und Klassifikation zumindest problematisch ist. Jedes System ist unvollständig und Widersprüchen ausgesetzt. Der Autor ist daher häufig gezwungen, nicht nur der Untersuchung des Materials, Rekonstruktionen, logischen und linguistischen Lösungsversuchen und der Einteilung in Kategorien, sondern auch der Intuition und dem Zufall zu vertrauen.

In der verwirrenden Vielfalt konnte ich drei Elbengruppen unterscheiden. Sie bilden die Grundlage zur Gliederung dieses Buches: *Licht-Elben* sind Meister der Verwandlung. Mühelos reisen sie durch die uns bekannten vier Dimensionen. Ihre Schönheit ist flüchtig wie die der Schmetterlinge. Sie gehören zu den gutmütigen Naturgeistern, doch leider sieht sie der Mensch seltener als Dunkel- und Dämmer-Elben.

Die *Dunkel-Elben* sind den Raupen ähnlich, sie haben ihre Wohnstätten in der Erde. Ihre Haut spiegelt die Farben des Erdbodens wider: grau, braun, rot und schwarz. Ab und zu leben sie auch in den Häusern der Menschen, wo sie jedoch stets die dunklen Ecken bevorzugen und nur zu Mittag oder spät in der Nacht erscheinen.

Die *Dämmer-Elben* sind bei weitem die zahlreichsten. Sie sind an ihre Umgebung gebunden, und Gesetze von Zeit, Ort und Raum bestimmen ihr Leben. Diesen Einschränkungen zufolge können sie vom Menschen leichter wahrgenommen werden; das ist auch der Grund, warum sie in diesem Buch so viel Platz einnehmen. Sie ähneln Kokons, mit seidenen Fäden an die Umgebung gebundene Wesen. Dämmer-Elben schützen sich ängstlich vor fremdem Einfluß und entfernen sich deshalb selten von dem Baum, Gewächs, Bach, Hügel oder Teich, wo sie das Licht der Welt erblickt haben.

Relativ einfach war, die Elben in diese drei Kategorien zu ordnen, wesentlich schwieriger aber, eine exakte Klassifikation nach Art und Familie zu treffen. Ein Beispiel: Wechselbälge werden ohne Rücksicht auf die Elbengattung im allgemeinen Wechselbälge genannt. Die Changelings der irischen *Sidhe* und der walisischen *Gwagedd Annwn* heißen ebenso Wechselbälge wie die des *Stillen Volkes* und der *Moosweibchen* in Deutschland. Um noch mehr Verwirrung zu stiften: es gibt unzählige Volksnamen für jede einzelne Elbengattung. *Skogsrå*, Thusser, *Hügelvolk* und Trolle kann je nach Zeit oder Autor dieselbe Spezies meinen.

Ein weiteres Problem war, daß die Aufzeichnungen in den jeweiligen Ländern sehr unterschiedlich sind. In Irland zum Beispiel gibt es im Verhältnis zur Bevölkerung mehr aufgeschriebene Volkserzählungen als in jedem anderen Land Europas. In Spanien dagegen sind die Berichte so spärlich, daß es mühsam ist, überhaupt Quellen zu entdecken. In vielen Ländern, insbesondere in den slawischen, wurden die Volkserzählungen erst in den letzten Jahren systematisch gesammelt, übersetzt und allmählich dem Westen bekannt gemacht.

Wenn auch Namen und Klassifikation verwirrend sind: die Berichte über Begegnungen mit Elben scheinen auf Gesetzmäßigkeiten hinzudeuten. Es ist daher möglich — wenn man von den zahlreichen Variationen hinsichtlich Größe, Wesensart und Erscheinung absieht —, ein allgemeines Bild der Elben zu gewinnen.

Elben sind uralte Wesen; sie besitzen viele Charakterzüge und Eigenschaften früher europäischer Völker (Lappen, Kelten, Germanen, etc.). Will der Mensch Macht über sie gewinnen, muß er sie zwingen, ihr Alter zu verraten, das in jedem Fall sehr ehrwürdig ist. Ihrem hohen Alter entsprechend sind Naturgeister konservativ. Sie mißtrauen Eisen und Stahl und der Religion ebenso wie der Industrialisierung. Menschen, die neumodische Lebensgewohnheiten pflegen, mögen sie nicht. Sie gehen sogar so weit, die Verwendung von Salz und Gewürzen bei der Zubereitung von Speisen als Verletzung eines ihrer Tabus zu betrachten. Viele von ihnen können weder zählen noch die Wochentage benennen.

Einige Elben haben hohle Rücken: sie sind nur teilweise in unserer Welt gegenwärtig. Die Elbenfrauen haben meist lang herabhängende Brüste (wie manche Tiere); sie können Feldarbeit verrichten und gleichzeitig die Kinder im Korb auf ihrem Rücken stillen, eine Besonderheit, die auf ihre Fruchtbarkeit hinweist. Manche Elben besitzen menschliche Gestalt, doch oft die Haut, Füße, Ohren oder Zähne eines Tieres. Die Elben mögen alte Bauerntrachten, tragen die magischen Farben Rot oder Grün oder gehen nackt. Naturgeister verachten Materialismus und materiellen Besitz — zum Unbehagen der meisten Menschen.

Der heutigen Zeit scheint es unwichtig, sich mit dem heidnischen Glauben der Vergangenheit, Naturgeistern und anderen Wesen der Volkstradition zu befassen. Aber haben diese Überlieferungen nicht doch einen tiefen wahren Kern? Wir haben das harte, mühsame Leben im Dorf mit dem der Stadt vertauscht, die Namen der Elben vergessen und die Erde mit Werkzeugen und Maschinen zerfurcht. Auf der Jagd nach Profit treibt es uns von Stadt zu Stadt, und jeder neue Wechsel läßt uns mehr und mehr den Sinn für die Vielfalt der Natur verlieren. Die Fähigkeit, Elben mit Kinder- oder Seheraugen wahrzunehmen, ist uns abhanden gekommen. Statt dessen lesen wir Geschichten über Kobolde und lachen über die Naivitität von Menschen, die heute noch an sie glauben. Dieses Buch wurde für jene geschrieben, die die Elben wiederentdecken möchten — die majestätischen, grausamen, anmutigen und unbeugsamen Elben unserer Vorfahren.

LICHT-ELBEN

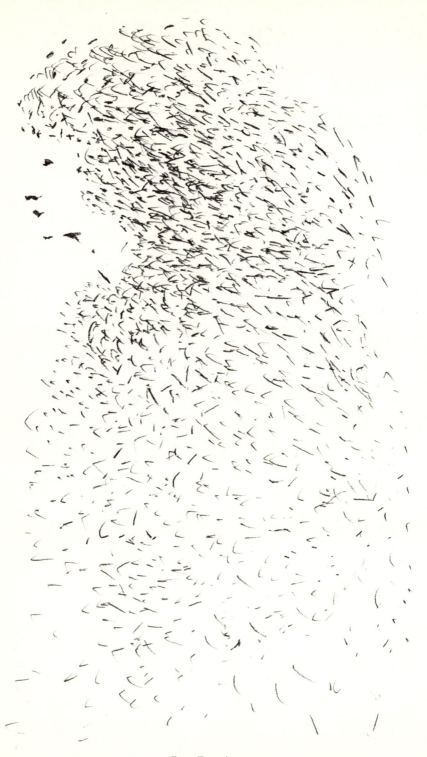

EINE DER ALVEN

ALVEN

Die holländischen Alven sind die wichtigsten Vertreter der Gattung Licht-Elben. Da unser Auge ihre Körper kaum wahrnehmen kann, werden sie gewöhnlich als unsichtbar bezeichnet. Schwerelos und leicht bewegen sie sich durch die Lüfte, durchmessen Ströme und Flüsse, indem sie sich mit der Strömung lautlos dahintreiben lassen. Man sollte mit den Alven nicht leichtherzig umgehen. Ihre Körper wirken zwar zart und zerbrechlich, doch tatsächlich besitzen sie gewaltige Kräfte. Sie beherrschen viele Flüsse, darunter die sagenumwobene Elbe. Nachts ist ihre Macht am größten, wenn sie aus dem Schlaf erwachen. Dann kommen sie an Land, um sich zu vergnügen und ihre Freunde zu begrüßen. Sie pflegen ihre Lieblingspflanzen Nachtschatten und Elbenblatt, gießen und kräftigen sie für den kommenden Tag. Ihre Liebe zu diesen Pflanzen ist so innig, daß sie Menschen und Tiere, die sie berühren, mit Krankheit oder Tod schlagen.

KENNZEICHEN
Die Körper der Alven sind durchsichtig und daher nahezu unsichtbar. Aus diesem Grund gibt es wenig genaue Beschreibungen. Erschwerend kommt hinzu, daß sie ihre Gestalt verwandeln können: von winzigsten Wesen bis zum gewaltigsten, das den halben Morgenhimmel bedeckt.

VERBREITUNG
Die holländischen Alven leben in fischlosen Gewässern oder unter kleinen Erdhügeln, die im Volksmund Alvinnenhügel genannt werden. Sie reisen mit dem Wind durch die Lüfte, im Wasser in Luftbläschen oder zerbrochenen Eierschalen.

SÍDHE

SÍDHE

Die irischen Faeries sind die größte Gruppe der europäischen Elben. Sie sind die Nachkommen der irischen Urbevölkerung, der Tuatha dé Danaan. Die Faeries, die unter dem Namen Sídhe (sprich: Schii) oder Daoine Sídhe bekannt sind, sind mit den Tuatha am engsten verwandt. Sie sind die Aristokraten der Faeries: erlesene Schönheit, guter Wuchs, ehrwürdiges Alter und uneingeschränkte Macht zeichnen sie aus. Ihrer sinnbetörenden Musik vermag kein Mensch zu widerstehen, doch weitaus gefährlicher ist es, ihrer berauschend schönen Königin Maeve zu begegnen. Nur einer ist ihr überlegen: der Narr Amadán-na-Briona, der Schrecklichste aller Faeries. Die Furcht vor ihm ist so groß, daß man noch heute in Irland sagt: »Begegnest du dem Amadán, bist du gefangen dein Leben lang.«
Wenn sie in Ruhe gelassen werden, sind die Sídhe sehr häuslich und verträglich. Sie versorgen ihr Vieh, trinken behaglich Whisky und gehen zum Nachbarn, um Milch oder Mehl zu borgen. Gefährlich werden sie erst, wenn man sie beleidigt, belästigt oder eines ihrer Tabus verletzt. Ihre leichte Berührung kann dann Krankheit oder Wahnsinn verursachen, und ihre Elben-Pfeile führen sofort zu Lähmung oder Tod. Wenn die Sídhe sich zu einem Menschen hingezogen fühlen und ihn begehren, wird er geraubt und muß ihnen als Liebessklave oder Knecht dienen. Auch wenn ein Mensch nur wenige Tage mit ihnen gelebt hat, kehrt er verwandelt zur Erde zurück: als Heilkundiger, Seher, Geistesgestörter oder Dichter.
Es gibt gute Möglichkeiten, mit ihnen verträglich auszukommen, wenn folgendes beachtet wird: niemals soll man von ihren Speisen essen, umgekehrt empfiehlt es sich jedoch stets, ihnen etwas anzubieten: Milch, Kartoffeln, Tabak oder Whisky. Wird Milch verschüttet, darf man auf keinen Fall klagen, denn »es gibt jemanden, dem es dann gut geht«, und wer sich nicht darüber aufregt, gewinnt das Vertrauen der Faeries. Schlampige Menschen sind den Faeries ein Greuel; deshalb empfiehlt es sich, in der Früh das Haus und die Feuerstelle zu kehren und bevor es dunkel wird, Abfälle und Asche hinauszubringen.
In der Walpurgisnacht und zu Hallowe'en (30. April und 31. Okto-

ber) beziehen die Sídhe ihre Sommerhäuser bzw. ihre Winterquartiere. Jetzt tut man gut daran, ihnen nicht zu begegnen, da ihre Macht auf dem Höhepunkt ist. Aber auch in den Stunden des Zwielichts, vor Sonnenaufgang, um die Mittagszeit und den gesamten Monat Mai hindurch, ist es besser, ihnen aus dem Weg zu gehen. Niemals soll ein Faeriekreis oder -hügel betreten, unter keinen Umständen aber ein Haus an jener Stelle errichtet werden. Vor Staubwirbeln ist es gut, den Hut zu ziehen, doch darf man sich nicht nach den Faeries umdrehen. Einen Dornbusch abzuschneiden oder etwas auf einem Faeriepfad liegenzulassen, beschwört Unheil herauf, jemand zu loben, ohne ein »Gott segne ihn«, birgt die Gefahr, daß der Gelobte von ihnen entführt wird.

Der beste Schutz gegen die Faeries ist Eisen, doch auch Salz und geweihte Gegenstände sind nützlich. Ein vierblättriges Kleeblatt am Hut ermöglicht es, die Faeries zu sehen.

KENNZEICHEN

Die Sídhe sind schlank und bis zu sechs Fuß groß. Trotz ihres hohen Alters sehen sie jung und schön aus. Ihre Körper sind schemenhaft, und in Anwesenheit von Menschen können sie Gestalt annehmen. Sie sind von außerirdischer Schönheit; ihre Haut ist zart, ihr Haar lang und wallend, ihre Gewänder sind leuchtend weiß, der Klang ihrer Stimme ist wohltönend, und in der Kunst des Dudelsackspiels sind sie von keinem Sterblichen zu übertreffen.

Auch unter den Faeries gibt es besondere Berühmtheiten: Willy Rua, der stets die ersten Tropfen Whisky aus jedem neuen Braubottich bekommt; Stroke Lad, der den Schluß jeder Faerieprozession bildet und dazu den Takt schlägt; die verführerische Leannán-Sídhe, deren gefährliche Schönheit unzählige Männer verwirrte und ruinierte; Fir Darig, ein zwei Fuß großes rotberocktes Männlein, dessen größtes Vergnügen ist, sich in fremde Häuser einzuladen und am warmen Kamin zu hocken.

VERBREITUNG

Die Sídhe leben unter Faeriehügeln. Berichten zufolge soll es auch geheimnisvolle, treibende Inseln geben, die von den schönsten Faeries bewohnt werden.

Eine Frau war sieben Jahre fort. Als sie wieder nach Hause kam, fehlten ihr alle Zehen: die Faeries hatten sie mitgenommen, und die ganze Zeit hatte sie mit ihnen tanzen müssen.

Ein Mädchen ging in den Wald, um Nüsse zu sammeln. Da hörte sie eine Musik, die anders war als alles, was sie bisher gehört hatte. Die Klänge durchfluteten ihr Herz und ließen sie die Nüsse unter dem Baum vergessen. Das zarte Wispern des Windes war laut gegen diese Musik. Sie träumte von sanft strömenden Flüssen, die sich irgendwo ins Meer ergossen, und erst als das Dunkel der Nacht alle Dinge verhüllte, verstummte der letzte Ton.
Als sie heimkam, erzählte sie ihrer Mutter davon, und am nächsten Morgen ging sie noch früher in den Wald. Sie lauschte unter dem Nußbaum, bis das letzte Echo der Musik verklang und die Sterne zu funkeln begannen. Am Tag darauf lief sie wieder zu dem Baum. Die Klänge ergriffen sie und folgten ihr nach Haus und erfüllten zaubrisch ihr Zimmer. Dann brachen sie ab. Als das Mädchen aus ihrem Zimmer kam, fragte die Mutter sie nach der seltsamen Musik. »Ich habe nichts gehört, du muß dich getäuscht haben.« Ungläubig schüttelte die Mutter den Kopf. Sie schwieg und wandte sich wieder ihrer Arbeit zu. Am nächsten Tag lag die Tochter tot im Bett. Als die Nachbarn kamen, um bei der Toten zu wachen, fanden sie anstelle des jungen Mädchens eine häßliche Greisin mit langen Zähnen, so alt und verschrumpelt, als hätte sie hundert Winter gelebt. In dieser Nacht erklang wieder die Musik. Vor allen Fenstern flackerten bunte Lichter, und zum letzten Mal hörte die Mutter die Dudelsackspieler, die ihr die Tochter genommen hatten.

Ein kleiner Junge stand am Strand und schaute aufs Meer. Da sah er zwei Schwärme von »Ihnen« um ein Fischerboot wirbeln. Sie fegten so tief und schnell über das Wasser, daß es sich teilte und der Sand des Meerbodens sichtbar wurde. Der arme Fischer ruderte aus Leibeskräften, aber das Boot kam nicht voran. Wieder und wieder stürzten sie lachend auf ihn herab und jubelten vor Begeisterung.

Immer wenn sie vom Boot hochschnellten, glaubte der Junge eine Staubwolke zu sehen. Doch plötzlich konnte er ihre Gesichter erkennen, die bei jeder Bewegung in tausend Farben leuchteten.

Es gibt Häuser, in denen nicht alles mit rechten Dingen zugeht — und so ein Haus war das auch — oder besser gesagt — so eine Hütte. Vor langer Zeit hatte sie einem Schäfer gehört, und alle, die nach ihm eingezogen waren, starben kurz darauf. Sogar die Hunde, die am Feuer schliefen, verschwanden auf geheimnisvolle Weise. Viele Jahre stand die Hütte leer. Eine alte Frau, die keine Bleibe hatte, zog endlich ein, denn: Ein Haus, in dem es spukt, ist immer noch besser als gar kein Haus — dachte sie.
Am ersten Tag geschah nichts, und am zweiten Tag geschah auch nichts. Die Frau war sehr zufrieden mit sich und begann schon ein wenig stolz zu werden, als es plötzlich klopfte. Vor der Tür stand eine hochgewachsene, schöne Dame: »Entschuldigung, könnte ich mir ein paar Haferflocken borgen?«
Die arme Frau gab der Fremden großzügig von dem wenigen, was sie besaß. Als nach ein paar Tagen die Faery wieder erschien, um ihre Schulden zu bezahlen, wollte sie jedoch nichts annehmen: »Nein, nein, ich bin froh, daß ich Euch behilflich sein konnte. Außerdem habe ich genug.«
»Wenn du niemals die Hintertür öffnest«, sagte darauf die vornehme Faery, »verspreche ich dir, daß wir dich nie belästigen werden. Du kannst solange hier wohnen, wie du möchtest.«
Die Frau bedankte sich herzlich und zog nie wieder aus. Die Faeries verlegten den Pfad, der an der Hintertür vorbeiführte, und treu ihrem Versprechen störten sie nie mehr den Frieden des Hauses.

FYLGIAR

Es ist selten, daß ein Kind mit einer Glückshaube, im Volksmund »Eihäutchen« (die geschlossene Haut der Fruchtblase, die bei der Geburt meistens zerstört wird), zur Welt kommt. Das Häutchen

FYLGIA

heißt auf Isländisch »Fylgia«. Es wird sorgsam aufbewahrt und unter der Türschwelle vergraben. Danach muß die Mutter über die Schwelle schreiten, damit ihr Kind später von seinem glücksbringenden Schutzgeist begleitet wird. Diesen Schutzgeist nennt man in Island und Norwegen nach der Glückshaube Fylgia. Er folgt seinem Herrn überall hin, nimmt die Gestalt seines Totemtieres an oder vertritt ihn als Doppelgänger. Da der Fylgia immer als Schatten folgt, gilt es als äußerst unhöflich, sofort hinter jemandem die Tür zu schließen; der Fylgia könnte ausgespert und somit gehindert werden, seinem Herrn zu Hilfe zu eilen. Man kann den Fylgia zwar nicht sehen, aber sehr wohl hören. Vor der Ankunft eines Gastes rumort er im Haus, poltert über Treppen, schlägt Türen und schlurft vernehmlich durch den Flur. Sein Herr kann ihn nur ein einziges Mal sehen: als Todesboten. Erscheint der Fylgia blutüberströmt, steht ein schreckliches Ende bevor, erscheint er friedlich, erwartet ihn ein sanfter Tod.

KENNZEICHEN

Wie der Fylgia ausgesehen hat, erfährt sein Herr unmittelbar vor seinem Tod. Menschen mit dem zweiten Gesicht können ihn dagegen immer sehen. Um die Tiergestalt seines Fylgias herauszufinden, gibt es jedoch eine einfache Methode: Man wickelt ein Messer in ein Taschentuch, hält es in die Höhe und sagt alle Tiernamen auf, die man kennt. Beim richtigen Namen fällt das Messer aus dem Tuch. In Island wird der Fylgia auch Forynia und Hamingia, in Norwegen auch Folgie, Vardögl, Vardivil, Vardygr, Vardöiel und Ham genannt.

VERBREITUNG

Der Fylgia folgt seinem Herrn in einem unsichtbaren Abstand von ein bis zwei Schritten. Nachts schläft er in seiner Nähe. Am häufigsten hat man von den Fylgiar in Island und Norwegen gehört.

Zappel-Thorsten fiel kopfüber ins Zimmer. »Mist«!
Der Großvater saß in der Ecke und schüttelte sich vor Lachen. »Das findest du komisch, was?« fauchte der Junge, »wie ein Esel wiehern, bloß weil man hinfällt. Hast du nichts Besseres zu tun?«

»Sachte, Junge, sachte. Ich lache ja nicht über dich, sondern darüber, was du nicht sehen kannst. Weil du's immer so eilig hast, bist du über deinen eigenen Fylgia gestolpert. Hast du schon mal jemand über einen Eisbären fallen sehen? Ich sage dir, ein komisches Bild.«

ELLEFOLK

Das Ellefolk wird oft zu den Trollen gezählt, aber es hat wenig mit den Verwandten, *Hügelvolk* und *Skogsrå*, gemein. Das Ellefolk gehört zu den Licht-Elben. Es ist nicht an den Tag gebunden und kann sich ungehindert durch die Luft, durch Feuer, Wasser, Holz und Gestein bewegen. Die Ellefrau gleitet auf Sonnenstrahlen durch Schlüssellöcher, der Ellemann sitzt mit Vorliebe am Rande eines Moores und genießt die Morgensonne. Ellefrau und Ellemann hüten die alten Geheimnisse und können die Zukunft voraussagen. Ihre liebste Beschäftigung ist der Tanz. In mondhellen Nächten kann man sie sehen, wie sie elegant im Kreise tanzen und springen und unermüdlich feiern beim Klang ihres schönen Saitenspiels. Unter ihren Schritten sprießt das Gras um so üppiger, und auf dem Rasen bleiben komplizierte Muster zurück. In der Musik sind sie solche Meister, daß einige Töne auf einem ihrer Instrumente genügen, um einen Menschen um den Verstand zu bringen.

Wegen ihrer Macht über die Dinge der Natur und ihrer großen Schönheit und Lebenskraft ist es für Menschen äußerst gefährlich, ihnen nahe zu kommen. Ein einziger Hauch ihres Atems kann Krankheit oder sogar den Tod bedeuten. Ein Mann, der eine Ellefrau durch ein Astloch erspäht, wird Weib und Kind verlassen, um ihr zu folgen. Frauen sollten einen Ellemann nie beim Sonnenbad stören, sonst werden sie ins Land des Ellefolks gelockt. Dort, wo die Elben des Ellefolks den Boden berührt haben, dürfen keine Kühe mehr grasen, da sie sonst krank werden und in die großen Herden des Ellefolks eingegliedert werden. Die magische Kraft des Elbentanzes aber bleibt für Sterbliche die gefährlichste Versuchung. Menschen, die einmal in seinen Bann geraten sind und vom rasenden Wahnsinn erfaßt wurden, finden auf der Erde keinen ruhigen Ort mehr.

ELLEFOLK

KENNZEICHEN

Im allgemeinen wird die Bezeichnung Ellefolk nur für dänische Elben verwendet, doch gibt es ähnliche Elben auch in Schweden (dort Elfor genannt) und in Norwegen.

Die Ellefrau ist jung, schön und verführerisch. Ihr Rücken ist hohl wie ein Backtrog. Sie hat lang herabhängende Brüste und offenes, blondes Haar. Sie ist etwas mehr als vier Fuß groß, und ihre Stimme klingt sanft und anmutig.

Der Ellemann ist etwas kleiner und trägt einen breitkrempigen Hut. Der dänische und der schwedische Ellemann tritt meistens als Greis auf, der norwegische als schöner, nackter Jüngling.

VERBREITUNG

Das Ellefolk lebt im Ellemoor, in der Nähe von Flüssen, unter Hügeln und in Sümpfen. Ihre Wohnungen können nur ein einziges Mal gesehen werden, dann verschwinden sie und sind nicht wieder zu finden. Augenzeugen berichten von märchenhaften, in Mooren versteckten Gärten am Rande der Wälder. Ellefolk und Elfor leben in Dänemark, Schweden und Norwegen.

Die Kühe grasten, die Sonne stand hoch am Himmel, und der Hirte hatte so wenig zu tun, daß er müde wurde. Um sich wachzuhalten, dachte er an dies und das: wie schön es wär, seine Freundin zu sehen... in seinen neuen Kleidern durchs Dorf zu schlendern... den Abend mit Freunden zu verbringen... Die Träumereien nahmen ihn so gefangen, daß er gar nicht bemerkte, wie sich ein schönes Mädchen neben ihn setzte.

»Du siehst hungrig aus«, sagte sie mit anmutiger Stimme. »Komm, ich geb dir was zu trinken. Nimm einen Schluck, wenn du dich traust.«

Der Bursche war von dem Mädchen und ihrer Stimme derart verwirrt, daß er überhaupt nichts begriff.

»Komm, hab keine Angst«, lockte sie.

Jetzt sah er ihre schönen, nackten Brüste.

»Komm, einen Schluck«, schmeichelte sie. Ehe er nachdenken konnte, lag er in ihren Armen und saugte an ihrer Brust. Dort blieb er für eine Ewigkeit. Süße Erinnerungen stiegen in ihm auf, an Gespräche, an Tage der Liebe, an zärtliche Lieder. Nur langsam kam er zu sich und taumelte heim.

Die besorgten Fragen der Eltern konnte er nicht beantworten. Sie spürten, er war verhext. Bevor er für drei Tage das Bewußtsein verlor, zwang ihn sein Vater, ein rohes Stück Fleisch zu essen. Vielleicht hatte das Fleisch sein Leben gerettet, seinen Verstand rettete es nicht. Als er erwachte, konnte er nur mehr vom Ellefolk träumen und sich vage an Vergeßnes erinnern.

WIND-FOLLETTI

Alle *Folletti* reisen in Windwirbeln, die man in Italien »Windknoten« nennt. Wenn sich der Wind zum Bösen wendet und Schnee und Regen entfesselt, die Ernte verwüstet und Häuser zerstört, dann steckt gewöhnlich ein Folletto dahinter. Viele Winde heißen nach den Folletti, die mit ihnen reisen, manche Folletti wiederum nennt man nach den Winden, die von ihnen geritten werden.

Bestimmte Folletti beschäftigen sich ausschließlich mit Wind und Wetter. Besonders zahlreich und gefährlich sind sie in Sizilien, wo das Klima besonders unbeständig ist. Die Macinghe sind Wind-Folletti, die Frauen belästigen. Mazzamarieddu und Ammazzamareddu erheben sich nur, wenn sie das Blut eines Ermordeten wittern. Sie verursachen Erdbeben ebenso wie Schneesturm und Wind. Ihre erbittertsten Feinde sind die Heiligen Filippo und Giacomo, mit denen sie Jahr für Jahr streiten. Kommt am Festtag der beiden Heiligen Wind auf, dann wissen die Bauern, daß sich die Schlacht zugunsten der Mazzamarieddu wendet und sie mühen sich dann nach Kräften, durch Knoblauchkauen die Folletti zu vertreiben.

In Sardinien werden Windwirbel durch die Sumascazzo verursacht, die Unglück ankündigen. In Friaul bringen die Grandinili oder »kleinen Hagelmacher« Hagelstürme; sie können nur durch das Geläut von Kirchenglocken verjagt werden. Die Mazzamarelle sind in Calabrien, Latien und in den Abruzzen unter verschiedenen Namen bekannt. In den Abruzzen schlüpfen sie in die Gestalt kleiner Kna-

WIND-FOLLETTO

WEISSE FRAU

ben mit Kastagnetten und seidenen Hüten, die in Windwirben reisen und in Häusern Radau machen. Der norditalienische Basadone (Küßchen-Dieb) fliegt mit der Mittagsbrise und hascht Küsse en passant. Er ist ein feiner Herr. Für die Staubwirbel auf den Feldern sind seine Diener verantwortlich.

KENNZEICHEN
Wind-Folletti sind ungefähr gleich groß wie gewöhnliche Folletti, jedoch fast immer unsichtbar. Der Abruzzo Mazzamarelle ist etwa zwei Fuß groß und trägt einen seidenen Hut mit Blumen. Er hat immer Kastagnetten dabei. Manchmal nimmt er die Gestalt eines Heuschrecks an.

VERBREITUNG
Wind-Folletti gibt es in ganz Italien.

WEISSE FRAUEN

In Nordeuropa erfüllen die Fainen, Weißen Frauen, Witte Juffern und Sibillen dieselben Funktionen wie die Elben des Wachstums und der Fruchtbarkeit im Süden: *Fate*, *Fées*, Hadas und Korrigan. Ebenso wie Korrigan und *Fées* wurden auch sie mit den alten heidnischen Priesterinnen in Verbindung gebracht. In unserem Jahrhundert hat man sie nur selten gesehen. Es mag daran liegen, daß sie sich nicht an die Lebensgewohnheiten des modernen Menschen gewöhnen können oder daß sie langsam aussterben. Man sieht sie so selten, daß sie oft mit Gespenstern und Waldfrauen verwechselt werden.
Die Weißen Frauen sind hilfsbereit und großzügig dem Menschen gegenüber. Sie können verirrten Reisenden den richtigen Weg weisen, Blumen und Steine in kostbare Amulette verwandeln, Frauen im Kindbett beistehen, Männern Gold- und Silberadern zeigen, Kühe zu mehr Milch anregen, die Zukunft voraussagen, die Gewalt des Sturmes besänftigen und viele andere sinnvolle Geschenke machen. Trotz ihrer großzügigen Art aber geraten sie leicht in Zorn, wenn ein

Mensch lasterhaft, grausam oder undankbar ist, und strafen ihn mit unerbittlicher Strenge.

KENNZEICHEN
Die Weißen Frauen sind in den letzten Jahren sehr selten geworden. Die Tiroler Fainen kann man nur sehen, wenn sie ein Kind küssen, doch muß man selbst ein Sonntagskind sein oder einen Elben-Talisman besitzen. Dann erscheinen sie in der Gestalt wunderschöner junger Frauen mit langen blonden Haaren und leuchtenden Gewändern.

VERBREITUNG
Fainen, Weiße Frauen, Witte Juffern und Sibillen leben in Österreich, Deutschland, Holland und in einigen Teilen Dänemarks. Die Weißen Frauen sieht man gewöhnlich in der Nähe alter Schlösser, die Sibillen geistern in Lindenbäumen und heiligen Hainen. Die holländischen Witte Juffern bevorzugen es, in Höhlen in der Nähe kleine Ansiedlungen zu leben.

Welch Glück bedeutete es für einen Jungen hoch in den Bergen, ein besonderes Mädchen als Spielkameraden zu finden. Sie war ganz anders als alle, die er kannte: wunderschön, mit leuchtend weißen Kleidern, sanften blauen Augen und goldenem Haar, geschmückt mit einem Kranz aus Enzian und Edelweiß.
Sie spielten glücklich den ganzen Tag. Als das Mädchen fort mußte, schenkte es ihrem Spielgefährten zum Abschied ein paar Steine. Der Junge war entzückt, denn die Steine strahlten seltsames Licht; doch abends, als er sie ins Haus brachte, verloren sie ihre Leuchtkraft und verwandelten sich in mattes, glanzloses Gold.
Die Jahre vergingen, und aus dem Knaben wurde ein junger Mann. Sein goldener Schatz war bald für Kleider und Wein vertan, und er selbst wurde zum Schürzenjäger. Wie es der Zufall wollte, versuchte er einst an derselben Stelle, wo er mit der Fai gespielt hatte, ein Mädchen zu verführen. Er schwor ihr aufrichtige Liebe, obwohl er gar nicht im Sinne hatte, sie zu heiraten oder sie auch nur wiederzusehen.

Seit jener Begegnung hatte die Fai nicht mehr in das Leben des jungen Mannes eingegriffen. Jetzt aber konnte sie seine schändliche Tat nicht mitansehen. Sie schleuderte ihn über einen Felsen und schlug dem Mädchen so heftig ins Gesicht, daß sie bis zu ihrem Tode mit einem roten Schandmal gezeichnet war. Ihre Kinder aber kamen mit demselben Mal zur Welt und später auch deren Kinder und deren Kindeskinder. Die Familie des jungen Mannes kam nicht so leicht davon. Alle männlichen Verwandten fielen dem Zorn der Fai zum Opfer. Noch im selben Jahr trug man die Knaben, Männer und Großväter zu Grabe.

DAMES VERTES

Ursprünglich waren die Dames Vertes Waldelben, erst in jüngster Zeit wurden sie in der Nähe menschlicher Siedlungen gesehen. Einst lebten sie in kleinen Gemeinschaften im Wald, lockten Männer vom rechten Weg ab und ruinierten sie mit der Gewalt ihrer Gefühle und ihren unersättlichen sexuellen Begierden. Später sah man sie an Waldrändern mit Reisenden ihren Schabernack treiben, junge Leute foppen und Fremde an den Haaren über Wasserfällen zappeln lassen. Sie freundeten sich schließlich mit dem Wind an, schwebten über das reifende Korn und hauchten Leben in die Saat. Sie erschienen auf Feldern und in Obstgärten, um Feuersbrünste anzukündigen.

Ihr langes Bündnis mit dem Wind ließ sie mehr und mehr ätherisch werden und den Geistern Verstorbener oder außerirdischen Besuchern ähneln. Es kann nicht geleugnet werden, daß die Winde, auf denen die Dames Vertes reiten, nach Erde, Moder und Tod riechen, doch wäre es weit gefehlt, die Dames Vertes als »Gespenster« einzuordnen. Ihr Wesen, mag es auch ätherisch sein, ist eine lebenspendende, grünende Kraft, wie der milde Wind, der den Schnee zum Schmelzen bringt.

DAME VERTE

KENNZEICHEN
Die Dames Vertes sind groß, schön und sehr verführerisch; sie tragen lange, grüne Gewänder. Nur sehr selten sieht man ihre natürliche Gestalt, denn meistens bleiben sie unsichtbar. Sie schweben so anmutig und leicht über das Feld, daß nur eine sanfte Bewegung der Halme sie verrät.

VERBREITUNG
Die Dames Vertes leben in dicht bewaldeten Gebieten Ostfrankreichs, an Wiesenrändern, in Höhlen, in der Nähe von Wasserfällen und Quellen und an den Ufern von Fischteichen. Gelegentlich sollen sie sich auch in Häusern zu schaffen gemacht haben. Bei regnerischem Wetter kann man sie unter Bäumen oder herabhängenden Weinranken finden.

IRRWISCHE

Phosphoreszierende Flammen und Lichter, die man in Mooren und verlassenen Landstrichen sieht, waren für die Wissenschaft lange Zeit ein Rätsel. Der Volksglauben ist dagegen seit vielen Jahren imstande, sie zu erklären. Irrwische sind keine gewöhnlichen Lichter; wie das Wetterleuchten den Sturm ankündigt, markiert ihr Flackern die Grenze von Elbland. Viele Menschen folgen gebannt den »Irrlichtern« und versinken im Moor oder stürzen über Klippen.
Die Flammen sind keine Elben, sondern Lichter, die von den Elben getragen werden. Diese Elben haben Menschen-Seelen von Männern, Frauen und Kindern und sind daher den »Gespenstern« verwandter als alle anderen Elben. Sie erinnern sich noch an ihr Erdendasein, sind noch nicht vollständig ins Reich der Elben aufgenommen worden. Ihre Außenseiterrolle erfüllt sie mit Angst vor der Zukunft, und deshalb fragen sie unablässig Menschen und Naturgeister, was aus ihnen werden wird. Im großen und ganzen ist ihre Beziehung zur Menschenwelt gut, zumal sie ihr früheres Leben nicht vergessen haben.

IRRWISCHE

KENNZEICHEN

Irrwische sind verschiedener Herkunft: Die englischen und schottischen Spunkies sind die Seelen ungetaufter Kinder. In England ist Will-o'-the-Wisp die verwandelte Seele eines Grenzsteindiebes, Wucherers oder Betrügers, während die italienischen Fuochi Fatui Seelen im Fegefeuer sein sollen. Die schwedischen Lygte Männer sind wie die deutschen Luchtenmannekens, die Seelen von Grenzsteinverrückern. In Rußland stehlen die *Rusalky* totgeborene und ungetauft gestorbene Kinder, diese müssen mit ihnen in ihren Unterwasserpalästen leben.

Wenn sich Irrwische auf dem Meer zeigen, sprechen die Katholiken vom Elmsfeuer, die abergläubischeren Seeleute hingegen von den Seelen der Ertrunkenen. Die Nordlichter hält man ebenfalls für Elben, die in der Nacht tanzen. In Schottland sind sie bekannt als Nimble Men oder Merry Dancers, in einigen Gegenden Frankreichs als Chèvres Dansantes (Tanzende Ziegen).

Hier eine Auswahl anderer Namen für die Irrwische: auf lateinisch Ignis Fatuu; in Sardinien Candelas; in Skandinavien Lyktgubbe oder Irrbloss; in Deutschland Huckepoten, Heerwische oder Irrlichter; in der Tschechoslowakei Swetylko; in Wales Ellylldan; in Frankreich Tan Noz, Éclaireux, Annequins, Fioles, Loumerettes und Culards; in England Elf Fire, Kit-with-the-Canstick, Jack o' Lanthorn, Joan-in-the-Wad und Hob-and-his-Lanthorn.

VERBREITUNG

Irrwische sind in ganz Europa bekannt; man begegnet ihnen auf dem Meer und auf dem Lande. Sie zeigen sich am häufigsten im Spätsommer, Herbst und Winter und halten sich am liebsten in Mooren, Sümpfen und in der Nähe von Friedhöfen auf. Bei schönem Wetter sieht man sie selten, um so öfter aber an bewölkten, düsteren Tagen.

DUNKEL-ELBEN

HÄMMERLING

HÄMMERLINGE

Hämmerlinge sind besonders hilfreiche Geister; sie wohnen in Minen und Steinbrüchen und sind geschickte und tüchtige Bergleute, denen jede Erzader Europas bekannt ist. Ab und zu kann man sie in aufgelassenen Stollen hämmern und klopfen hören. Dieses endlose Gehämmer gab ihnen ihren Namen.

Menschen, denen sie wohlgesonnen sind, verraten die Hämmerlinge Erz- und Goldvorkommen. Fast überall in Europa gilt es als gutes Omen, Hämmerlinge bei der Arbeit zu hören. Und tatsächlich sind schon viele Bergleute auf reiche Silber-, Gold-, Zinn- oder Bleiadern gestoßen, wenn sie dem elbischen Spitzhacken-Gehämmer gefolgt waren. Auch warnen Hämmerlinge den Bergmann vor drohenden Gefahren: ist ein Unglück im Anzug, klingt ihr Gehämmer besonders hektisch und laut. Oder ein Grubengeist sitzt stöhnend in der Schachteinfahrt und hält sich den Kopf mit beiden Händen. Droht einem böhmischen Bergmann der Tod, warnen die Hämmerlinge seine Familie durch einen nächtlichen Besuch und klopfen bis zum Morgengrauen eindringlich an die Wand.

Als Lohn für ihre Hilfe und weil sie Glücksbringer sind, sollten die kleinen Bergleute möglichst regelmäßig mit Essen versorgt werden, z. B. mit Krapfen, die man ihnen am Stolleneingang hinstellt, oder auch mit einem kleinen Geschenk, das man in einen ihrer Lieblingswinkel im Schacht versteckt. In Istrien ist es Brauch, ihnen jährlich ein- oder zweimal Kleider zu schenken; wird es versäumt, sind sie äußerst ungehalten. Zwei Dinge können Hämmerlinge nicht ertragen: Pfeifen und Fluchen. Lachen und Singen stört sie nicht im geringsten, doch Pfeifen geht ihnen derart auf die Nerven, daß die gewöhnlich höchst friedfertigen Gruben-Geister außer sich geraten. Dann können sie Erdrutsche verursachen oder Bergleuten den Kopf von den Schultern reißen.

KENNZEICHEN

Neben dem gebräuchlichen Namen Hämmerlinge haben die Gruben-Elben auch lokale Bezeichnungen. In Wales heißen sie Coblynau, in Österreich Schachtzwerge, in Deutschland Bergmönche oder Klopferle, in Frankreich Gommes, in Schottland Black Dwarfs und in England Knockers. Sie sind zwischen anderthalb und drei Fuß groß, tragen Bergmannstracht, eine lederne Arbeitsschürze und eine Spitzhacke. Am häufigsten kann man sie an Sonn- und Feiertagen sehen.

VERBREITUNG
Die Hämmerlinge sind in fast allen europäischen Bergwerksrevieren bekannt. In Cornwall heißt es, daß die Hämmerlinge aus der Römerzeit stammen, in Italien dagegen sind sie erst seit dem frühen Mittelalter bekannt. Auch in Wales, Schottland, Deutschland, Jugoslawien, Rumänien und Österreich sind sie ansässig. Obwohl bestimmte Hausgeister ebenfalls als Hämmerlinge bezeichnet werden, handelt es sich hierbei eindeutig um *Poltergeister.* Hämmerlinge sind ausschließlich Gruben-Elben.

»Vorsicht! Steinschlag!«
»Nein, da wirft einer Steine nach uns!«
Aufgebracht schoben sie die Lore über die Brücke vor dem Stollen zurück. Dort stand ein Zwerg in Bergmannstracht mit einem Stein in der Hand. »Was machst du da?« rief der Älteste. »Wenn ihr Hämmerlinge nicht so gewaltige Kräfte hättet, würde ich dir das Tageslicht aus dem Leibe prügeln!«
Bevor er weiter schimpfen konnte, hallte es dumpf und grollend aus der Grube. Entsetzt sahen sie die Brücke in die Tiefe stürzen. Der Zwerg war verschwunden, aber die Bergleute bedankten sich herzlich für ihre Rettung.

Im letzten Jahrhundert wurden Bergleute sehr schlecht bezahlt und mußten oft auch die Kinder in die Grube schicken, um den kärglichen Lohn aufzubessern. Trotzdem war es noch schwer genug, eine Familie satt zu machen.
So fuhr ein Junge zum ersten Mal unter Tage. Sein Vater hatte ihm zwar schon oft von der Arbeit im Schacht berichtet und Geschichten vom Bergmönch erzählt, der dort lebt, doch heute sollte er alles mit

eigenen Augen sehen. Als der Tag länger und die Arbeit immer schwerer wurde, fühlte er sich hungrig, durstig und müde. Da sah er, wie ein Bergmann ein Päckchen in einer Nische der Felswand versteckte. Kaum war er verschwunden, holte es der Junge hervor, riß das Papier auf und verschlang gierig das Gebäck, das er darin fand. Erst als er den letzten Bissen heruntergeschluckt hatte, fiel ihm ein, daß es vielleicht ein Geschenk für den Bergmönch hätte sein können. Doch zu spät: Der Bergmönch stand hinter ihm. Abends fand man den Jungen mit abgerissenem Kopf.

ERDLUITLE

Eins haben alle Erdluitle gemeinsam: unter keinen Umständen möchten sie einem Menschen ihre Füße zeigen. Ob aus Schüchternheit oder ob sie lediglich das Geheimnis ihrer Kraft verbergen wollen, bleibt ungewiß. Sicher ist nur, daß die Erdluitle älter sind als das Geschlecht der Menschen und daß sie daher mehr Kenntnis über die geheimen Kräfte der Natur besitzen.

Das Wettermachen ist ihr Spezialgebiet. Als enge Verwandte der Eis- und Nebelmännchen verfügen sie über die gleichen Fertigkeiten. Sie können Stürme, Überschwemmungen und Lawinen auslösen und den Bauern sagen, wann es die beste Zeit zur Saat ist. Dort, wo sie getanzt haben, ist die Erde besonders fruchtbar. Alles Vieh steht unter ihrem Schutz, wie auch die Gemsen und das übrige Bergwild. Sie wissen, wie man aus Gamsmilch Käse macht und wie man Blätter in Gold und Diamanten verwandelt. Die Erdweibchen sind geschickte Spinnerinnen, die gern in Bauernhäusern arbeiten. Erlaubt man ihnen, ihre Hochzeiten im Haus zu feiern oder steht ihnen die Bäuerin bei der Geburt bei, so bringen sie Glück ins Haus.

Unglücklicherweise haben sich die Beziehungen zwischen Menschen und Erdluitle in den letzten Jahren im gleichen Maße verschlechtert wie das Verhältnis vom Menschen zur Natur. Obwohl die Erdweibchen so großen Einfluß auf das Leben der Bauern haben, werden sie von den Menschen verspottet und verfolgt. Und gerade ihnen müßte Ehrerbietung und Dankbarkeit entgegengebracht wer-

EINER DER ERDLUITLE

den. Die Folge davon ist, daß die meisten Erdluitle die Schweiz verlassen haben und es dem Kleinbauern trotz modernster landwirtschaftlicher Maschinen immer schwerer fällt, von seinem Land zu leben.

KENNZEICHEN

Die Erdluitle sind unter vielen Namen bekannt. Die männlichen Erdluitle werden Härdmandele, Gotwergi, Heidenmanndli oder Bergmanli genannt; in Norditalien heißen sie Guriuz. Die weiblichen Erdluitle bezeichnet man als Erdbibberli, Heidenweibchen, Erdweibchen oder Herdweibchen. Schweizer Erdluitle-Wechselbälge nennt man Chrüegeli.

Die Erdluitle sind gesellige Wesen. Sie sind anderthalb bis drei Fuß groß, etwa wie ein siebenjähriges Kind. Ihre Haut ist erdfarben. Das Haar der jungen Erdluitle ist dunkel, das der alten weiß. Sie tragen grüne, blaue oder graue Kittel und darüber rote oder schwarze Kapuzenmäntel. Ihre Kleider sind ungewöhnlich lang, damit sie ihre Gänse- oder Entenfüße darunter verstecken können. Außerdem haben einige von ihnen Tierohren. Ihre bevorzugten Speisen sind Wurzeln, Beeren, Erbsen und Schweinefleisch.

VERBREITUNG

Die Erdluitle sind eine schweizerische und norditalienische Zwergenart. Sie leben in kleinen Höhlen, Erdlöchern oder unter Dolmen. Am häufigsten kommen sie am Pilatusberg bei Zürich vor.

Es war am Abend vor dem Almabtrieb. Den ganzen Tag hatte es gedauert, bis der Hirte das Vieh zusammengetrieben hatte. Übermüdet schlief er ein, ohne sein Abendgebet gesprochen zu haben. Am nächsten Morgen fehlten sieben Kühe. Nach vergeblicher Suche beschloß er, so zu tun, als wären sie da: als es Abend wurde, melkte und fütterte er die unsichtbaren Kühe mit den anderen. Dann verließ er die Alm und trieb seine Kühe zu Tal. Den ganzen Winter versorgte er sein Vieh. Im Mai trieb er die Herde zurück auf die Alm. Als die Zeit zum Melken kam, standen die verschwundenen Kühe wieder im Stall: ein winziger Zwerg hatte sie, und sieben gesunde Kälber dazu, zurückgebracht.

In einem kleinen Dorf bei Zürich kamen die Erdmännchen oft von den Bergen herab, um die Kinder zu besuchen und sie mit Münzen, Backwerk und Spielzeug zu beschenken. Eines Tages kam ein Zwerg zu einem der Kinder und sprach: »Schließ deine Augen und öffne die Hand!«
Erwartungsvoll tat der Junge wie ihm geheißen. Er hoffte, buntes Spielzeug zu bekommen. Als er aber die Hand öffnete, lag darin ein Stück schwarzer Kohle.
»Igitt, die Kohle will ich nicht!« rief er enttäuscht und warf sie weg. Am nächsten Morgen, beim Aufwachen, sah er etwas am Boden glitzern. Er hob es auf. Über Nacht hatte sich die Zwergenkohle in einen Edelstein verwandelt.

Einst hatte sich eine arme Magd im Walde verirrt. Nachdem sie viele Stunden gegangen war, ohne einer Seele zu begegnen, entdeckte sie unter mächtigen Bäumen ein winziges Haus. Überglücklich klopfte das Mädchen an die Tür. Sieben Zwerge, alles Brüder, baten sie herein. Sie gaben ihr etwas zu essen, und als es Nacht wurde, sagte einer von ihnen: »Du kannst gerne hier schlafen, wenn du mit einem von uns das Bett teilen willst.«
Das Mädchen war einverstanden und legte sich zum Ältesten.
Spät in der Nacht wurde sie geweckt. Eine Frau aus der Nachbarschaft wollte mit den Zwergen Geschäfte machen und sprach freundlich auf sie ein. Da entdeckte sie das Mädchen mit dem Zwerg im Bett, änderte plötzlich den Ton und kreischte:
»Du Hure, du bringst Schande auf uns! Geschäfte kann man mit denen machen, aber nie und nimmer mit ihnen schlafen!«
Das Mädchen verteidigte sich, es sei immer noch besser, einen Zwerg zu erhören, als nachts im Wald vor Hunger und Kälte zu sterben. Empört eilte die Frau davon und kehrte mit zwei Männern aus

ihrem Dorf zurück. Sie zerrten die schlafenden Zwerge aus dem Bett, schlachteten sie bestialisch ab und steckten das Haus in Brand. Das Mädchen jagten sie nackt und barfuß in den Wald.

Jeder im Dorf kannte den gnadenlosen Geiz des reichsten Bauern. Dennoch wagte es eine arme kranke Verwandte, ihn um Hilfe anzuflehen. Da sie selber zu schwach war, schickte sie ihre Tochter. Doch weder Jugend, Schönheit noch die bittere Not des Mädchens konnten das Herz des Geizhalses erweichen. Und obwohl draußen der Sturm heulte, jagte er sie zur Tür hinaus. Müde vom weiten Weg und schwach vor Hunger, begann sie zu weinen. Ein Hirte hatte Mitleid mit ihr, und ohne zu zögern gab er ihr seinen letzten Käse. »Nimm ihn«, sagte er, »du brauchst ihn mehr als ich.«
Doch seine Freundlichkeit machte sie nicht glücklicher. Kaum war sie ein paar Schritte gegangen, da glitt ihr der Käse aus der Hand und rollte in eine Schlucht.
»Jetzt habe ich nichts, um es meiner Mutter heimzubringen«, klagte sie und begann wieder zu weinen.
»Da hast du den Käse«, sagte im selben Moment eine Stimme neben ihr.
»Ich hab ihn aufgefangen. Und hier sind ein paar Kräuter. Mach daraus einen Tee für deine Mutter, dann wird sie wieder gesund.«
Das Mädchen dankte dem Herdmanndli und lief so schnell nach Hause, daß sie gar keine Zeit fand, das zweite Geschenk auch zu verlieren.
Die Kräuter machten die Mutter gesund, und der Käse verwandelte sich in pures Gold. In derselben Nacht tobte ein gewaltiger Sturm. Felsen und Erdmassen wurden aus dem Berg gerissen und begruben das Anwesen des Geizhalses unter sich. Das Mädchen und ihre Mutter aber lebten fortan bequem und zufrieden vom goldenen Käse.

Die Armen nannten sie die Großohrzwerge, und sie hatten Grund genug, sie gern zu haben. Nicht nur, daß sie dem Tal Glück brachten; sie entwendeten auch heimlich dem habsüchtigen Müller Mehl, um daraus für sich und für die Hungernden Brot zu backen. Nur der

RED CAP

Müller mochte sie natürlich nicht, er haßte sie und ersann immer neue Gemeinheiten, um sie loszuwerden. Eines Tages stellte er einen Sack mit vergiftetem Mehl besonders einladend hin. Doch die schlauen Erdmännchen erkannten die Falle, und der Müller sollte seine böse Tat noch bitter bereuen.

Von diesem Tage an verließ ihn das Glück, und er verlor nach und nach all sein Hab und Gut. Als nur noch ein einziger Sack Mehl übrig war, beschloß er, die Erdmännchen um Verzeihung zu bitten und ihnen den letzten Sack zu bringen. Doch es war zu spät. Auf dem Weg zu ihrer Höhle fielen sie über ihn her und stießen ihn in den Abgrund.

RED CAPS

Die Schloßgeister der Lowlands gehören zu den blutgierigsten Elben Schottlands. Sie werden Red Caps, Redcombs, Bloody Caps, Dunters oder Powries genannt. Berichten zufolge bewohnen sie nur Schlösser, in denen Gewalttaten geschehen sind. Andre dagegen versichern, daß sie in allen Festungstürmen der schottischen Lowlands hausen. Betrachtet man jedoch die bewegte Geschichte Schottlands, so ist anzunehmen, daß beide Überlieferungen der Wahrheit entsprechen.

Die Hauptbeschäftigung der Red Caps besteht darin, ihre Kappen mit Menschenblut zu färben. Der Farbstoff wird auf folgende Weise gewonnen: Kommt ein Reisender ihren Festungstürmen zu nah, töten ihn die Red Caps, indem sie Geröllbrocken auf ihn herabstürzen; sodann fangen sie das verströmende Blut des Erschlagenen mit ihren Kappen auf. Da jedoch das Blut rasch trocknet und an Leuchtkraft verliert, müssen sie stets nach neuen Opfern Ausschau halten. Mit Geräuschen, ähnlich dem Flachsdreschen, kündigen sie Unglück an. Die einzigen Mittel, die vor ihnen schützen, sind Kruzifixe, kreuzgriffige Schwerter und Bibelzitate.

KENNZEICHEN
Die Red Caps sind klein und stämmig. Sie sehen alt aus, haben lan-

ges graues Haar und tragen rote Kappen. Ihre Größe ist etwa vier Fuß. Sie haben lange, hervorstehende Zähne, glühende Augen und Fingernägel wie Adlerkrallen. Sie tragen schwere Stiefel und schleppen stets einen Stock mit sich herum.

VERBREITUNG
Sie bewohnen ausschließlich Türme und Schlösser im südlichen Schottland.

WICHTLN

Das Wort Wichtel wird allgemein als Gattungsname für kleine Elben verwandt. In Süddeutschland und Österreich dagegen ist Wichtln eine spezifische Bezeichnung für Hausgeister.

Die auffallendste Eigenschaft der Wichtln ist ihre unermüdliche Energie. Eine begonnene Arbeit wird unter allen Umständen zu Ende gebracht, bevor sie sich eine Pause gönnen. Verspüren sie Lust auf Schabernack, treiben sie's so gründlich, bis ihr Opfer vor Grimm und Wut platzt. Ihre Einfälle sind unerschöpflich: sie ziehen einem Schläfer die Bettdecke weg, kitzeln ihn mit eiskalten Händen, malen ihm mit Ruß eine Schweinsschnauze ins Gesicht oder heften ihm einen Kuhschwanz an den Rücken. Der Hausmagd stellen sie ein Bein, damit sie die Milch verschüttet; Mädchen ziehen sie an den Zöpfen; sie vermischen Senf und Zucker in der Speisekammer, bespringen hinterrücks Reisende, zwängen drei Ochsen in ein Joch und verknoten ihre Schwänze, treiben Schweine in den Garten und verstecken Kinder im Hühnerstall. Sie stibitzen Marmelade, verstreuen Heu und schubsen Kirchgänger in Pfützen. Nachts nageln sie Haustüren mit Brettern zu.

Aber so »gründlich« sie Schabernack treiben, so gründlich helfen sie auch im Haus und auf dem Feld. Sie versorgen das Vieh, füttern die Kinder, putzen und backen, holen Wasser und beschützen das Haus vor Gefahren. Wie die meisten Elben haben sie es nicht gern, wenn man sie für ihre Arbeit offiziell mit Kleidern belohnt und verlassen

WICHTL

mit der Jacke oder der Hose unverzüglich das Haus. Allerdings wenn die Geschenke heimlich auf ihre Lieblingsplätze gelegt werden, nehmen sie sie gerne an.

KENNZEICHEN

Wichtel ist eine allgemeine Bezeichnung für deutsche Elben, entsprechend den englischen Wights oder den isländischen und norwegischen Vættir. Wichtln ist ein Eigennamen und bezeichnet im süddeutschen Raum eine Gattung Hauselben. Sie werden nicht über drei Fuß groß. Sie sind am ganzen Körper behaart, haben lange Silberbärte, riesige Köpfe, tiefliegende Augen, dicke Bäuche, spindeldürre Beinchen, und eine dumpfe Stimme tönt, als wären sie kropfgeplagt. Sie tragen altmodische Bauerntrachten oder rote Jacken und Strümpfe. Als Wanderstab benutzen sie einen Birkenast.

Die Füttermännchen, welche sich auf die Viehversorgung spezialisiert haben, die Pechmanderln, welche die Augen schlafender Kinder mit Pech verkleben, und die neckischen Pitzln sind Untergattungen der Wichtln.

Wichtln werden häufig mit anderen Elbenarten verwechselt. So bezeichnet man oft Butze und Putze als Wichtln, obwohl sie eher als Gespenster klassifiziert werden müßten. Auch Kasermandl werden fälschlicherweise Wichtln genannt. Da sie gewöhnlich sehr groß sind, wäre es angebrachter, sie zu den Riesen zu zählen.

VERBREITUNG

Die österreichischen, schweizerischen und süddeutschen Wichtln leben in Wäldern, Häusern, Scheunen, auf Almen oder in Höhlen. Im Gegensatz zu den *Norggen* sind sie keine Waldgeister, sondern domestizierte Erdgeister.

Einst kamen zwei Männlein zu einem Fährmann an der Werra und baten ihn, sie ans andere Ufer zu bringen. Als er fast auf der Mitte des Flusses war, stellte er verwundert fest, daß seine Fähre tiefer als sonst im Wasser lag, und nur unter größten Mühen gelang es ihm, das andere Ufer zu erreichen. »Was willst du als Fährgeld«, fragten die beiden, »einen Sack Salz oder pro Fahrgast ein Goldstück?« Der

Fährmann rechnete im stillen nach und fand, daß er mit dem Salz ein besseres Geschäft machen würde. Darum sagte er: »Ich nehme lieber das Salz.« »Eine schlechte Wahl!« riefen die beiden. »Dreh dich um und schau über deine rechte Schulter, dann siehst du, wie viele du gerudert hast.« Der Mann drehte sich um. Auf der Böschung erblickte er Scharen von kleinen Männern, Hunderte und Tausende. Traurig über sein Mißgeschick stakte er langsam an sein Ufer zurück. Doch ein paar Wochen später merkte er, daß seine Wahl nicht ganz so schlecht gewesen war. Der Sack Salz blieb so voll wie am ersten Tag und blieb es bis zu seinem Tod.

Ein Wichtl verliebte sich einst in ein schönes Mädchen. Er umwarb sie Tag und Nacht und flehte um ihre Gunst. Doch das Mädchen machte sich lustig über ihn.
»Du häßlicher Zwerg, für dich gibt's keine Hoffnung. Warum sollte ich einen klapprigen Wicht wie dich zum Mann nehmen, der mein Vater sein könnte.«
Lange Zeit ertrug der liebeskranke Wichtl geduldig die herzlosen Worte der Schönen. Doch eines Tages verlor er die Beherrschung, als er sie in inniger Umarmung mit einem stattlichen jungen Mann fand. Er wartete, bis das Mädchen wieder allein war. Dann riß er eine Lawine los, und Sekunden später war die Almhütte unter den Schneemassen begraben.
Jetzt erst kam ihm die schreckliche Tat zu Bewußtsein. Verzweifelt grub er im Schnee nach seiner Geliebten. Als er sie endlich gefunden hatte, trug er sie zum nächsten Wegkreuz, legte sie zärtlich nieder und weinte bitterlich über seine verlorene Liebe.

KIRCHENGRIMME

Die meisten Elben verabscheuen den Klang von Kirchenglocken, und in der Nähe von Gotteshäusern verspüren sie großes Unbehagen. In Skandinavien und England jedoch gibt es Elben, die sich im Kirchenbezirk außerordentlich wohl fühlen und sich sogar in

KIRCHENGRIMM

Glockentürmen und unter Altären ansiedeln. Dem kirchlichen Leben bringen sie wenig Interesse entgegen, doch sind sie in der Lage, den Tod eines jeden Gemeindemitgliedes auf die Stunde genau vorauszusagen.

In Schweden nennt man sie Kyrkogrims. Sie sollen von den Seelen jener Tiere abstammen, die von den ersten Christen beim Bau ihrer Kirchen geopfert wurden. Obwohl dieser Brauch inzwischen nicht mehr gepflegt wird, gibt es die Kyrkogrims bis auf den heutigen Tag. Selbst in modernen Kirchen kann man ihnen begegnen.

Die finnischen Kirkoväki sind untereinander sehr gesellig. Sie halten sich dem Menschen fern und bitten ihn nur dann um Hilfe, wenn eine ihrer Frauen in Kindsnöten ist.

Der englische Church Grim ist dem Kyrkogrim sehr ähnlich, doch unterscheidet er sich von diesem durch seine unbändige Lust, die Mitternachtsglocken zu läuten.

KENNZEICHEN
Kirchenelben werden höchstens zwei Fuß groß. Sie sind verwachsen und dunkelhäutig.

VERBREITUNG
Im allgemeinen kommen Kirchenelben nur in Nordeuropa vor, doch soll es, Berichten zufolge, in Griechenland ähnliche Wesen geben. Es ist allerdings zweifelhaft, ob es sich wirklich um Elben und nicht um Ungeheuer handelt.

Die nordeuropäischen Kirchenelben leben in Dänemark, Schweden, Finnland und Yorkshire. Die Yorkshire Church Grims wohnen am liebsten in Glockentürmen, die finnischen Kirkoväki unter dem Altar, und die dänischen Kirkegrims bevorzugen dunkle Winkel im Mittelschiff.

DAS STILLE VOLK

Die Elben des Stillen Volkes sind im Gegensatz zu ihren eher ungestümen Verwandten, den *Erdluitle*, sanft und friedfertig — sofern man sie in Ruhe läßt. Da sie seit Jahrtausenden im Innern der Erde le-

EINER VOM STILLEN VOLK

ben, kennen sie alle verborgenen Erzadern und wissen, wo Edelsteine zu finden sind. Daher sagt man ihnen unermeßlichen Reichtum nach. Wer aber so dumm ist und versucht, sie um ihr Gold zu betrügen, handelt sich elbischen Zorn ein. Ihre Günstlinge dagegen und Menschen, die ihnen einen Streit schlichten helfen, einer Elbin in Kindsnöten beistehen oder für Hochzeiten das Haus zur Verfügung stellen, werden sehr großzügig belohnt.

Das Stille Volk kennt aber nicht nur die verborgenen Schätze der Erde, sondern weiß auch um die Heilkraft der Pflanzen und Steine, und kein Elbe ist jemals krank. Sie sind Meister im Brotbacken, Bierbrauen, Spinnen und Weben und unübertroffen in der Schmiedekunst. Ein Mann, der sie beleidigt hat, kann kein guter Schmied werden, und in seinem Haus wird es nie an schlechtem Bier, mottenzerfressenen Gewändern und schimmligem Brot mangeln.

Es liegt nicht in der sanftmütigen und introvertierten Art des Stillen Volkes, sich leicht zu ärgern oder wütend zu werden. Nur der Lärm von Landmaschinen, Trommeln oder Kirchenglocken kann sie in höchste Erregung versetzen, und die bloße Erwähnung des Wortes Kirche genügt, um Handgreiflichkeiten zu provozieren.

Mit grimmigem Haß verfolgen sie Menschen, von denen sie schlecht behandelt wurden, die ihre Versprechen nicht einlösten oder deren Freundschaft sich als wankelmütig erwies. Die schmählichste Beleidigung aber ist, sie zum Vorzeigen ihrer Gänsefüße zu zwingen. Gereizten Elben des Stillen Volkes sollte man in jedem Fall aus dem Weg gehen. Zwar lassen sie sich nicht leicht aus der Ruhe bringen, doch einmal erzürnt, ist es unmöglich, sie wieder zu besänftigen. In ihrer Wut sollen sie Kinder gelähmt, Frauen entführt, Männer an den Stock und Erwachsene um den Verstand gebracht haben.

KENNZEICHEN

Das Stille Volk hat viele Namen: In Litauen Karlá, in Dänemark Unners-Boes-Tøj oder Untüeg, im Harz Querze. Weitere Bezeichnungen sind: Kepetz, Böhlers-Männchen, Malienitza, Zinselmännchen, Krosnyata, Kaukas und Onnerbänkissen. Verwandte Arten werden in Wales Gwarchells, in Nordengland Yarthkins genannt. Die erwachsenen Elben des Stillen Volkes werden zwischen anderthalb und zweieinhalb Fuß groß. Sie tragen grobe, schwarze Kleider und rote oder graue Hüte, die sie unsichtbar machen und die ihnen Mut und gewaltige Kräfte verleihen. Sie sind schwarzhäutig und langarmig, ihre Bärte dicht und ihre Augenbrauen buschig. Viele sind bucklig und verunstaltet. Sie haben Gänse- oder Entenfüße. Mit drei Jahren sind sie voll ausgewachsen und können dann ein Alter bis zu zweitausend Jahren erreichen. Ihr Haar ergraut kurz vor ihrem vierten Geburtstag.

VERBREITUNG
Das Stille Volk ist eine norddeutsche Zwergenart; ihre süddeutschen Verwandten sind die Erdluitle. Das Baltikum, Dänemark, Nord- und Ostdeutschland, Teile von England, Holland, Polen, der Tschechoslowakei und Rumänien sind ihre Siedlungsgebiete. Als Erdgeister verabscheuen sie das Sonnenlicht und nehmen daher jede Anstrengung auf sich, mit diesem nicht in Berührung zu kommen. Deshalb erscheinen sie nur nachts auf der Erdoberfläche. Ihre Wohnungen bauen sie unter Häusern, Scheunen und Erdhügeln. Seltener besiedeln sie Höhlen, und niemals wohnen sie unter Kuh- oder Pferdeställen, weil Jauche in ihre Behausungen dringen könnte.

Bitte nehmt mich mit, ich werde bestimmt nicht stören. »Also gut! Aber du mußt versprechen, den Mund zu halten und nichts einzustecken. Unter keinen Umständen. Hier, nimm die Mütze — komm«, sagte der Anführer und reichte ihm eine alte, zerbeulte Tarnkappe. »Heute nacht gehen wir auf eine Hochzeit. Da kannst du nach Herzenslust essen und trinken.«
Der Mann setzte die Mütze auf, und Sekunden später stand er in einem prächtigen Saal. Die Angst, entdeckt zu werden, verlor er bald. Die Tarnkappe machte ihn vollkommen unsichtbar. Seine Zwergen-Gefährten benahmen sich alles andre als scheu: sie standen hinter den Hochzeitsgästen, bedienten sich von deren Tellern und tranken ungeniert ihren Wein.
»Eine gute Idee«, dachte der junge Mann und langte kräftig zu. Als er satt und zufrieden war, fielen ihm Frau und Kinder ein, die so oft hungern mußten.
»Es wird schon keiner merken, wenn ich ein Stückchen Brot ein-

stecke«, überlegte er, »und außerdem tut's keinem weh.« Schon war das Brot in seiner Tasche.

Doch einer hatte es bemerkt. In selben Moment waren die Zwerge verschwunden, und ihr Freund blieb allein zurück. Und was noch schlimmer war: Sie hatten die Tarnkappe mitgenommen. Jetzt konnten ihn alle Hochzeitsgäste sehen. Da mußte er viel erklären, und ein langer Heimweg lag auch vor ihm, denn bis nach Hause waren es hundert Meilen.

An einem heißen Tag pflügten zwei Bauernsöhne ihrers Vaters Acker. Da die Arbeit immer mühseliger wurde, begannen sie von angenehmen Dingen zu reden.

»Ach«, sprach der eine, »wie gern würde ich jetzt im Fluß baden.«

»Und ich mit einem Mädchen im Schatten liegen.« Sie seufzten schwer und trotteten hinter ihrem Pflug her.

»Wenn wir wenigstens etwas zum Essen und zum Trinken hätten.«

Da rochen sie frischgebackenes Brot und würziges Bier.

Je näher sie an den Rain kamen, um so stärker stach der Duft ihnen in die Nase, bis sie am Ende der Furche zwei Krüge frisches Bier und einen warmen Laib Brot fanden.

Fröhlich machten sich die Burschen an das unverhoffte Mahl.

»Hab Dank«, rief schließlich der eine und warf ein paar Kupferlinge in seinen leeren Krug.

»Was machst du denn, Dummkopf«, knurrte der andre, »die Zwerge kennen doch eh keinen Unterschied zwischen Erde und Geld. Wirf du nur dein Geld weg. Ich geb' ihnen Dreck.« Damit tat er eine Handvoll Erde in den Krug.

Bevor das Jahr um war, war der Junge tot. Sein Bruder aber lebte in Glück und Frieden.

Eine arme Hebamme aus Geislingen wurde einst zu einer Zwergin gerufen, um ihr bei der Geburt beizustehen. Statt der üblichen Bezahlung aber füllte ihr der Zwergenvater nur die Schürze voll Kohle. Obwohl unzufrieden über die geringe Gabe, wagte sie es nicht, sich zu beklagen und machte sich mit ihrem Mann auf den Heimweg.

Unterwegs wurde die Kohle schwerer und schwerer, und schließlich warf sie einige Stücke fort. Als das erste Stück auf den Boden fiel, hörte sie eine Stimme:

»Je mehr du verzettelescht, je mehr du hernach bettelescht!« Sie fuhr herum und gewahrte ein ledernes Männdle. Zornig stieß sie hervor: »Ich kann mit meiner Kohle machen, was ich will.« Doch schon war der Zwerg wieder verschwunden.

»Ich glaube, es war nicht klug, so mit ihm zu sprechen", sagte ihr Mann, »bei den Zwergen weiß man nie. Vielleicht hat er recht. Behalte die Kohle, bis wir daheim sind, dann sehen wir ja, was er gemeint hat.«

Mißmutig gehorchte die Frau und wurde dafür reichlichst belohnt. Als sie nach Hause kamen, hatte sich die Kohle in pures Gold verwandelt.

Es war in einer Winternacht des Jahres 1883. Der Vollmond warf sein fahles Licht auf Siebenbürgen und ließ die Eiskristalle glitzern. Der kalte Wintermond wirkt zwar überall unheimlich, in Transylvanien aber geradezu beklemmend. Vielleicht liegt es daran, daß sich die Menschen dort vor ihren eigenen Geschichten über Werwölfe und Ungeheuer fürchten. Oder aber sie ahnen, daß diese Geschöpfe nicht nur in ihrer Phantasie lebendig sind. Wie dem auch sei. Jedenfalls verbrachten die Dorfbewohner diese Nacht hinter verschlossenen Türen.

Eine Witwe saß am Küchenfenster und sah zu, wie die letzten Blätter von den Bäumen fielen. Das erinnerte sie an die Geschichten, die ihr der Vater erzählt hatte. Früher hatte der Wald direkt hinter dem Haus angefangen, manchmal sollten seltsame Wesen an die Tür geklopft haben. Schaudernd wandte sie sich ab und gewahrte plötzlich auf dem Herd einen jener Uralten. Er trug eine rote, altmodische Jacke und eine schwarze Kappe. Arme, Brust und Gesicht waren behaart, und zwischen seinen Zehen spannten sich Schwimmhäute. Die Frau erstarrte. Der kleine Mann wärmte sich behaglich und plapperte fröhlich mit dem Mond.

Als der Besuch endlich fort war und die Frau sich ins Bett wagte, konnte sie keinen Schlaf finden. Waren die Uralten wiedergekom-

men? Würden sie ihr das Haus wegnehmen? Er war nicht größer als drei Fuß gewesen, doch er hatte sich benommen, als sei er hier der Herr im Haus. Was sollte sie tun, wenn er zurückkäme?
Sorgenvoll und erschöpft schlief sie im Morgengrauen ein.
Nachdem sie den ganzen Tag gewartet hatte, war sie fast enttäuscht, als er erst in der Nacht wiederkam. »Hinweg, du Ungeheuer, laß eine gottesfürchtige Frau in Frieden schlafen!« Noch war der Satz nicht zu Ende, da war der kleine Mann vom Herd gesprungen und zerkratzte ihr das Gesicht. Von Angst und Fieber geschüttelt, rang sie drei Tage mit dem Tod.
Ob es sich hierbei um einen Einzelfall gehandelt oder ob der Mond in dieser Nacht weitere Geschehnisse ähnlicher Art verursacht hatte, ist unbekannt. Die Witwe jedenfalls wurde nie wieder von einem der Alten heimgesucht.

Ein Bauer war überaus stolz auf sein selbstgebrautes Bier. Jeder mußte zwar zugeben, daß es das beste im ganzen Kirchspiel sei, doch insgeheim hielt man ihn für einen Gernegroß. Ihre Schadenfreude war daher nicht gering, als entdeckt wurde, daß täglich Bier aus seinem Keller verschwand.
Allen Bemühungen zum Trotz aber konnte der Bauer weder den Dieb erwischen noch den rätselhaften Schwund seines Bieres ergründen. So ging es wochenlang. Die mißgünstigen Nachbarn dachten, Gott wolle ihn wegen seines Hochmuts strafen, und freuten sich.
Eines Tages, als der bekümmerte Bauer im Holz war, hörte er eine Stimme, die rief: »Pingel ist tot, Pingel ist tot!«
Der Bauer fand das verwunderlich und erzählte es daheim seiner Frau, denn man hört ja nicht jeden Tag eine unsichtbare Stimme im Wald. Auch kannte er niemand, der Pingel hieß. Daher konnte er sich keinen Reim darauf machen, warum dessen Tod so wichtig sei.
Der Bierdieb aber wußte es. Er zapfte gerade im Keller, so konnte er hören, was der Bauer der Bäuerin erzählte. Vor Kummer fiel dem Zwerg der Krug aus der Hand, und mit den Worten: „Ach, is Pingel tot, is Pingel tot, so hab ich Bier genug geholt!« eilte er in den Wald, um den toten Freund zu suchen. Von diesem Tag an lag das Bier wie-

der sicher im Keller des Bauern, und die enttäuschten Nachbarn mußten ihren Neid herunterschlucken.

KIELKRÖPFE

Es ist schwierig, Wechselbälge, oder richtiger, Kielkröpfe, zu klassifizieren. Sie werden vom *Stillen Volk* anstelle von Frauen oder Kindern zurückgelassen. Mit ihrem unstillbaren Appetit, ihrer miserablen Laune und ihren Heul- und Schreiausbrüchen machen sich die Wechselbälge in allen Häusern unbeliebt. Sie sind schwer zu ertragende Gäste. Manche Volkskundler halten sie für Kinder des Stillen Volkes, doch bei genauerer Betrachtung scheinen es einfach alte, arbeitsunfähige Zwerge zu sein, die zwangsweise gegen lebensstarke Menschen ausgetauscht worden sind. Seltener kommt es vor, daß debile Elbenkinder ausgesetzt werden, niemals aber gesunde.
Die sicherste Methode, sie wieder loszuwerden, ist, sie zu überlisten, ihr Alter zu verraten. Dazu muß man sie in Erstaunen versetzen: Z. B. mit einem ungewöhnlich großen Gänseei, das man sie bewundern läßt, oder indem man so tut, als braue man Bier oder koche Essen in einer Eierschale. Es wird sie so überraschen und ihnen einen Ausruf entlocken wie: »Ick bün so olt as de Beinholt in den Wolt und heff nümmer so war seen.«

KENNZEICHEN
Wechselbälge sind abstoßend häßlich. Sie haben runzlige Haut, glänzende Augen und Wasserköpfe. Im deutschsprachigen Raum werden die Wechselbälge auch Kielkröpfe oder Dickköpfe genannt. In England heißen sie Changelings, in Dänemark Bittinger, auf Latein Cambiones und auf althochdeutsch Wihselinga.

VERBREITUNG
Die Wechselbälge des Stillen Volkes kommen in Deutschland, Holland, Polen, Rumänien und der Tschechoslowakei vor, ebenso in einigen Teilen Englands. Andere Wechselbälge gibt es in allen europäischen Ländern.

In den Zeiten, als das Spinnen noch eine alltägliche Beschäftigung war, kamen die jungen Leute mehrmals im Monat zusammen, um gemeinsam zu spinnen. Dabei erzählten, sangen und tanzten sie, damit die Arbeit nicht zu eintönig von der Hand ging. So waren einmal alle Knechte und Mägde eines Schlosses beisammen. Es herrschte fröhliche Stimmung, man lachte und sang, bis der Kutscher plötzlich ein Licht im Keller schimmern sah.

»Aber es ist doch gar niemand unten«, sagte furchtsam die Kammerzofe. »Wer hat denn dort das Licht stehen lassen?« fragte eine Magd. »Es ist so hell.«

»Ich geh' jedenfalls nicht hinab«, sagte darauf der Pferdejunge, »man weiß ja nicht, ob es mit rechten Dingen zugeht.«

»Hast du etwa Angst?« höhnte die Amme. »Wenn das Scheusal, mit dem ich mich jeden Tag abrackere, ein Christenkind ist, bin ich eine Hexe.« »Schsch... Sei still, du weißt doch, der Pfarrer hört das nicht gern.« »Ich pfeif' auf das, was der Pfarrer gern hört. Er braucht den brüllenden Balg ja nicht zu hüten. Früher konnte ich nachts ruhig schlafen und hatte sogar noch manchmal Zeit für mich. Aber jetzt... Das Ungeheuer frißt für zehn, und bekommt's nicht mehr, heult es wie ein hungriger Wolf. Den ganzen Tag bin ich auf den Beinen, um sein Essen heranzuschleppen. Ist es endlich vollgefressen, fängt das Geplärr wieder an: es sei ihm zu kalt. Ich laufe nach Decken: da ist es ihm zu heiß, und es strampelt sich bloß. Dann kommt die Gnädige und beschimpft mich, daß ich nicht genügend für ihn sorge. Und du fürchtest dich vor einem Licht im Keller. Für mich ist das mal was Neues. Ich geh' und seh' nach.«

»Geh lieber nicht, es könnte dir etwas zustoßen.«

»Das ist mir einerlei. Dann brauch' ich mich nicht mehr mit dem Balg abzuplagen.« Und die Amme stieg die Treppe hinab.

Unten war alles still. Doch plötzlich sprach eine Stimme hinter den Weinfässern: »Guckst du, dann werf' ich.«

Das schreckte sie nicht im geringsten und sie anwortete: »Wirfst du, so fang ich.«

Da flog etwas durch die Luft, und sie fing es mit ihrer aufgehaltenen Schürze auf. Zu ihrem Erstaunen lag darin ihr Kind, das gegen den Wechselbalg ausgetauscht worden war. Von diesem Tage an war der

WECHSELBALG

Kielkropf verschwunden, und nie wieder hat die Amme etwas von ihm oder einem seiner Freunde im Keller gesehen.

Eine dänische Familie hatte ihr Kind zu spät taufen lassen, und schon saß ein Wechselbalg im Nest. Die argwöhnischen Nachbarn schöpften alsbald Verdacht. Als die Eltern einmal aus dem Hause waren, kamen sie, um sich zu vergewissern, und siehe da: der Wechselbalg raste keifend im Zimmer umher, kletterte wie eine Katze die Wände hinauf und sprang von Balken zu Balken. Als sie aber ins Zimmer traten, lag er friedlich schlafend zusammengerollt auf dem Tisch.

Trotzdem konnten sie die Familie nicht davon überzeugen, daß sie statt ihres Kindes einen Wechselbalg großzögen. Erst sein unstillbarer Hunger ließ die Eltern mißtrauisch werden, denn das kleine Ungetüm verschlang mehr als vier kräftige Männer. Der seltsame Gast wurde für die Familie immer lästiger, und das Gerede der Nachbarn auch. Insbesondere die Dienstmagd verabscheute den Vielfraß, da sie für jede Mahlzeit fünfzig Kartoffeln zu schälen und dreimal so viel Kohlköpfe zu kochen hatte.

Eines Tages endlich stach sie ein Ferkel ab, rollte es wie es war in einen Teig und schob es in den Backofen. Der Wechselbalg war über das köstliche Gericht entzückt, bis er auf Borsten und Haxen stieß. »Was seh' ich da? Pudding mit Haxen, Haut und Haar? Am Tiis-See wuchs dreimal Wald, das weiß ich, denn ich bin so alt. Doch nie in meinem Leben sah, Pudding ich mit Haut und Haar. Der Teufel soll es fressen!« Von diesem Abend an hatte die Familie ihr Kind zurück, und niemals mehr wurde sie von einem Wechselbalg belästigt.

KORRED

Dolmen gibt es in ganz Europa. In Cornwall, der Bretagne und in Iberien aber gehören sie so selbstverständlich zur Landschaft, als hätte die Erde sie hervorgebracht. Einige sind im Wald versteckt,

KORR

von Moos und Gestrüpp überwuchert, andere stehen im freien Feld, manchmal kreisförmig angeordnet. Sie sind die unvergänglichen Zeugnisse alter Kulturen. Die Bretonen erzählen, daß die mächtigen Dolmen von den Korred auf dem Rücken in die Bretagne getragen worden sind.

In späterer Zeit dienten sie den Kelten für ihre astronomischen Berechnungen, als kultische Stätten und Mittelpunkte ihrer Versammlungen. Den Untergang der keltischen Kultur haben die Korred überlebt, und durch sie wurde die Geschichte der Dolmen überliefert. Noch heute leben sie wie in alten Zeiten in Höhlen unter den Dolmen und werden von den Bretonen geachtet und verehrt. Die Dolmen-Elben leben in der Bretagne unter verschiedenen Namen — ihre Sammelbezeichnung ist Korred.

Auch in den Pyrenäen und in Cornwall kann man sie finden. Da sie unter den Dolmen wohnen, ist es selbstverständlich, daß sie magische und prophetische Kräfte besitzen und die verborgenen Schätze ihres Reviers kennen. Ihr größtes Vergnügen ist der Tanz, der sie so begeistert, daß das Gras ihren unter wirbelnden Füßen verdorrt. Ihre Feste feiern sie nur in der Nacht, vorwiegend am Mittwoch, ihrem Feiertag. Ein Mensch darf unter keinen Umständen an ihren Tänzen teilnehmen, denn es sind Korred-Tänze, elbische Rituale, die nichts mit unseren frivolen Schuhplattlern gemein haben. Menschen, die dabei stören, werden mit ungewöhnlicher Härte bestraft. Mädchen, die der Verlockung nicht widerstehen können, werden neun Monate später ein Kind zur Welt bringen, das einem Dörfler ähnelt, der nachweislich gar nicht der Vater sein kann. Männer werden gezwungen, so lange zu tanzen, bis sie vor Erschöpfung sterben. Die Crions, eine Gruppe der Korred, finden das so komisch, daß sie bis zum Morgengrauen darüber lachen.

Die Korred sind jedoch den Menschen nicht immer unfreundlich gesonnen: Gegen ein geringes Entgelt verleihen sie Zugochsen, Küchengeräte und Werkzeuge. Sie schleifen auch Messer und dängeln Sensen, wenn man diese über Nacht auf ihre »Borgsteine« legt. Manche Korred hüten sogar die Schweine, wenn sie später dafür beim Räuchern zusehen und vom frischen Schmalz kosten dürfen. Die cornischen Dolmen-Elben werden Spriggans genannt. Sie hüten unterirdische Schätze und wachen über die Winde. Sie ähneln den französischen Crions, doch erscheinen sie im Gegensatz zu diesen auch als Riesen, um Menschen zu erschrecken.

KENNZEICHEN

Die Korred (Sing.: Korr) und Crions werden zwischen einem und drei Fuß groß. Jetins und Vihans sind manchmal etwas kleiner. Die Korred sind bucklig, schwarzhäutig und am ganzen Körper mit zottigen Haaren bedeckt. Ihre tiefliegenden Augen glimmen wie roter Korund. Anstelle von Händen haben sie Katzentatzen, statt der Füße Ziegenhufe. Ihre Stimme ist dumpf und brüchig, aber ihr Gelächter überlaut. Die männlichen Korred tragen stets einen Ledersack bei sich, worin sich Haare und eine Schere befinden. Sie leben bei ihren Frauen, die sich jedoch selten außerhalb des Hauses blicken lassen.

Als phönizische Seefahrer in die Bretagne kamen, hatten sie Elben an Bord, die sie Courètes oder Carikines nannten. Durch Heirat und gemeinsame Kinder hat sich diese Gruppe längst integriert, und man kann heute kaum die »alten« von den »neuen« Korred unterscheiden. Ein Erkennungsmal gibt es jedoch: Die neuen tragen ihr Haar zumeist nicht offen, sondern verbergen es unter großen, breitkrempigen Hüten. Als neue Korred sind bekannt: die Corriquets, Guerionets, Korriks, Boudiguet, C'horriquet, Corrandonnet und die Kornikaned, die an ihren Gürteln kleine Hörner tragen. Zu den alten Korred zählen die Jetins, die Hommes Cornus, die Corics, Kerions, Kouricans, Gwazig-Gan, Kourils und Korandon.

VERBREITUNG

Die Korred leben in der Bretagne. Die Hommes Cornus, eine reine Männergesellschaft, haben sich in der Gascogne angesiedelt. Gelegentlich wurden Korred auch in den Pyrenäen gesehen. Die Spriggans, die früher in der Bretagne ansässig waren, sind nach Cornwall ausgewandert.

Ursprünglich wohnten alle Korred unter der Erde: in Höhlen, unter Dolmen und unterm Heidekraut, auch in Klippen oder Grotten. Bis heute ist ihren Behausungen eins gemein: alle liegen unter dem Meeresspiegel. Die Teuz und Poulpikans, die ebenfalls zu den älteren Korred gehören, siedeln in Sümpfen, Mooren und stehenden Gewässern. Die jüngeren Korred sind nicht so wählerisch in der Wahl ihrer Wohnorte. Sie wurden unter Dolmen, an Stränden, in Dünen und, allerdings höchst selten, in menschlichen Behausungen gesehen.

Einst arbeitete ein buckliger Bauer mit seiner Frau auf dem Feld. Da kamen ein paar Korred und wollten sie entführen. Zum Glück benutzten sie statt der hölzernen eine eiserne Pflugschar.
»Berührt sie nicht, berührt sie nicht, ihr Eisen hat zuviel Gewicht«, sangen die Korred, machtlos gegen die Kraft des Metalls.
Eines Nachts ging der Bauer mit Eisen wohlgewappnet zu den Korred und, nachdem er ihnen das Versprechen abverlangt hatte, nicht mit ihnen bis zur tödlichen Erschöpfung tanzen zu müssen, schloß er sich ihrem Reigen an. Ihr Tanzlied war höchst einfach: »Montag, Dienstag, Mittwoch; Montag, Dienstag, Mittwoch«, und wurde auf die Dauer so langweilig, daß der Bucklige es schließlich weiterdichtete und sang: »Donnerstag, Freitag, Samstag; Donnerstag, Freitag, Samstag.« Darüber waren die Korred sehr begeistert, und zum Dank verjüngten sie sein Gesicht und befreiten ihn von seinem Buckel.
Der zweite Bucklige des Dorfes war darüber neidisch und beschloß, gleichfalls sein Glück zu versuchen. Da er aber außer dem Buckel eine lahme Zunge hatte, fiel es ihm schwer, das Lied zu vollenden, denn er sang: »So-so-so-sonntag auch... So-so-so-sonntag auch...« Das gefiel den Korred nicht so sehr. Sie schenkten ihm den Buckel seines Nachbarn und jagten ihn davon.
Zornig rannte der Zweihöckrige ins Dorf zurück und beschimpfte seinen schuldlosen Nachbarn: »S-s-s-sieh dir das an, d-d-d-deine Korred haben mich reingelegt. Das ist deine Schuld, du E-e-e-elbenknecht. Das hast du mir angehängt, statt keinem Buckel habe ich jetzt zwei. Das kostet dich was, oder die Spatzen pfeifens vom Dach, daß du dich mit denen verbrüdert hast.«
Diese Beschuldigungen verdrossen den Bauern so sehr, daß er dem Zweihöckrigen Geld gab und ihn bat, über die Sache Stillschweigen zu bewahren. Dann eilte er in den Wald, um den Korred den Schluß

des Liedes beizubringen: »Der Sonntag kommt noch obendrauf, so nimmt die Woche ihren Lauf.«

Jetzt kannten die Korred endlich die Namen aller Wochentage und durften aufhören zu tanzen. Zur Belohnung schenkten sie dem Bauern einen ihrer Ledersäcke voll Roßhaar, Blättern und Sand. Als er den Sack mit Weihwasser besprengte, verwandelte sich alles in Gold und Juwelen.

In Cornwall hatten die Spriggans einer Frau ihr Kind gegen einen Wechselbalg vertauscht. Dieser quälte sie von früh bis spät. Den ganzen Tag mußte sie für das häßliche Ding springen und rennen, und des Nachts, statt zu ruhen, zermarterte sie sich den Kopf, wie sie den Plagegeist loswerden könne.

Eine Freundin sagte ihr, es gäbe nur ein Mittel, nämlich den Balg in eine heilige Quelle zu tauchen. Die junge Frau befolgte den Rat, reiste zu einer heiligen Quelle und tauchte den Wechselbalg zweimal ins eiskalte Wasser. Als sie ihn aber zum dritten Male eintauchen wollte, vernahm sie aus der Tiefe des Brunnens Stimmen. Die klangen so laut und schauerlich, daß sie ihr Vorhaben vergaß und entsetzt davonlief, ohne sich umzublicken.

Zu Hause und in Sicherheit verwandelte sich ihre Furcht in bitteren Haß, und sie beschloß, den Wechselbalg auf der Stelle loszuwerden. Sie ergriff ihn, warf ihn auf den Misthaufen und prügelte ihn erbarmungslos mit dem Reiserbesen, ohne auf sein herzzerreißendes Heulen zu achten. Dann riß sie ihm die Kleider vom Leib und legte ihn nackt auf die Friedhofsmauer.

Als sie am nächsten Morgen aufwachte, lag ihr eigenes Kind in der Wiege. Der Wechselbalg aber blieb auf immer verschwunden.

DÄMMER-ELBEN

FÉES

Mit dem Begriff Fée verbindet sich heute die Vorstellung von der guten Fee, der hilfreichen, freundlichen Patin im lichtblauen Kleid, die mit einem Zauberstab erscheint. Tatsächlich aber sind die Fées Natur- und Fruchtbarkeitsgeister, und dem Volksglauben zufolge gehören sie zu den ältesten Bewohnern unseres Planeten, geboren, bevor Berge und Meere erschaffen wurden, am Anfang aller Zeiten. Sie zerstreuten sich über die Erde und sahen zu, wie Berge, Bäume, Blumen, Tiere und Menschen Gestalt annahmen. Die Fées, die in den Wäldern blieben, wurden Waldfrauen. Sie pflegten Bäume, Blumen und wilde Tiere. Die Flachland-Fées brachten die Dolmen ins Land; sie trugen sie auf dem Kopf oder balancierten auf ihren Wollspindeln. Den Fées der Felder wuchsen lange Brüste, die sie über die Schultern warfen, um ihre Kinder auf dem Rücken zu säugen, und wo sie erschienen, strotzte das Land vor Fruchtbarkeit. Die Berg-Fées wachten über Lawinen und pflegten die zarten, wilden Frühlingsblumen. Die Höhlen-Fées sammelten und hüteten die unterirdischen Schätze und machten sie nur sichtbar, wenn sie es für wichtig hielten. Die Nebel-Fées reisten mit dem Wind. Sie hüllten Bäche und Flüsse in dichte Nebelschleier, die das Erdreich erquickten und Eindringlinge abschreckten.

Im neunzehnten Jahrhundert verschwanden die Fées. Sie wurden besonders in der Bretagne vermißt, wo die Bauern ihr spurloses Verschwinden mit dem »unsichtbaren« Jahrhundert erklärten. Im »sichtbaren«, dem zwanzigsten Jahrhundert, würden sie wieder auftauchen. Bis heute allerdings hat niemand sie gesehen, und sollten sie zurückgekehrt sein, dann halten sie sich an Plätzen, fernab der Zivilisation auf, wo neugierige Menschenaugen sie nicht entdecken können.

Für den, der ihnen eines Tages begegnen sollte, sei vermerkt: Wie alle Elben wollen die Fées mit Ehrfurcht behandelt und niemals beleidigt werden. Was sie von Haus und Hof leihen möchten, darf unter keinen Umständen verwehrt, sondern sollte gerne gegeben werden. Geborgtes bringen sie stets zurück, und was beschädigt war, ist dann sorgfältig gerichtet. Ihre Besuche bringen immer Glück.

FÉES

Möchten sie im Morgengrauen heimkehren, sollte man sie nie daran zu hindern suchen. Die Weisungen einer Fée müssen bis ins Detail genau befolgt werden, mögen sie noch so ungereimt oder unvernünftig scheinen. Geschenke der Fées dürfen nur nach ihren Anweisungen verwendet werden, und unter keinen Umständen darf man seinen Mitmenschen davon erzählen. Wenn Frauen zu einer Geburt gerufen werden, mögen sie sich auf den Weg machen und gute Arbeit leisten. Sie werden es nicht bereuen.

Mann und Frau sollten nie in die Augen einer Fée starren, denn die Fee wird immer gewinnen. Manchmal sind Fée-Augen von derart hypnotischer Kraft, daß sie einen Menschen in den Abgrund ziehen. Auch muß man sich davor hüten, die ausgebreitete Wäsche der Fées zu beschmutzen; die sprichwörtliche Weißheit der Wäsche ist ihre Freude. Männern können intime Beziehungen zu Fées gefährlich werden, da deren sexuelle Wünsche und Empfindungen intensiver sind als die der Menschen. Schon mit ihnen zu tanzen ist ein Wagnis. Ihre wilden Lieder und wirbelnden Tänze dauern die ganze Nacht und sind so anstrengend, daß jeder Mann, der daran teilnimmt, vor Erschöpfung sterben muß.

KENNZEICHEN

Aufgrund ihrer verschiedenartigen Wohnsitze unterscheiden sich die Fées deutlich in Wuchs und Gestalt. Die meisten sind zwischen zwei und vier Fuß groß. Sie können die Gestalt von Menschen, Maulwürfen, Fledermäusen und anderen kleinen Dingen annehmen.

Die Fées sind sehr schön, doch haftet ihnen manchmal ein Schönheitsfehler tierischer Natur an: ein Entenfuß, ein Schlangenschwanz oder Behaarung am ganzen Leib. Die weiblichen Fées sind in der Überzahl. Sie kleiden sich in weiße Gewänder, tragen langes, blondes Haar, leben außerordentlich lang und haben die Gabe, sich unsichtbar zu machen. Es gibt zahlreiche Untergattungen: die Martes, dunkle Frauen mit glühenden Augen, deren lange, behaarte Brüste bis auf die Knie hängen; die Soeurettes, die den Bacchantinnen der Antike ähneln; die Sanvageons, die steinalt werden; die Fayettes, die sich am liebsten in Maulwürfe verwandeln; die Desmoiselles Blanches, blonde, weißverschleierte Frauen, die im Nebel leben; die männlichen Féetauds; die Hades; die Blanquettes; die Margot-la-Fée; die Fayules; die winzigen Fäies; die spanischen Hadas; die schweizerischen Fadhas sowie die Fée des Vertiges, die in Gestalt einer Flamme erscheint.

VERBREITUNG

Die Fées leben meistens dort, wo die Natur noch unberührt ist. Sie wurden in Bäumen gesehen, auf Bergen, an Flußufern, in der Nähe von Brücken, in Seen, neben Wasserfällen und in Höhlen. Manche sind Nachbarn der *Korred* und leben wie diese unter Dolmen. Viele wohnen in unterirdischen Höhlen aus Kristall, andere bevorzugen Grotten auf Bergen oder am Meer. Fées gab es in ganz Frankreich, in den Alpen, den Pyrenäen und auf den Inseln vor der französischen Küste. Die spanischen und portugiesischen Hadas und Fadas sind den französischen Fées so ähnlich, daß eine gemeinsame Herkunft zu vermuten ist.

Zwei Fischer aus der Haute Bretagne hatten Glück. Sie sahen, wie zwei Fées menschliche Gestalt annahmen. Die Elben bestrichen ihre Augen mit einer Salbe, die sie aus einem Gefäß nahmen, und siehe da: auf einmal waren die beiden von ganz normalen Frauen gar nicht mehr zu unterscheiden.

Ein Korse fing einst eine wunderschöne Fée in seinem Netz und begehrte sie zur Frau. Die Seefrau willigte unter der Bedingung ein, daß er sie nie an ihre Herkunft erinnern und sich selbst nie über ihre Eß- und Trinkgewohnheiten wundern dürfe.
Zwanzig Jahre ging alles gut, und sechs Kinder wurden ihnen geboren, drei Jungen und drei Mädchen. Der Mann hielt Wort und sprach nie über die Herkunft seiner Frau. Eines aber störte ihn: nicht ein einziges Mal aß sie mit am Tisch. Sie holte sich die Reste und brachte sie in ihr Zimmer. Später trug sie die leeren Teller zurück. Seine Neugier aber wuchs von Tag zu Tag, und die Frage quälte ihn, was sie mit den Speiseresten mache und wie sie von so wenig über-

haupt am Leben bleiben könne. Schließlich beschloß er, sie durchs Schlüsselloch zu beobachten. Doch so schnell wie seine Neugier gestillt war, war auch seine Ehe vorbei. Statt die Speisen zu essen, schüttete seine Frau sie in ein Loch in ihrem Rücken.

»Abscheuliches Geschöpf«, rief er entsetzt, »jetzt kenne ich dein grausiges Geheimnis. Pack deine Sachen und verlaß mein Haus. Ich glaubte eine Fée zu besitzen, doch ich habe ein Ungeheuer zur Frau.« Das ließ sie sich nur einmal sagen. Kurz darauf verließ sie mit ihren drei Töchtern das Haus. Sie kehrte in ihr früheres Leben zurück, aber zuvor verwünschte sie die Familie des Mannes, sieben Generationen lang sollten stets nur drei der männlichen Erben am Leben bleiben.

D ie Bewohner eines kleinen Dorfes in der Schweiz brauchten, um zu erfahren, was das nächste Jahr bringen würde, nie ihren Wahrsager oder den Bauernkalender zu befragen. Jeden Winter kam eine Fée aus dem Gebirge herab, und wenn ein gutes Jahr bevorstand, trieb sie eine Herde weißer Ziegen vor sich her; drohten Hungersnot, Krieg oder Pest, so waren ihre Ziegen schwarz.

DOMOVIYE

Die Domoviye gehören zu den wichtigsten slawischen Hausgeistern. Solange man einen Domovoy gut behandelt, geht im Haushalt alles reibungslos. Gibt man ihm jedoch zu einer Verstimmung Anlaß, ruiniert er den Hauswirt. Der Domovoy ist im allgemeinen ausgesprochen gefällig: er räumt das Haus auf, kümmert sich ums Vieh und stiehlt beim Nachbarn Lebensmittel und Getreide. Sein Platz ist in der Ecke hinter dem Ofen, gegenüber Ikone und Öllämpchen. Sein Heimatgefühl ist derart ausgeprägt, daß er selbst dann im Hause bleibt, wenn die Besitzer längst fortgezogen sind.

Der Domovoy sagt die Zukunft voraus und warnt die Hausbewohner vor drohendem Unheil. Brennt das Haus oder versucht Diebesgesindel einzudringen, weckt er den Hausherrn. Hat die Sterbestun-

DOMOVOY

de eines Familienmitgliedes geschlagen, stöhnt, seufzt und klagt er herzerweichend. Trifft es den Hausherrn selbst, bedeckt er, weinend über die Arbeit gebeugt, das Gesicht mit seiner Mütze.

Man sollte sehr bemüht sein, dem Domovoy keinen Grund zur Eifersucht zu geben. Nach altem Brauch wird dem *Vodyany* im Herbst eine Gans geopfert. Dann ist es klug, ihren Kopf im Gänsestall aufzuhängen, damit dem Domovoy nicht auffällt, daß eine von seinen Gänsen einem anderen Geist geopfert worden ist, andernfalls wird er sehr wütend.

Der 30. März ist ebenfalls ein kritischer Tag. Da ist der Domovoy stets schlechter Laune, wahrscheinlich, weil er sich an diesem Tag häutet. Dann empfiehlt es sich, ihn besonders gut zu füttern und Vieh und Geflügel im Stall eingesperrt zu lassen.

Es ist sehr wichtig, dem Domovoy am 28. Januar Kornbrei hinzustellen. Vergißt man das, gibt es nur zwei Möglichkeiten, ihn wieder sanft und friedlich zu stimmen. Entweder muß ein Zauberer kommen und ihm eine schwarze Henne opfern, oder aber der Hausherr geht um Mitternacht in den Hof, wendet sich zum Mond und ruft den Domovoy mit folgenden Worten an: »Meister! Vor mir steh' wie ein Blatt vor dem Gras, noch schwarz, noch grün, sondern grad so wie ich! Hier bring' ich dir ein rotes Ei!« Hat der Domovoy das rote Ei bekommen, wird er sich schnell wieder beruhigen.

Wenn man in ein neues Haus zieht, muß man dafür Sorge tragen, daß keine anderen Domoviye angelockt werden. Ein im Stall aufgehängter Bärenschädel ist das sicherste Abwehrmittel. Ist das neue Haus leicht zu Fuß erreichbar, sollte die Familienälteste im alten Herd ein letztes Feuer machen, die Glut zur Mittagszeit in einen sauberen Krug füllen und diese mit einem weißen Tuch bedecken. Darauf muß sie beide Haustüren öffnen und zum Herd hinüberrufen: »Willkommen, Großvater, in unserem neuen Heim!« Dann trägt sie die Glut zum neuen Haus. Dort muß sie an beide Türpfosten klopfen und fragen: »Sind die Besucher willkommen?« Hausherr und Hausfrau müssen darauf antworten: »Willkommen, Großväterchen, an deinem neuen Platz!« und die Opfergaben, Brot und Salz, bereitstellen. Dann betritt die Alte das Haus. Sobald die Glut im neuen Herd ist, wird der Krug zerbrochen und die Scherben vergraben. Jetzt ist das Haus von Domovoy und Feuer gesegnet und zum Einzug bereit.

KENNZEICHEN

Die Domoviye sind von Kopf bis Fuß mit dunklen Zotten bedeckt und sogar in den Handflächen behaart. Sie sind so klein, daß sie bequem hinter den Herd passen. Sichtbar sind sie nur bei Nacht. In Kirow ist der Domovoy ein alter Mann, so groß wie ein fünfjähriges Kind. Er trägt ein rotes Hemd, eine blaue Schärpe, mausgraue Haare und einen weißen Bart. Mit roten Augen blickt er aus seinem Greisengesicht.

In Ostdeutschland ist er für gewöhnlich weiß gekleidet. In Polen heißt er Iskrzycki. Alle Domoviye knurren, zanken und fluchen gern.

VERBREITUNG

Die Domoviye leben in Weißrußland, in Polen und in einigen Gebieten von Ostdeutschland und der Tschechoslowakei. Sie hausen entweder hinter dem Herd oder, wie der Iskrzycki (das Fünkchen) direkt im Ofen.

Auf einem einsamen Hügel in Polen stehen noch die Mauern eines alten Hauses. Berichten zufolge geht darin ein Domovoy um. Die letzten Bewohner waren überstürzt ausgezogen und hatten ihren Hausgeist nicht mitgenommen. Trotz ihrer Treulosigkeit ist der Domovoy dem Gemäuer treu geblieben und hat nur selten die alte Herdstelle verlassen.

Auch von einem Haus in Südpolen wird erzählt, daß es darin nicht geheuer sei. Jedes Kind, das darin lebte, starb plötzlich und auf unerklärliche Weise. Deshalb wagte es lange Zeit niemand, dort zu wohnen. Schließlich faßte sich ein armer Mann ein Herz. Er lud seine Familie und die wenigen Habseligkeiten auf den Wagen und fuhr damit zum Geisterhaus. Er öffnete die Haustür und rief mit lauter, freundlicher Stimme: »Guten Tag jedem, der hier wohnen mag!«

Als der Domovoy sich so höflich begrüßt hörte, antwortete er: »Auch dir guten Tag. Wenn du in meinem Hause wohnen willst, sei herzlich willkommen. Doch nur unter einer Bedingung, daß deine

Kinder niemals auf dem Herd schlafen und daß deine Frau ihn jede Woche putzt.«

Mit seinem Glück zufrieden, dankte der Mann dem Domovoy und zog ein. Gewissenhaft und sorgfältig pflegte die Frau den Herd, und seine Kinder blieben ihm respektvoll fern. Jetzt hatten sie ein schönes Haus, doch waren sie immer noch so arm wie zuvor. Eines Nachts, als der Mann darüber klagte, wie wenig Brot die Kinder zum Essen bekämen, vernahm er hinter sich ein seltsames Geräusch. Erstaunt blickte er sich um. Der Domovoy zerrte einen großen, bis zum Rand mit Gold gefüllten Kessel aus dem Herd.

»Das schenke ich dir, weil du mein Haus so gut in Ordnung hältst«, sagte der Hausgeist, »von heute an werden deine Kinder nie wieder Hunger leiden.«

Ein Domovoy hatte seinen schlechten Tag. Er war widerspenstig, warf alles umher, und schließlich packte er die Katze am Schwanz und wirbelte sie durch die Luft. Das verdroß die Hausfrau besonders und ging ihr entscheiden zu weit.

»Großväterchen«, fuhr sie ihn an, »schäm dich! Hast du nichts Besseres zu tun, als die Katze zu quälen? Die Arme hat Plage genug mit Ratten und Mäusen. Das will ich nie wieder erleben. Du bist nicht der einzig Wichtige im Haus. Und schließlich bist du alt genug, um dich im Zaum zu halten.« Nach dieser Predigt nörgelte der Domovoy zwar gekränkt vor sich hin, doch seitdem ließ er die Katze in Ruhe.

VAZILY, BAGANY UND BANNIKI

Der Bannik lebt im Badehaus, das er eifersüchtig bewacht. Es ist nicht ratsam, dort nach Anbruch der Dunkelheit hineinzugehen, weil dann der Bannik selbst zu baden pflegt. Störenfriede werden von ihm erstickt. In Smolensk haben die Einwohner solchen Re-

VAZILA UND BANNIK

spekt vor ihm, daß stets Rute und Wassereimer für ihn bereitstehen. Der Vazila kümmert sich um die Pferde. Er ist dem Haus-Domovoy äußerst ähnlich, hat aber Pferdeohren und Hufe.

Der Bagan ist der Beschützer des Viehs, vor allem der Pferde und Ziegen. Beim Viehkauf sollte man daher immer seine Wünsche berücksichtigen. Hat das Tier nicht die von ihm bevorzugte Farbe, wird er das arme Geschöpf quälen, bis es zugrunde geht. Ist er mit der Farbe einverstanden, wird es fett und gesund sein und das Fell einen schönen Glanz bekommen. Um die Lieblingsfarbe des Bagan herauszufinden, muß man ein Stück Osterkuchen in ein Tuch wickeln und im Stall aufhängen. Nach sechs Wochen kommt sie ans Tageslicht: sind die Maden weiß, ist seine Lieblingsfarbe weiß, sind sie rot, ist sie rot.

KENNZEICHEN

Banniki und Bagany sehen den Domoviye sehr ähnlich. Für Menschen ist der Bagan nur am Gründonnerstag und am Ostersonntag sichtbar. Die Vazily haben Pferdeohren und Hufe.

VERBREITUNG

Der Bagan lebt im allgemeinen in der Scheune, der Bannik in der »banya«, dem Badehaus, und den Vazila trifft man meistens im Stall. Sie bewohnen dieselben osteuropäischen Landstriche wie die Domoviye.

»Das ist unser letztes Geld. Paß auf, daß du es nicht verlierst.« Mit diesen Worten gab die Frau ihrem Mann die ersparten Rubel und schickte ihn auf den Markt, um ein Pferd zu kaufen.

Für die Summe war aber nur ein einziges Pferd feil, eine alte Schindmähre, so dürr und klapprig, als würde sie der nächste Windstoß umblasen.

Als der Bauer mit dem Roß heimkam, war seine Frau außer sich: »Ich hab' doch gesagt, du sollst ein Pferd kaufen. Und was bringst du mit, einen Haufen Haut und Knochen. Das ist schon nächste Woche Hundefutter, wie alle davor. Was soll nur aus uns werden?« und sie begann zu weinen.

Bekümmert brachte der Mann das Pferd in den Stall. Hier wurde er besser empfangen. Kaum hatte der Vazila das Roß erblickt, lachte er und rieb sich die Hände:

»Das nenn' ich ein Pferd! Ein richtiges Pferd! Du bist ein Genie!«

Der Mann traute seinen Ohren kaum. Was meinte der Stallgeist nur? Doch dann dämmerte es ihm: Der Vazila mochte nur eine Farbe, und die hatte der Gaul. Schon nach einer Woche war, dank der Fürsorge des Vazila, aus der Klappermähre eine stolze Stute geworden. Jetzt mußte sogar die Frau zugeben, daß ihr Mann ein gutes Geschäft gemacht hatte.

FIR BOLG

Maeve, die Königin der *Sídhe*, ist nicht die einzige Herrscherin in Faeryland. Jede uralte irische Festung hat ihre eigene Königin. Deren Untertanen sind kleiner und nicht so mächtig, wie die hochgewachsenen, wohlgestalteten Sídhe, die mütterlicherseits oft von Menschen abstammen. Diese zweite Gruppe der Faeries wird Fir Bolg genannt. Durch ihre ausgezeichneten Beziehungen zu den Menschen haben sie sich den Namen »Gute Nachbarn« wohlverdient. Wie die Sídhe verachten sie Eisen, Elektrizität, neue Religionen und Weihwasser.

KENNZEICHEN

Wenn sie mit Menschen Geschäfte machen, sind die Fir Bolg drei Fuß groß. (Der Fir Darig ist ein zweieinhalb Fuß großes, rotberocktes Männlein, das mit Vorliebe Besuche macht und am warmen Kamin hocken bleibt.) Wie die meisten Elben, können sie ihre Gestalt verändern und als Menschen erscheinen. Sie sind kräftiger und dunkler als die Sídhe, und einige haben Hängebäuche. Sie kleiden sich in die Bauerntracht des 18. Jahrhunderts, wobei sie rote und karierte Stoffe bevorzugen. Sie sind sterblich, und wenn sie alt werden, werden sie gegen Kühe und Menschen ausgetauscht.

VERBREITUNG

Die Fir Bolg leben ausnahmslos in der Erde, tief unter alten Festungen und grünen Hügeln. Sie gehören zur irischen Urbevölkerung.

Richard sah man auf jedem Fest. Bunt wie ein Pfau stolzierte er umher, stets umschwärmt von einer Mädchenschar. Er war der beste Tänzer der Gegend und scheute sich nicht, mit seinen Künsten zu prahlen. Eines Samstagabends aber mußte er für seine Eitelkeit bezahlen.

»Der will der beste Tänzer sein? Was bildet er sich ein? Jeder unserer Einbeinigen tanzt den matt.« Und im selben Moment traf ihn ein Elbenpfeil. Der steckte so tief in der Hüfte, daß ihm die Lust zum Tanzen verging. Unter dem stillen Hohngelächter der Fir Bolg humpelte er heim.

Bald darauf begann Richard sich zu verändern. Die Eltern wurden besorgt. War es früher schon nicht leicht gewesen, mit ihm auszukommen, so war es jetzt schier unmöglich. Er heulte, winselte und fraß für vier hungrige Bären.

Eine Versammlung wurde einberufen, und die Nachbarn besprachen sich im Nebenzimmer. Sie beschlossen, einen Dudelsack neben Richards Bett zu legen, um zu sehen, ob er darauf spielen würde.

Ein paar Stunden rührte sich nichts. Dann aber wurde die Geduld der Lauscher belohnt. Aus Richards Raum drangen die Läufe einer Gigue, so schnell und leicht, daß selbst der beste Sackpfeifer des Dorfes vor Neid verstummte. Jetzt bestand kein Zweifel mehr: Richard war gegen einen Wechselbalg ausgetauscht worden. Wie sollte man sich davon befreien?

»Was sie gar nicht mögen ist Fingerhut. Wenn wir die Blüten kochen und den Wechselbalg darin baden, sind wir ihn los.«

»Jaja, bis du die Blumen gepflückt hast, ist er längst über alle Berge. Ich sage, werft ihn in den Mühlbach. Mal sehen, wie ihm das schmeckt.«

»Ins Feuer, sag' ich, ins Feuer, da wird's ihm heiß.«

»Jetzt ist keine Zeit für lange Reden. Die Feuerzange glüht so schön. Packt ihn damit.«

Sie stürmten ins Zimmer. Das Bett war leer. Dann erblickten sie sein

Fir Bolg

Gesicht im Fenster. Der Mann mit der Zange stieß zu und versuchte ihn zu packen. Mit wildem Geheul floh der Wechselbalg ins Dunkel der Nacht. Als sie sich umdrehten, stand der richtige Richard im Raum.

Ein Faery begegnete einer Frau auf der Straße und fragte sie: »Würdest du bitte mitkommen, um ein weinendes Kind zu trösten?« Sie willigte ein und folgte ihm durch einen Hügel in einen großen Saal. Dort wimmerte ein Säugling in einer Wiege, in einer Ecke aber klagte ein alter Mann. Die Frau stillte die Tränen des Kindes, aber es gelang ihr nicht, auch den Alten zu trösten.
»Was ist mit ihm?« wisperte sie und blickte den Faery an.
»Komm hinaus. Siehst du die Kuh dort? Wir brauchen ihre Milch für das Kind. Heute nacht aber wird der Alte gegen die Kuh getauscht. Darum weint er so.«
Auf dem Heimweg kam die Frau wieder an dem Hügel vorbei. Die Kuh war tot. Alle Armen des Dorfes stritten sich um ihr Fleisch. Sie wußten ja nicht, daß etwas anderes als Rindfleisch heute abend in ihren Töpfen schmoren würde.

Die Faeries rauben gerne junge Frauen; und Mütter, die im Kindbett sterben, müssen die Säuglinge der Faeries stillen.
Ein Mann in Galway hatte seine junge Frau verloren und gab dem Säugling eine Amme. Nach einem Monat staunte er nicht wenig, das Kind so gesund und munter zu sehen.
»Wüßtest du, was ich weiß, würdest du nicht staunen«, sagte die Amme. »Jeden Abend kommt deine Frau; sie wärmt sich am Herd, ißt Kartoffeln, trinkt Milch und stillt das Kind. Dann blickt sie zu deinem Bett und seufzt.«
Der Mann beschloß, die nächste Nacht zu wachen, um seine Frau zurückzugewinnen. Sie kam, wärmte sich am Herd, aß und trank, stillte das Kind, blickte zum Bett und seufzte schwer. Er aber konnte sich vor Angst nicht rühren.
Am folgenden Tag berichtete er ihren älteren Brüdern, was er gesehen hatte, und sie beschlossen, gemeinsam zu wachen. Die Nacht

kam. Doch als die Frau erschien, waren auch sie vor Angst wie gelähmt und unfähig, die Schwester festzuhalten.

Da wollte ihr kleiner Bruder sein Glück versuchen, und als die Schwester kam, sprang er aus dem Bett und griff nach ihrem Arm. Sie schrie und jammerte und flehte, sie gehen zu lassen. Sie würden sie töten. Sie wehrte sich so verzweifelt, daß der Junge seine Brüder zu Hilfe rief. Zu dritt rangen sie mit ihr, bis sie in Ohnmacht fiel. Dann wachte der kleine Bruder an ihrer Seite, bis der herbeigerufene Priester ein paar Gebete über sie gesprochen hatte. So wurde die Frau aus der Macht der Faeries befreit. Ihre Augen aber blickten unruhig und wild bis zu ihrem Tod.

Überall im Hof standen vertrocknete Kreuzkrautstengel herum. Und weil der Hausherr ein ordentlicher Mann war, schnitt er alle Strünke ab, machte Bündel daraus, warf sie auf einen Haufen und zündete sie an.

Einige Tage waren vergangen, da erschien ein Faery bei der Hausfrau. »Frau Nachbarin, ich möchte nicht zudringlich sein, aber ihr habt in der letzten Zeit zuviel Feuer gemacht.« Die Frau war erstaunt. Ihr Mann hatte in den vergangenen Tagen doch nur zweimal Kreuzkraut verbrannt.

»Wenn ihr zuviel Feuer macht, haben wir zuwenig Pferde. Sagt doch eurem Mann, er möchte das Kreuzkraut stehen lassen.«

Sie erfüllten den Wunsch des Faerys, und nie wieder hat die Frau ihren Nachbarn gesehen.

SLEIGH BEGGEY UND TYLWYTH TEG

Die Faeries von der Insel Man und die aus Wales gehören zur gleichen Elbenrasse wie die irischen *Fir Bolg*. Aufgrund der geographischen Abgeschiedenheit haben sich im Laufe der Jahrhunderte bei jeder Gruppe besondere Eigenarten entwickelt. Die Sleigh Beggey oder Mooninjer Veggey sind die Ureinwohner der Insel Man. Sie lebten dort lange bevor die Riesen kamen und hielten immer Kontakt zu den Menschen und den irischen und walisischen Verwandten, ohne ihre Lebens- und Wesensart zu verändern.

Einige Jahre später ließen sich die Tylwyth Teg in Wales nieder, wo sie sich mit den ansässigen Ellyllon und *Gwagedd Annwn* vermischten. Ihre Nachkommen sind die heutigen Seefräulein und die kleineren, übermütigen Elben, die man Bendith y Mamau nennt.

Das Reich der Tylwyth und Beggey liegt in der Nähe ihrer Tanzplätze, unter Steinen, im Moor, am Ende von Höhlen, unter Flußufern und in zerfallenen Schlössern. Der Weg dorthin führt fast immer durch Wasser. Nur einmal im Jahr sind die Tore ihres Reiches geöffnet, am ersten Mai, zugleich auch der ungefährlichste Tag für einen Besuch. Gäste, die zu anderen Tagen auftauchen, lassen sie erst nach einem, fünf, sieben oder hundert Jahren wieder gehen. Um sie nicht zu verärgern, sollte man nur gut über sie sprechen. Denn jedes Wort außerhalb des Hauses trägt ihnen der Wind zu. Deshalb heißen sie auch Bendith y Mamau, »die Gebenedeiten«, und Tylwyth Teg, was soviel bedeutet wie »die hohe Familie«.

Die Tylwyth Teg haben eine Schwäche für blonde Menschen-Kinder. Deshalb muß man sehr auf der Hut sein, daß sie keine Säuglinge entführen. Schutz gewährt nur die sofortige Taufe nach der Geburt oder Kreuze aus Zweigen der Eberesche und Eisen.

Die Sleigh Beggey sind keine Kinderfreunde, sondern Pferdeliebhaber. Sie selbst besitzen zwar winzige Rösser, doch können sie nie der Versuchung widerstehen, edle irische und englische Reitpferde aus dem Stall zu stehlen. Von ihnen gerittene Pferde kann man an ihrem schweißnassen Fell erkennen.

Die Beggey kommen nur selten mit Menschen in Berührung. Sie sind an viele überlieferte Tabus gebunden, die sie nicht zu brechen wagen. Sie benutzen nur ganz bestimmte und genau gekennzeichnete Wege, die kein Mensch benutzen darf. Sie hassen Salz, künstliches Licht, Hufeisen, Silber und alle gelben Blumen mit Ausnahme des Ginsters. Die Sitte, in der Hallowe'en-Nacht rund um den Herd Asche zu streuen, bedeutet für die Beggey die größte Beleidigung. Was die Wahrsager »Krähenfüße« nennen und woraus sie die Zukunft deuten wollen, sind nichts anderes als die Fußstapfen der Beg-

SLEIGH BEGGEY

gey. Viele Familien auf der Insel Man mußten es bereuen, dieser Art der Wahrsagekunst Vertrauen geschenkt zu haben. Die Beggey vergessen nie, sich für Beleidigungen zu rächen.

KENNZEICHEN
Beide Gruppen sind zwischen einem und drei Fuß groß. Sie sind scheu und stämmig, haben schwarzes Haar und dunkle Haut. Die Tylwyth Teg und die Bendith y Mamau sind heller als die Sleigh Beggey, da sich die Tylwyth Teg in den alten Zeiten mit den blonden *Gwagedd Annwn* vermischt haben. Die Beggey haben Krähenfüße, und manchmal werden sie auch Feathag genannt.

VERBREITUNG
Sie leben ausschließlich in Wales und auf der Insel Man. Mit Hilfe gewisser Kräuter kann man ihre Behausungen entdecken, zu denen es viele Zugänge gibt.

Einmal schenkten die Tylwyth Teg einem kleinen Jungen ihre Gunst. Jeden Tag brachten sie ihm ein paar Goldstücke, die er sofort versteckte. Er war so klug, keinem von diesem Geschenk zu erzählen. Eines Tages aber entdeckte die Mutter seinen verborgenen Schatz.
»Wo hast du das her? Wem hast du das gestohlen?« schimpfte die Frau. Und als der Junge keine Antwort gab, versuchte sie, es aus ihm herauszuprügeln. Doch selbst da verriet er nichts.
»Ach, bitte schlag mich nicht mehr. Wenn ich verrate, wo es herstammt, werde ich nichts mehr bekommen. Ich schwöre dir, ich habe es nicht gestohlen.«
Aber weder Vater noch Mutter glaubten ihm. Der Vater schlug ihn so hart, bis der Junge sein Geheimnis preisgab.
Von diesem Tage an kamen die Tylwyth Teg nie wieder ins Haus.

Im 18. Jahrhundert war es Brauch, zweimal im Jahr Märkte abzuhalten, auf denen man Knechte und Mägde dingen konnte. Zu Hallowe'en nahmen eine ältere Hebamme und ihr Mann für die

Hausarbeit und zum Spinnen ein blondes Mädchen ins Haus. Sie hieß Eilian und war sehr fleißig. Nacht für Nacht spann sie auf der Wiese vor dem Haus einen großen Haufen Flachs. Dabei kamen ihr mit lustigem Singen und Tanzen die Tylwyth Teg zu Hilfe.

Als der Frühling kam, war Eilian verschwunden. Die alte Hebamme glaubte und erzählte ihren Nachbarn, daß das Mädchen von ihren »hohen Freunden« mitgenommen worden sei.

Fast ein Jahr später nach ihrem Verschwinden kam der Entführer geritten, um die Hebamme zu einer Geburt zu bitten. Er führte sie in eine alte Festung. Dort lag auf einem Diwan in einem prächtigen Saal eine schöne Dame, seine Frau. Die Hebamme half bei der Geburt und wurde angewiesen, die Augen des Kindes mit einer Salbe zu bestreichen, ohne aber die eigenen damit zu berühren. Doch da geschah es, daß eins ihrer Augen juckte. Unwillkürlich griff sie sich mit der Hand ans Auge, und plötzlich sah sie, daß die schöne Dame ihre verschwundene Magd war und das herrliche Gemach eine kalte, leere Höhle. Das unberührte Auge aber sah weiterhin die schöne Dame und den prächtigen Saal. Mit keinem Wort verriet sich die Hebamme, und reich belohnt gelangte sie sicher nach Hause.

Als sie das nächste Mal auf den Markt von Caernarvon ging, begegnete ihr der Vater des Kindes, und sie grüßte ihn.

»Mit welchem Auge siehst du mich?« fragte er.

»Mit diesem«, antwortete sie in ihrer Einfalt.

Da brach er ein Schilfrohr und stach damit ihr »hellsehendes« Auge aus. So konnte sie nie wieder einen der Tylwyth Teg sehen und war für den Rest ihres Lebens halbblind.

Einst tanzten die Tylwyth Teg lustig im Moor. Sie hüpften über das Heidekraut und lachten vergnügt. Gerade, als sie am fröhlichsten tanzten, stolperte ein alter, betrunkener Bauer in ihren Kreis.

»Schau, schau, die lieben Kleinen«, gluckste er. Dann fiel er um.

Die Tylwyth Teg waren entrüstet. Das Ungetüm schnarchte einfach auf ihrem Tanzplatz. Sie holten lange, feste Spinnenseile aus ihrem Hügel und fesselten ihn damit. Dann warfen sie noch ein großes Spinnennetz über ihn; nun war er unsichtbar, nicht mal sein wildes

Fänkenmännlein und Norgg

Geschnarch drang durch die Maschen des Netzes. Jetzt konnten sie wieder ungestört tanzen und singen.

Als der Alte am nächsten Morgen immer noch nicht daheim war, begann sich seine Familie zu sorgen. Sie machten sich auf die Suche, fanden ihn aber nicht, obwohl sie einige Male an ihm vorüberliefen. In der nächsten Nacht bekamen die Tylwyth Teg Gewissensbisse und ließen den Alten wieder frei. Stundenlang irrte er durchs Moor. Doch erst, als der Hahn krähte, fand er sich zurecht und sah, daß sein Haus nur eine Viertelmeile von ihm entfernt gewesen war.

NORGGEN, ORCULLI UND FÄNKENMÄNNLEIN

Die Norrgen und Orculli sind die kleinsten Abkömmlinge der Orchi, bösartigen Riesen, die für ihre Kinderfresserei bekannt sind. Die Orculli sind im Umgang etwas freundlicher als ihre Orcoverwandtschaft.

Für den Menschen sind die Norrgen eine große Hilfe. Sie wissen, wann es Zeit zur Saat ist, und während der Ernte sind sie für das Wetter verantwortlich. Zudem sorgen sie für das Vieh. Sind sie jedoch schlechter Laune, dann sind sie so unberechenbar wie die Orculli. Ihre sanfte Berührung läßt Kühe krank werden, ihr Atem Straßen gefrieren, und unerschöpflich ist ihre Erfindungsgabe, wenn es gilt, Menschen in die Irre zu führen. Sie stehlen, was ihnen unter die Finger kommt, Milch aus der Kanne, Gänse vom Hof, Wäsche von der Leine und den Melkschemel unter der Magd weg. Obwohl sie eigentlich Waldgeister sind, findet man sie in Gruben, Häusern und im Hochgebirge.

Die haarigen und sanften Gefährten der blutgierigen Faenggen oder Waldriesinnen sind die Fänkenmännlein, die meist nackt und zottig auf Almen und in Sennhütten umgehen. Sie verwandeln Blätter in Gold und sind geschickte Kletterer, die sich von Gamsmilch ernähren. Nicht selten helfen sie den Sennerinnen bei der Arbeit. Mit Ausnahme des Föhns sind Wind und Wetter in ihrer Gewalt. Wenn der

Föhn bläst, verkriechen sich die Fänkenmännlein in ihre Höhlen und weigern sich herauszukommen, bis sein Toben aufgehört hat. Norggen, Orculli und Fänkenmännlein haben eine gemeinsame Eigenschaft: ihr Mißtrauen gegen Schuhe. Schuhe sind ihnen nicht geheuer. Ein orculischer Quälgeist kann leicht abgeschüttelt werden, wenn sein Opfer die Schuhe wechselt. Wenn man einem Fänkenmännlein Kleider oder gar Schuhe schenkt, verschwindet es auf Nimmerwiedersehen.

KENNZEICHEN

Die Norggen sind zwei bis drei Fuß groß und von kräftiger Gestalt. Sie haben rote Augen und Vollbärte und tragen mit Bergmoos bedeckte Lodenmäntel oder altmodische grüne Bundhosen und Jacken sowie Dreispitze. Am häufigsten sieht man sie in der Zeit zwischen dem ersten Mondviertel und Vollmond. In manchen Gegenden heißen sie Nörke, Nörkele oder Lorggen.

Die Fänkenmännlein sind stärker behaart und zottiger als die Norggen. Sie sind meist nackt; nur bei extremer Kälte bedecken sie sich mit Fell oder Rinde. Sie sind etwa drei Fuß groß und verfügen über einen überdurchschnittlich entwickelten Gehörsinn.

Die Orculli, Meister der Verwandlung, sind jedoch stets an ihrem Geruch erkennbar. Zu behaupten: »Du stinkst wie ein Orco!« gilt in Norditalien als ärgste Beleidigung.

VERBREITUNG

Die Fänkenmännlein leben in der Ostschweiz und in Nordtirol. Die Norggen sind in ganz Osttirol bekannt. Ursprünglich waren sie nur in Meran ansässig, inzwischen hat man sie jedoch auch an der deutschen Grenze gesehen. Die Orculli leben in Friaul.

Ihr bevorzugter Aufenthaltsort sind Höhlen; sie besuchen jedoch auch Häuser und Bergwerke.

Als die Pest Graubünden heimsuchte, zählte man in jedem Dorf Hunderte von Toten. Die Totenglocken läuteten ohne Unterlaß. Nur die wilden Tiere und die Waldgeister blieben von der Seuche verschont. Als die Not immer größer wurde, beschlossen die Dörfler, den wilden Männern und Frauen das Geheimnis ihrer Gesundheit zu entreißen. Da ihnen der Lieblingsstein eines Fänkenmännleins bekannt war, füllten sie eine Mulde im Stein mit Wein und legten sich im Gestrüpp auf die Lauer. Als er nach einer Weile kam, war er über die rote Pfütze in seinem Bett entrüstet.

»Nein, du überkommst mich nicht«, sagte er zu der unheimlichen Flüssigkeit und schleckte sie bis zum letzten Tropfen aus. Bald tat der Wein die gewünschte Wirkung. Das Fänkenmännlein wurde lustig und immer lustiger.

Jetzt sprang einer der Männer hinter dem Busch hervor. »Sag mir, Guter, warum hat euch die Pest nichts getan?«

Das Fänkenmännlein kicherte und lallte vergnügt.

»Ich weiß es wohl, Eberwurz und Bibernell; aber das sag ich dir lange nicht!«

Jetzt wußten sie, warum. Sie verabschiedeten sich von dem Fänkenmännlein, gruben Bibernell und Eberwurz aus und gaben jedem davon im Dorf. So kam es, daß Graubünden von der Pest befreit wurde.

Die Nörglein gehören zu den ältesten Elben. Eines von ihnen lebte im Egerfeld am Inn. Jede Nacht schaute es zum Tristkopf hinauf und rief: »O mein Gott, wia bin i so alt! Denk die Egerwies, neun Mol Wies und neun Mol Wald, und den Tristkopf, so klein wia Kitzkopf! O mein Gott, wia bin i so alt!«

Doch die einzige Antwort, die es bekam, war das Echo des eigenen klagenden Rufes.

In einem langen, harten Winter kam ein Norgg zu einer armen Bäuerin und bat sie um Unterkunft. Da sie gutherzig war, ließ sie sich nicht zweimal bitten und gab dem kleinen Mann einen warmen Platz am Herd und etwas zu essen. Dort blieb er bis Januar und genoß ihre Gastfreundschaft.

Die Bäuerin aber wurde reich belohnt. Im ganzen Winter fiel ihr

Kind nicht ein einziges Mal aus der Wiege, nie stieß die Kuh den Milchkübel um, keine Kartoffel faulte im Keller, und lang bevor das Tauwetter einsetzte, begannen die Hennen zu legen.

Ein reicher und mächtiger Graf aus Südtirol verirrte sich einst im Wald. Auf der Suche nach dem rechten Weg trat ihm ein Nörglein entgegen und sagte: »Ihr habt meine Grenze überschritten.« »Es war mir nicht bekannt, daß das Euer Land ist! Ich habe mich beim Jagen im Wald verirrt«, antwortete der Graf.

Die roten Augen des Nörgleins blitzten gefährlich, und sein Bart sträubte sich. »In Eurem Land mögt Ihr allmächtig sein, doch hier bin ich allmächtig, und es gibt nur eine Möglichkeit für Euch, hier lebend herauszukommen: Versprecht mir Eure Frau!«

Der Graf drohte und bat. Vergebens. Schließlich fügte er sich und willigte schweren Herzens ein. Das Nörglein führte ihn zu einer mächtigen Föhre, welche die Grenze ihrer Gebiete markierte und sprach: »Drei Monate gebe ich Eurer Gemahlin Zeit, mir zu entkommen. Dreimal darf sie meinen Namen raten und dreimal fragen wer ich bin. Errät sie ihn nicht, ist sie mein.« Die nächsten zwei Monate herrschte Trauer im Schloß. Die Gräfin weinte und betete, der Graf starrte trübsinnig ins Feuer.

Dann war die Zeit bis auf drei Tage vertan. Frühmorgens ritten sie in den Wald. An der Föhre stand das Nörglein; sein Gewand war rot und grün.

»Nun, habt Ihr meinen Namen gefunden?« fragte er.

»Heißt Ihr Tanne? Oder Kiefer? Oder Föhre?« fragte die Gräfin.

Er lachte sie aus!

Am nächsten Tag machten sie sich noch früher auf den Weg.

Diesmal trug er rot und blau.

»Heißt Ihr Gerste? Hafer? Oder Weizen?« fragte sie.

Er lachte heimtückisch.

Am dritten Tag kam das Paar so früh, daß von dem Nörglein noch nichts zu sehen war. Nachdem sie einige Zeit gewartet hatten, entdeckte die Gräfin einen Pfad, der von der Föhre in den Wald führte. Sie folgte ihm und gelangte in ein Tal, wo ein kleines Häuschen stand. Aus dem Kamin stieg Rauch.

»Wie entzückend!« rief sie und trat auf Zehenspitzen ans Fenster, um hineinzuspähen.

Es war das Haus des Nörgleins. Er stand am Herd und rührte in den Töpfen, wobei er vor sich hinsang:

»Seide mein Hafele, plapper mein Kraut! 's ist gut, daß die Frau Gräfin nit weiß, daß ich Purzinigele heiß!«

Als die Gräfin das hörte, verlor sie vor Aufregung fast die Beherrschung. Sachte schlich sie vom Fenster und eilte zur Föhre zurück, wo wenig später der kleine Norgg erschien. Stolz trat er auf in seinen feinsten Gewändern, rot und gold.

»Nun, meine Liebe, wie heiße ich heut?« fragte er grinsend.

»Heißt du Pur? Oder Ziege? Oder gar *Purzinigele?*«

Bleich vor Wut taumelte er fluchend und schreiend ins Gestrüpp und wurde nie wieder gesehen.

FLUSSFRAUEN

Das Wesen der Flußfrauen ist wandelbar und unstet wie ihr Element, das Wasser. Es gibt Tage, da sind sie sanft und still wie ein Waldsee und wünschen nichts mehr als zu beglücken und zu gefallen. Kaum aber schäumen und toben die Wogen, ist ihre heitere Stimmung dahin. Sie ziehen ihr Opfer auf den Grund des Flusses, und manchmal verschlingen sie es sogar. Im Sommer und Winter sind sie im allgemeinen ungefährlich, im Frühjahr aber sollte man ihnen nicht zu nahe kommen. Den deutschen Fenetten soll man zu jeder Jahreszeit aus dem Weg gehen. Sie sind derart schön, daß ein Mann, der sie angeblickt hat, nach einem Jahr zugrunde gehen muß.

Die Flußfrauen lieben Gesang, Tanz und Haarekämmen und Verwandlungen. Wie alle Wassergeister halten sie es nicht lange in einer Gestalt aus. Sie zeigen sich als Menschen, Fische oder Fischfrauen. Die französischen Dracae treiben als goldene Ringe, Tassen oder Untertassen im Wasser und fangen arme Wäscherinnen. Mit diesen Kostbarkeiten locken sie die Frauen ins Wasser und ziehen sie hinab. Dort werden sie als Amme oder Kindermädchen mißbraucht.

KENNZEICHEN

Die Flußfrauen sind von mädchenhafter Schönheit. Sie wirken jünger als die *Meerfrauen*, und sie sind temperamentvoller als die Seemädchen, deren sanfte Liebenswürdigkeit Freude macht. Die Flußfrauen sind etwa vier Fuß groß. Ihre Haut ist hell und samtweich. Die langen Brüste hängen über ihre Schultern. Ihr Haar schimmert gülden wie die letzten Sonnenstrahlen auf dem Fluß. Die Augen der Flußfrauen sind grün und ihre Gewänder weiß. Sie können als Menschen, Fische, Fischfrauen, Goldgeschirr und Geschmeide oder sogar als Blumen erscheinen. In Menschengestalt erkennt man sie an den nassen Zipfeln ihrer Schürzen.

VERBREITUNG

Flußfrauen gibt es in ganz Europa, obwohl sie im Norden bekannter sind. Die Fenetten leben in Deutschland und im französischen Rhônetal, die Dracae in Südfrankreich, die Nixen in verschiedenen Gegenden Nordeuropas und die Kållrå den in Schweden. Die griechischen *Nereiden* und die slawischen *Rusalky* kann man ebenfalls zu den Flußfrauen zählen, obgleich sie nicht ausschließlich Flußelben sind.

Die Flußfrauen wohnen unter Baumwurzeln am Flußufer oder in kristallenen Unterwasserpalästen. Sie kämmen sich auf der Wasseroberfläche mit Gold- und Elfenbeinkämmen, wobei sie auf einem Seerosenblatt im Fluß schaukeln.

Die Saal-Nixe war eine schöne, sinnliche Elbin, die jeden Mann in ihren Bann zu ziehen vermochte. Ein junger Bauer erblickte sie einst am Gestade des Flusses, und obwohl er sie nur flüchtig gesehen hatte, nahm ihn ihr Bild mehr und mehr gefangen, bis sie ihm als die begehrenswerteste Frau der Welt erschien. Er sehnte sich danach, sie umarmen zu dürfen. Tagein, tagaus wartete er beharrlich auf sie und erwies ihr so viele Aufmerksamkeiten, daß die Nixe sich endlich verführen ließ.

Der Bauer war so berauscht von den Liebeskünsten der Nixe, daß er seine Arbeit zu vernachlässigen begann, um mehr Zeit für sie zu haben. Anfangs tat seine Frau, als hätte sie nichts bemerkt. Als er aber ganze Tage fortblieb, war es mit ihrer Geduld vorbei. Sie folgte ihm

FLUSSFRAU

zum Fluß, wo sie ihn in den Armen der schönen Wasserfrau überraschte.

Weinend verfluchte sie ihn für seine Treulosigkeit, bis sein Gesicht vor Scham dunkelrot und die Nixe selber zu Tränen gerührt war.

»Geh«, sagte die Flußfrau zum Bauern, »du hast eine Frau und ein Zuhause. Geh weg und laß mich in Ruh'. Sollte ich dich je wieder am Fluß treffen, werde ich dich töten.«

Wie jede Woche wuschen die Frauen aus dem Dorf ihre Wäsche am Bach. Kein Wetter konnte sie davon abhalten. Im Sommer lachten sie, wenn sie die Wäsche gegen die Steine schlugen, und im Winter war es nicht anders, außer daß sie dicke Stiefel an den Füßten trugen und rote, geschwollene Hände hatten. Eine der jüngeren Frauen mochte diese Arbeit nicht besonders, um ehrlich zu sein, sie langweilte sich. Es war ihr kalt, und Rücken und Arme taten ihr weh. Als sie es kaum noch ertragen konnte, sah sie eine hölzerne Schale den Fluß hinabtreiben. Sie streckte die Hand aus, um danach zu greifen, aber die Schale war zu weit weg. Eine der alten Frauen rief: »Sieh dich vor, vielleicht ist es der Drac!« Doch sie machte sich nur lustig über die Warnung, während sie wieder und wieder danach griff. Als sie sie endlich erwischte, war es wirklich der Drac. Zwei starke Arme ergriffen ihre Hand und zerrten sie unter Wasser.

Sieben Jahre wurde sie von den anderen Wäscherinnen nicht gesehen. Sie lebte im Wasserschloß des Drac, wo sie den Gebärenden half und die Kinder stillte.

Eines Tages, als sie eine Aalpastete aß, geschah es, daß sie mit ihrer fettigen Hand eines ihrer Augen berührte. Plötzlich konnte sie ebenso klar und deutlich unter Wasser sehen, wie früher an Land. Die junge Frau war beglückt, doch behielt sie das Geheimnis für sich.

Nach sieben Jahren wurde ihr die Rückkehr an Land gestattet. Kurz darauf traf sie auf dem Weg zum Markt einen Drac und grüßte ihn erfreut.

»Mit welchem Auge siehst du mich?« fragte der Drac.

»Wieso, mit diesem natürlich«, antwortete sie und zeigte auf das Auge, das sie mit dem Aalfett berührt hatte.

Mit einem Ruck stieß ihr der Drac seinen Daumen hinein.

»Jetzt kannst du uns nie wieder sehen!«

NECKER UND FLUSSMÄNNER

Fast alle Wege ins Elbland führen durchs Wasser, vor allem durch Binnengewässer. Necker und Flußmänner bewachen die Furten. Ihre Günstlinge werden freudig empfangen, Neugierige dagegen abgewiesen. Mit Vorliebe verführen sie junge Mädchen und zeigen ihnen danach die Schätze ihrer Unterwasserwelt. Männer werden durch das Elbenkönigslied in ihr Reich gelockt, das die Necker auf goldenen Harfen und Fiedeln spielen. Als Hüter der Wasserwege werden sie von solchen Menschen gefürchtet, die die Welt der Geister ebenso beunruhigt wie Wahnsinn, Dichtkunst oder auserlesene Schönheit. Diese Angst ist der Ursprung aller Geschichten vom »mörderischen« Neck, der die Seelen seiner Opfer aussaugt und sie in Unterwasserkäfigen gefangenhält.

Die meisten Berichte, insbesondere die älteren, schildern Necker und Flußmänner keineswegs als blutgierige Bestien, sondern als Wassergeister, launisch und verführerisch wie das Element, in dem sie leben. Manchentags erscheint der Nix auf glitzernden Wellen, singend und sanfte Akkorde auf der Harfe zupfend; an anderen Tagen schäumt er vor Wut, wobei er Blutfontänen aus dem See speit, Stürme entfesselt und sich an denen rächt, die ihn beleidigt haben. Flußmänner können für Menschen sehr hilfreich sein. Sie warnen vor der Gefahr des Ertrinkens, und wenn sie ihr Getreide zu hohen Marktpreisen einkaufen, ist es ein Zeichen dafür, daß es billiger wird. Mit passenden Geschenken, wie schwarze oder weiße Ziegen, Hähne oder Hennen, kann ein Mensch sie nötigen, ihm die hohe Kunst des Fiedelns beizubringen. Wer das Elbenkönigslied gelernt hat, darf allerdings nicht eher damit aufhören, bis er es, Ton für Ton, ebenso leicht und flüssig rückwärts spielen kann oder bis ihm jemand über die Schulter die Saiten der Fiedel zerschneidet.

Ein Schutzmittel gegen Wassergeister ist Stahl; er lähmt ihre Kräfte und läßt sie machtlos werden. Wer absolut sicher gehen will, sollte vor jedem Bad oder vor jedem Spaziergang am Ufer eines Gewässers den Spruch aufsagen: »Neck, Neck, Nadeldieb, du bist im Wasser, ich bin an Land. Neck, Neck, Nadeldieb, ich bin im Wasser, du bist an Land.«

FLUSSMANN

KENNZEICHEN

Die nordischen See- und Flußgeister zeigen sich als hübsche junge Männer mit lockigem goldenen Haar und roter Mütze. Sie sind so groß wie ein Mensch. Der schwedische Strömkarl hat einen roten Kapuzenmantel, rote Strümpfe und blaue Kniebundhosen an. Er singt leidenschaftlich gern und spielt unvergleichlich schön Harfe und Fiedel. Der norwegische Fossegrim ist ihm sehr ähnlich; er bevorzugt jedoch graue Kleidung. Die deutschen Nixen, Seemännlein, Häckelmänner und Nickelmänner erscheinen, wie die skandinavischen Söetrolde und Nixen, gleichfalls als junge Männer mit roten Mützen und Locken, und immer sieht man sie mit einer goldenen Harfe in der Hand. An Land sind sie leicht an den nassen Zipfeln ihrer Kittel oder an ihren Zähnen zu erkennen, die entweder grün oder aber Fischzähnen zum Verwechseln ähnlich sind. Sie können sich in Fischmänner, Pferdemänner, Stiere oder Hengste verwandeln. Auf der Insel Man leben die Nikkisen, die in Vollmondnächten den endlosen Zug der Ertrunkenen anführen.

VERBREITUNG

Der Strömkarl lebt, wie der Fossegrim, in der Nähe von Wasserfällen; er wohnt entweder direkt am Fluß oder unter einer Brücke. Flußmänner sind in ganz Nordeuropa, von Deutschland bis Finnland, in Island, England und auf der Insel Man bekannt.

Die weise Frau von Ypern war im ganzen Land bekannt und hochgeachtet. Die Freundschaft mit einem Necker erlaubte ihr, ihn über die Geheimnisse der Zukunft und der Gegenwart zu befragen. An ihrer Tür hing ein Schild mit der Aufschrift: »Der Necker allhier sagen kann, was man fragt, sei's Frau oder Mann.«

In Westfalen fand einst ein Mann ein rauhhäutiges Kind im Schilf am Ufer eines Sees. Als er den Knaben aufhob, hörte er eine Stimme mitten im See, die rief: »Laß mir meinen Sohn!«, und er erblickte einen Greis, der wie ein Schmied aussah, auf dem Wasser sitzen und seine Hände nach dem Kind ausstrecken.

Der Mann überhörte die Bitte und tat, als hätte er nichts gesehen. Weil der Knabe eine grobe Haut hatte, nannte er ihn Rauhhaut. Viele Jahre lebten sie zusammen, und Rauhhaut wuchs zu einem schönen, kräftigen Jüngling heran. Eines Tages bat er, seinen Wasservater besuchen zu dürfen. Zunächst schlug ihm der Pflegevater die Bitte ab. Doch als er merkte, daß Rauhhaut entschlossen war, gab er nach und tat, was der Jüngling verlangte. Er ging zum Markt und kaufte ein Schwert. Anstatt aber den geforderten Preis zu zahlen, feilschte er, bis der Preis ihm günstig schien. Als Rauhhaut fragte, ob er um das Schwert gefeilscht habe, gab er es zu. Der Jüngling wies es zurück und schickte seinen Pflegevater aufs Neue zum Markt mit der Bitte, dieses Mal nicht zu feilschen. Doch der Mann konnte der Versuchung nicht widerstehen. Er mußte zum drittenmal gehen. Als Rauhhaut das passende Schwert endlich hatte, stürzte er zum See und hieb damit ins Wasser. Hilflos mußte sein Pflegevater zusehen, wie eine Blutfontäne aus dem See hervorschoß und Rauhhaut mit einem Schrei in den Wellen versank.

Einmal fingen drei schwedische Bauern ein wildes Pferd und warfen ihm ein Halfter über den Kopf. Kaum spürte das Pferd das Leder auf seinem Hals, wurde es so zahm, daß es die Männer den ganzen Tag vor den Pflug spannen konnten. Als aber das Halfter plötzlich herabrutschte, war alle Zahmheit weg. Statt des braven Ackergauls hatten die Bauern einen wutschnaubenden, stampfenden Hengst im Geschirr. Er ging ihnen durch und galoppierte mitsamt dem Pflug in den See. Jetzt erkannten sie, daß sie den ganzen Tag mit einem Neck geackert hatten.

Ein paar Burschen gingen zum Tanz. Unterwegs kamen sie an einen Fluß, der vom Regen so angeschwollen war, daß er über die Ufer trat. Gerade wollten sie umkehren, als ein Roß erschien. Behend schwangen sich die jungen Männer auf seinen Rücken, der so lang war, daß jeder Platz hatte. Da erblickte sie vom anderen Ufer aus ein alter Mann und rief: »Himmelkreuzherrgott! Was für ein langer Gaul!«

Kaum waren die Worte aus seinem Mund, hörte er es auch schon krachen und sah die Burschen zu Boden kullern. Der Neck schleppte sich mit gebrochenem Rückgrat heulend ins Wasser.

FOLLETTI UND INCUBI

Die ersten bekannten italienischen Waldgeister waren die Fauni und die Silvani. Feld und Wald waren in ihrer Gewalt, und unter ihrem Einfluß gediehen und wuchsen die Herden. Aus der Verbindung der Fauni mit den Faunae oder Fatuae entsprangen die Incubi. Diese waren ursprünglich Herdenelben, welche das Vieh mit schlechten Träumen plagten. Die Silvani ihrerseits zeugten mit den Silvane oder Waldfrauen die Folletti. Im Mittelalter wurden Folletti und Incubi häufig miteinander verwechselt. Heute faßt man die meisten italienischen Elben unter dem Begriff Folletti zusammen.[1]

Dante nannte die Folletti Farfarelli, was kleine Schmetterlinge bedeutet; und unermüdlich wie Schmetterlinge flattern sie herum. Menschen sind sie im allgemeinen freundlich gesonnen, was sie allerdings nicht von mutwilligen Streichen abhält. Sie haben das Wesen und die Größe kleiner Kinder, sind aber an allem Sexuellen außerordentlich interessiert; außerdem verfügen sie über magische Kräfte. Einige quälen und vergewaltigen Frauen, andere sind für Trichinen im Schweinefleisch verantwortlich, wieder andere verursachen Geisteskrankheiten und Alpträume. Es ist schwer, sie loszuwerden. Jedes Dorf hat seine eigenen Rezepte, wovon manche sehr kompliziert sind. In der Romagna können sie nur von braunhaarigen Mädchen verjagt werden; woanders müssen es große Heilige sein. In der Lombardei sollten die von einem Folletto in den Wahnsinn Getriebenen Eier essen. Einhundertein Eier müssen bei einhundertein Familien gesammelt und die erkrankte Person gezwungen werden, täglich fünfundzwanzig bis dreißig Stück davon zu essen. Nach fünf Tagen wird der Folletto verschwinden.

---

1) In Norditalien bezeichnet man die Silvani als Salvani. Die Salvani verbanden sich mit den Aguane, und ihre Kinder hießen Salvanelli. Die Salvanelli wiederum paarten sich mit Hexen, deren Nachkommen die Salbanelli sind.

FOLLETTO

Es gibt unendlich viele Bezeichnungen für die Folletti, denn jedes Dorf hat seine eigenen. Den kalabrischen Fujettu behagt es am meisten, in neuen Häusern zu geistern, die von sieben Familien bewohnt werden. In Sardinien verwandeln sich alle Kinder, die ungetauft sterben, in Fuglietti; und der sizilianische Fuddittu verliert seine ganze Macht, sobald man ihm seine rote Mütze entwendet.

KENNZEICHEN
Folletti sind zwischen einem und drei Fuß groß, mit Ausnahme der Salvanelli, die bis zu zehn Zoll klein sein können. Oft haben sie Kruselhaar, lebhafte Augen, und sie tragen mit Vorliebe rote Kleider. Einige haben Tierfüße, während die Mantellioni aus Aosta überhaupt fußlos sind. Fast alle tragen rote Zauberhüte, die sie als Tarnkappen verwenden können.

VERBREITUNG
Die Folletti leben in Italien. Wenn sie ihr ruheloses Treiben unterbrechen, rasten sie auf Feldern, Lichtungen und in Häusern. Sie reisen mit dem Wind, und jene, die sich auf das Wetter spezialisiert haben, werden *Wind-Folletti* genannt.

Im fünften Jahrhundert lebte in Pavia eine Frau, die ihr Brot stets beim Bäcker backen ließ. Eines Tages fand sie unter den Brötchen einen seltsamen Kuchen. Der Bäcker sagte, er wisse nicht, woher der sei; sie nahm ihn mit nach Hause und aß ihn auf.
In der Nacht wurde die Frau von einer zischenden Stimme geweckt. Erschrocken richtete sie sich im Bett auf und machte Licht. Außer ihrem Mann, der schnarchend neben ihr lag, konnte sie aber nichts entdecken. Sobald sie aber das Licht ausgeblasen hatte, zischte die Stimme: »Ich mag dich. Komm küß mich. Ein winziges Küßchen.« Und sie spürte, wie Lippen ihre Wangen streiften. Doch als sie versuchte, den Unbekannten wegzustoßen, stieß sie ins Leere. In dieser Nacht fand sie keinen Schlaf. Ruhelos starrte sie zur Decke und wiederholte wieder und wieder alle Gebete, die sie kannte, während der Incubo nicht von ihr abließ.
In der nächsten Nacht war es nicht besser. Er versuchte, sie nach al-

len Regeln der Kunst zu verführen. Er herzte und küßte sie, flüsterte ihr zärtlich ins Ohr, er drohte, schmeichelte und bat sie, mit ihm zu schlafen.

Am anderen Morgen ging sie zu einem Priester. Der beschwor ihren Geist, segnete sie und gab ihr zum Schutz ein Amulett, Weihwasser und bewährte Gebete mit nach Hause. Doch nichts half. Im Gegenteil. Es schien den Incubo noch lüsterner zu machen.

Eines Tages zeigte er sich ihr als kleiner Mann mit goldenem Haar und grünen Augen, prächtig gekleidet nach spanischer Art.

Trotzdem weigerte sie sich standhaft, mit ihm zu schlafen. Enttäuscht und verbittert griff er zur Gewalt. Er schlug sie, nahm ihr den Schmuck und ihre Heiligtümer weg, schmiß die Möbel um, zerbrach das Geschirr und machte es wieder heil; er raubte ihr das Kind und stieß es fast vom Dach; er mauerte sie mit ihrem Mann im Bett ein, und nur, weil der Mörtel am nächsten Morgen noch nicht trocken war, konnten sie sich retten.

Wieder ging die Frau zur Kirche. Sie gelobte, ein Jahr lang ein Büßergewand zur Vergebung ihrer Sünden zu tragen, doch als sie es zum erstenmal trug, riß es ihr der Incubo vom Leib und ließ sie nackt auf der Hauptstraße zurück.

Sechs Monate währte dieses Martyrium. Und obwohl sie der Schlafmangel vollkommen zermürbt hatte, verschloß sie sich unnachgiebig seinem Drängen. Schließlich war auch die bewunderungswürdige Ausdauer des Incubo erschöpft. Er gab ihr das Kleid und den Schmuck zurück und verschwand, um ein neues Opfer zu suchen — eine Frau mit weniger Skrupeln.

Weil es in vielen Alpendörfern schwer ist, im Winter Arbeit zu finden, verlassen die jungen Männer häufig ihre Familien, um ihr Glück in den Städten zu suchen. In Val Varaita bei Novara verlassen jungverheiratete Männer ihre Frauen meist schon nach ein paar Monaten. Während ihrer Abwesenheit führen die alten Frauen das Regiment. Zu ihren schwierigsten Aufgaben zählt, die jungen Frauen zu trösten und sie vor den Feuer-Folletti zu schützen.

Wenn der Winter andauert und die Nächte länger werden, träumen die einsamen Frauen von ihren Männern. Wenn der Schnee ans Fenster fällt, rücken sie näher ans Feuer. Doch je länger sie dort verweilen, um so gefährlicher wird es. Im Kamin sitzt ein kleiner Folletto, der mit seinen glühenden Augen die jungen Frauen heimlich hypnotisiert. Wehmütig denken sie an die Stadt, die viele Meilen weit weg ist. Der Folletto lockt sie und füllt ihre Herzen mit Schwermut und Verzweiflung. Wenn in diesem Augenblick die alten Frauen nicht eingreifen, um den Bann des Follettos zu brechen, müssen die jungen vor Sehnsucht sterben.

HÜGELVOLK

Einst waren die norwegischen Thusser so zahlreich und mächtig, daß sie für lange Zeit die Christianisierung Norwegens aufhalten konnten. Heute ist es dem Christentum jedoch gelungen, viele von ihnen aus dem Land zu vertreiben und sie als »Böse Trolle« zu diffamieren. Genaugenommen dürfen Thusser und alle anderen Hügelvölker nicht als Trolle bezeichnet werden. Troll ist bis heute der Sammelbegriff für alle skandinavischen Elben, ungeachtet, ob Waldelben, Seeelben oder Hügelvolkelben. Die landläufige Vorstellung, wonach die Hügelvolkelben verwachsene, bucklige Scheusale sind, denen nichts größere Freude bereitet, als Menschen zu betrügen, mit Krankheit zu schlagen oder zu töten, ist vollkommen falsch. Sie wurde von Amuletthändlern verbreitet, die sich durch den Verkauf von Zaubermitteln an Leichtgläubige zu bereichern suchten. In Wirklichkeit besteht das Hügelvolk aus hochgewachsenen, schlanken Elben, deren hohes Alter nur von ihren Kenntnissen und Fertigkeiten übertroffen wird. Nach dem Zeugnis der Edda sind sie Meister der Schmiedekunst und findige Mechaniker, denen alle Geheimnisse der alten Runen bekannt sind. Ihr Vieh ist das fetteste im ganzen Land, und ihre Kühe geben die meiste Milch. Sie leben in Hügeln, wo sie ein normales Dorfleben führen, mit Hunden, Kindern, Festen, Tänzen und nachbarlichen Zwisten.
Der Arbeitstag des Hügelvolkes beginnt im Zwielicht und endet im Morgengrauen. In dieser Zeit schmieden sie ihre berühmten Schwerter, schwere Töpfe und Pfannen, kostbare Armreifen, Mes-

HÜGELVOLK

ser und Kettenhemden. Die Frauen beschäftigen sich mit Brauen, Backen, Säen, Viehzucht und Kinderhüten. Ihre Lieblingsbeschäftigung ist der Tanz. In warmen Sommernächten oder bei Vollmond kann man sie vergnügt zu ihren Fiedeln springen sehen. Es heißt, daß sie das geheimnisvolle Elbenkönigslied kennen, jene Musik, die begeistert und erquickt und selbst Bäume und Steine zum Tanzen bringt. Um den Tanz zu beenden, muß der Fiedler die ganze Melodie rückwärts spielen oder ein andrer die Saiten seines Instruments zerschneiden. Die wilden Tänze des Hügelvolkes währen die ganze Nacht. Doch wenn der Hahn zum erstenmal kräht, brechen sie eilig auf, um nach Hause zu kommen. Sie wissen, wer beim dritten Hahnenschrei von der aufgehenden Sonne überrascht wid, erstarrt zu Stein oder sein strahlendes Gesicht wird faltig, grau und alt.

KENNZEICHEN
Die skandinavischen und isländischen Elben des Hügelvolkes sind zwischen vier und sechs Fuß groß. Ihre hochgewachsenen, schlanken Frauen sind anmutig und schön. Sie haben lange Brüste und klangvolle Stimmen. Männer wie Frauen tragen farbenfrohe Bauerntrachten, rot, grün oder dunkelgrau. Solange ihre Haut nicht mit der Sonne in Berührung kommt, schimmert sie lichtblau. Trifft sie jedoch ein einziger Sonnenstrahl, wird die Haut dunkel und alt oder der Körper verwandelt sich in Stein. Man kann sie nur mittags im grellsten Sonnenlicht sehen, allerdings selten in ihrer wahren Gestalt. Das Fell ihrer Kühe hat ebenfalls die lichtblaue Farbe, wodurch sie für die meisten Menschen unsichtbar sind.
Zu den Untergattungen des Hügelvolkes gehören: die norwegischen Thusser, die finnischen Maanväki, das norwegische Huldrefolk mit seinen typischen Kuhschwänzen, das Huldefolk der Faröer-Inseln und die schwedischen Pysslinger, welche Schuhe herstellen.

VERBREITUNG
Gruppen des Hügelvolkes gibt es in Island, Norwegen, Finnland, Schweden, Dänemark und auf den Faröer-Inseln. Meistens leben sie in Hügeln und Erdwällen, einige bevorzugen es unter Büschen, auf freiem Feld, in Höhlen oder aber, was äußerst selten vorkommt, in verlassenen Häusern zu wohnen. Einmal im Jahr, in der Silvester-

nacht, ziehen sie durchs Land, um sich eine neue Wohnung zu suchen. In dieser Nacht können helläugige Menschen bei Vollmond in die Elbenhügel sehen, die auf roten Säulen stehen.

Ein dänischer Bauer stand mit seinem Nachbarn, einem Hügelmann, auf gutem Fuße. Sie besuchten einander und führten oft lange Gespräche über das Wesen der Menschen und den Lauf der Welt. Erst, als die Bäuerin ein Kind zur Welt brachte, wurde die innige Freundschaft gestört. Gerne hätte der Bauer seinen Freund zur Taufe eingeladen, doch es war ihm nicht wohl dabei. Er wußte, daß dem Priester das alte Hügelvolk suspekt war. Lüde er den Hügelmann ein, wäre es um seinen guten Ruf in der Gemeinde geschehen, lüde er ihn nicht ein, würde er den Nachbarn kränken und sein Kind um das reiche Taufgeschenk bringen. Er befand sich in einer Zwickmühle. In seiner Not wandte er sich an den Schweinehirten, der angeblich ein gewitzter Bursche war.

»Ich brauche einen großen Sack und die Erlaubnis, den Hügelmann einzuladen. Macht Euch keine Sorgen, alles geht gut«, sagte dieser. Der Bauer war erleichtert und schickte den Schweinehirten mit einem Sack und der Einladung zum Hügelmann. Er klopfte an die Tür und wurde eingelassen.

»Ich bin gekommen, um Euch zur Taufe des ersten Kindes meines Herrn einzuladen«, sagte der Bursche zum Hügelmann. »Es gibt ein großes Fest, und mein Herr würde sich sehr freuen, wenn Ihr die Einladung annehmt.«

»Es ist mir eine Ehre«, antwortete der Hügelmann, »doch welche Gäste werden außer mir bei der Taufe sein?«

»Nur ein paar Leute aus dem Dorf«, sagte der Knecht, »und ein paar Pfaffen«.

»Pfaffen? Hm... Ach, an ein paar Pfaffen will ich mich nicht stören. Ich kann ja ein bißchen später kommen und mich in eine Ecke setzen. Wer kommt denn noch?«

»Na ja, ein, zwei Bischöfe, und natürlich Peter und Paul.«

»Die Heiligen Peter und Paul?«

»Wer sonst?« antwortete der Schweinhirt, »und natürlich wird auch Maria dabeisein«.

Der Hügelmann wurde unschlüssig. »Ich würde ja wirklich gerne kommen, aber zur Zeit hab' ich so viel zu tun... und die Tür muß auch mal wieder geölt werden... Was für Musik gibt es denn?«

»Trommeln.«

»Trommeln! — Ausgeschlossen! Zu eurer Taufe kann ich beim besten Willen nicht kommen. Vor Jahren hab' ich mir an einem Trommelstock das Bein gebrochen. Trommeln! Maria! Heilige! Bischöfe! Bitte sag deinem Herrn, daß ich krank bin. Damit er nicht beleidigt ist, gebe ich dir ein Taufgeschenk mit.« Er reichte dem Schweinehirten ein wahrhaft königliches Geschenk aus Gold. »Meinst du, das reicht?«

»Ich weiß nicht«, sagte der Knecht, »vielleicht könnte es doch ein wenig mehr sein. Er ist an große Geschenke gewöhnt.«

»Da hier! Nimm noch mehr. Aber bitte sei so lieb und laß die Trommeln nicht so laut rumpeln. Reicht's jetzt?«

»Wenn Ihr meint...«

»Hier nimm noch das und entschuldige mich vielmals bei deinem Herrn.«

Der Schweinehirt bedankte sich beim Hügelmann. Mit aller Mühe gelang es ihm, den schweren Goldsack nach Hause zu tragen.

Obwohl die Huldreleute Eisen verarbeiten und rasierklingenscharfe Messer und Schwerter schmieden, fürchten sie Stahl und Gewehre, da sie vollkommen machtlos dagegen sind.

Ein Mann verliebte sich einst in ein Huldre-Mädchen und begehrte sie zur Frau. Eines Abends ging er zu ihrem Hügel, und sobald sie erschien, stürzte er auf sie zu und hielt ihr das Gewehr an den Kopf. Hilflos gegen die Macht des Metalls, mußte sie ihm folgen.

Viele Jahre lebten sie als Mann und Frau; doch niemand kann behaupten, daß es eine glückliche Ehe gewesen wäre. Niemals konnte die Elbin die Schmach und die Schande vergessen, mit der sie ihrem Volk entrissen worden war. Nie ließ sie eine Gelegenheit ungenutzt, um den Ungeliebten an ihren Haß zu erinnern. Selbst die Geburt ihres ersten Kindes diente ihr zur Rache. Sie ging zur Wiege und sprach so laut, daß es ihr Mann hören mußte: »Das gibt einen guten Braten zum Abendessen.«

Der Mann fand das gar nicht lustig.

»Du Hexe willst eine Mutter sein?« Rasend vor Wut griff er nach einem Stock und schlug auf sie ein. »Das ist doch unser Kind!«

Wenn er aber geglaubt hätte, eine Huldre-Frau ungestraft schlagen zu können, hatte er sich getäuscht. Seelenruhig nahm sie den Feuerhaken und schnürte ihm diesen wie ein Stück Draht um den Leib.

Es war im Spätsommer; das meiste Vieh war bereits von den Almen ins Tal getrieben worden. Nur eine Hirtin weidete noch ihre Kühe, um die letzten warmen Tage zu nutzen. Nachts schlief sie allein in einer Hütte am Rande des Hochmoores. Niemals aber hatte sie Angst vor der Einsamkeit gehabt, bis zu der Nacht, als das Huldrefolk kam.

Gerade, als sie ihr Nachtmahl gegessen hatte und der Tag auf den Bergen verblaßte, klopfte es. Erschreckt hielt sie inne; dann aber öffnete sie mutig die Tür. Man kann sich vorstellen, wie froh sie war, als sie ihren Verlobten erblickte.

»Ich dachte, du müßtest diese Woche im Tal bleiben, um deinem Vater beim Haus zu helfen. Seid ihr schon fertig?«

Der Huldre-Mann in Gestalt ihres Freundes antwortete: »Ich war so allein. Ich bin gekommen, um dich noch heute zu heiraten.«

Das Mädchen traute seinen Ohren kaum. Der Huldre-Mann aber hatte Wesen, Gestalt und Stimme ihres Freundes so getreu nachgemacht, daß sie alle Zweifel in den Wind schlug und sich zur Hochzeit bereit erklärte.

Das Fest begann. Die prächtig geschmückte Braut trank eben auf das Wohl der als Dörfler erschienenen Huldre-Männer, als ihr wahrer Verlobter, von unbestimmter Furcht getrieben, die Hütte erreichte. Als er die schwarzen Pferde der Elben erblickte und den Lärm des Festes hörte, wußte er, daß irgend etwas nicht stimmte. Vorsichtig lud er sein Gewehr mit einer silbernen Kugel, schlich zur Tür und schoß durch den Spalt über die Köpfe der Huldre-Männer hinweg. Der Silberschuß zerriß das Blendwerk, das sie so sorgsam gewirkt hatten. Fort waren Dörfler und Bräutigam. An ihren Plätzen saßen die Huldre-Männer in ihrer wahren Gestalt. Ohne Zögern griff der Bursche nach seiner Braut und hob sie aufs Pferd. Ein

Huldre-Mann vertrat ihm mit einem Trinkhorn den Weg. Doch er riß ihm das goldne Gefäß aus der Hand und galoppierte davon.

Der Raub ihres Hornes und der Verlust ihrer Braut war für die Huldre-Männer eine tödliche Kränkung. Sie sprangen auf ihre Pferde und hetzten ihm nach. Es wurde ein Ritt um Leben und Tod. Als der Bursche an den Feinden der Huldre-Männer vorüberjagte, riefen sie ihm zu: »Reite aufs Rauhe, nicht übers Glatte!«

Er folgte ihrem Rat und sprengte über die Äcker. Bald hatte er die Huldre-Männer weit hinter sich gelassen. Sie konnten die Furchen der Felder nicht so leicht überspringen wie er.

»Jetzt haben wir's geschafft!« rief der junge Mann erleichtert, und umarmte seine Braut. Im selben Augenblick sah er am andern Ende des Tales das Haus seiner Eltern in Flammen aufgehen.

MEERFRAUEN

Die Meerfrauen beherrschen die Ozeane. Während ihre Männer an der Wasseroberfläche mit Sturmbrauen und Wettermachen beschäftigt sind, hüten die Meerfrauen ihre Kinder und Meerestiere. Sie sammeln Gold und Edelsteine auf dem Grund des Ozeans, und als perfekte Hausfrauen besorgen sie Haus und Hof, bis ihre Männer von der Arbeit heimkehren.

Trotz Fleiß und harter Arbeit aber sind die Ehen der Meerfrauen nicht sehr glücklich, da fast alle *Meermänner* fortgeschrittenen Alters sind. Die Meerfrauen dagegen haben sich ihre Schönheit und Jugend über Jahrhunderte und unzählige Schwangerschaften bewahrt, so daß sie sich, wie es in solchem Fall auch anderswo gang und gäbe ist, ständig nach jungen Liebhabern sehnen.

Weil sie unter Wasser relativ abgeschlossen leben, sind sie gezwungen, oberhalb des Meeresspiegels nach Abenteuern, in Gestalt junger Matrosen, Ausschau zu halten. Sehnsüchtige Lieder singend, folgen sie den Schiffen, um die Matrosen ins Meer zu locken. Sobald die Meerfrau einen Mann begehrt, läßt sie nicht mehr von ihm ab. Mit honigsüßen Worten schmeichelt, ruft und singt sie, wobei sie dem Schiff oft viele hundert Meilen folgt. Läßt sich der Matrose

MEERFRAU

durch nichts verführen, ersinnt sie Pläne, wie sie ihn über Bord spülen oder das Schiff versenken kann. Dann wird sie ihn vor dem Ertrinken retten, und in die weichen Betten ihres Palastes bringen. Gelingt es ihm, sie glücklich zu machen, läßt sie ihn vielleicht frei und reich beschenkt an Land zurückkehren. Ist sie jedoch voll unersättlicher Begierde, voll Eifersucht oder trotz all seiner Liebesmüh unbefriedigt, muß er ihr als Sklave dienen, und niemals wird er die Seinen wiedersehen.

KENNZEICHEN

Die Meerfrauen sind nicht so mädchenhaft wie die *Flußfrauen*, doch trotzdem überaus schön. Mit ihren Kindern, Männern und Haustieren leben sie im »Land unter den Wogen«. Sie haben eine durchsichtige Haut und lange, geschmeidige Brüste, die sie über ihre Schultern hängen. Ihr Haar leuchtet im Wasser tiefgrün, im Sonnenlicht wie schieres Gold. Meistens sieht man sie mit einem Kamm in ihrer rechten und einem Spiegel in ihrer linken Hand. Sie schwimmen gewandt und betören die Seefahrer mit ihrem zaubrischen Gesang. Sie können fliegen und die Gestalt von Katzen, Robben, Fischen oder Fischfrauen annehmen. Sie werden ungewöhnlich alt.

VERBREITUNG

Am bekanntesten sind die Meerfrauen in Nordeuropa. In südeuropäischen Ländern werden sie *Sirenen*, in Skandinavien und Norddeutschland Havfrue, Meerweiber oder Watermömen genannt; ihre Kinder heißen Marmaeler. In Holland nennt man sie Meerminnen, in der Bretagne, Morgans und Groac'h Vor, auf der Insel Man, Ben-Varrey, in Irland, Merrows oder Mara-Warra. Die englischen Meerfrauen heißen Mermaids, die schottischen Ceasg, Daoine Mara und Maighdean Mara. Sie leben in prächtigen Unterwasser-Palästen, die mit Gold, Kristallen und Edelsteinen geschmückt sind.

Einmal geriet eine Meerfrau von der Insel Man in ein Fischernetz. Die Männer hatten große Ehrfurcht vor ihren magischen Kräften, aber sie ließen ihren Kameraden sie mit nach Hause nehmen, in der Hoffnung, daß sie ihnen beim Fischen Glück bringen würde. Für die

Frau des Fischers war der Besuch eine große Ehre, nie zuvor hatte sie eine echte Meerfrau gesehen. Sie nötigte sie zum Essen und Trinken und quälte sie mit ihrer Gastfreundschaft. Doch die Meerfrau lehnte alles ab. Da sie ganz unglücklich wirkte, beschloß die Familie, sie wieder gehen zu lassen. Sie fürchteten sich vor ihrer Fremdheit.

Sobald sie frei war, eilte sie zu ihren Freundinnen, um ihr Abenteuer zu erzählen.

»Wußtet ihr?« wisperte sie verstohlen, »daß die Menschen so dumm sind und das Wasser wegschütten, worin sie die Eier gekocht haben. Sie wissen nicht einmal, wozu es gut ist.«

Die Freundinnen fanden auch, daß die Insulaner beschränkt seien, und für lange Zeit brachen sie jeden Umgang mit ihnen ab.

In Schottland ist allgemein bekannt, daß derjenige, der eine Meerfrau fängt, einen Wunsch erfüllt bekommt, sobald er sie wieder frei läßt. Ein Mann aus Ross-shire hatte Glück. Beim Fischen geriet ihm eine Meerfrau ins Netz. Sein sehnlichster Wunsch aber war, Meister im Dudelsackspiel zu werden.

»Möchtest du zu deinem Vergnügen oder für andere spielen?« fragte die Meerfrau. »Eigentlich mehr für mich«, sagte der Fischer.

»Dann kann ich dir den Wunsch erfüllen«, rief die Meerfrau und entschlüpfte seinen Händen, »dein Dudelsackspiel wird dich beglücken!«

Der Fischer wurde Sackpfeifer — wie er meinte. Wenn er nach seinem Instrument griff, hielten sich die Leute im Dorf die Ohren zu. Für sie klang es, wie das Gejaul von hundert verliebten Mülltonnenkatzen.

In der Hoffnung, das gelobte Land zu finden, machte sich eine Gruppe irischer Emigranten auf die Reise nach Amerika. Doch schon nach wenigen Seemeilen entdeckte ein Matrose eine Mermaid im Kielwasser.

»Wir sind verloren«, rief er, »eine Mermaid bringt Unglück. Sie will einen von uns haben. Wenn sie ihn nicht bekommt, wird sie uns alle ersäufen.«

Nach vielem Hin und Her beschloß die Mannschaft, einen Mann über Bord zu werfen, um die Begierden der Mermaid zu stillen. Man loste, und es traf einen jungen, stattlichen Iren, den Beliebtesten von der Mannschaft. Betrübt über diese Wahl, losten sie zum zweiten Mal, und wieder traf es ihn. Seine Geschicklichkeit, Stärke und strahlende Laune aber wurden von allen so geschätzt, daß man ihm eine letzte Chance gab. Er zog — und verlor. Da half kein Klagen, sie mußten ihn der Mermaid überlassen.

Der Matrose bat den Kapitän um eine halbe Stunde Gnadenfrist. Sie wurde gerne gewährt. Er ging zum Heck, blickte der Mermaid tief und fest in die Augen und begann zu singen. Er sang ein uraltes Lied in der Sprache seiner Vorfahren, dem wunderbar klingenden Gälisch, voll Erinnerungen an die alte Zeit und das Meer. Die Worte waren wahr und alt. Sie gefielen der Meerfrau. Der Gesang des jungen Iren schläferte sie ein und wiegte sie auf den Wellen vergeßner Träume. Für den Rest der Reise ließ sie das Schiff in Ruh, und alle landeten wohlbehalten in der Neuen Welt.

MEERMÄNNER

Obwohl dem Volksglauben nach alle Gewässer, und sogar die Binnenmeere, direkt mit den Ozeanen verbunden sind, wird zwischen Süß- und Salzwasser-Elben unterschieden.

Die Elben der Seen und Flüsse sind schöne junge Männer, die Harfe oder Fiedel spielen und mit Vorliebe Mädchen verführen. Die Meermänner dagegen sind uralte Wassergeister mit langen Haaren und wallenden Bärten. In Skandinavien, Schottland, Holland und Island sind diese charakteristischen Merkmale nicht so ausgeprägt, da sich dort in Hunderten von Fjorden und Grachten das Meer mit Flüssen und Bächen mischt.

Gemeinsam mit ihren Gattinnen, den *Meerfrauen*, haben die Meermänner uneingeschränkte Macht über das Wetter auf See. Sie entfesseln Stürme, Springfluten, Orkane und Passate. Die Ertrunkenen verschleppen sie in ihre Paläste auf dem Meeresgrund.

Früher verstand es jeder Kapitän, sich die Meermänner zu Freunden zu machen, indem er ihnen Gaben darbrachte und ihnen die Leiber der auf See Verstorbenen überantwortete. Häufig fanden auch Streitgespräche zwischen Kapitänen und Meermännern statt. Sieger war, wer das letzte Wort behielt. In Todesgefahr hat so mancher Kapitän einem Meermann den eigenen Sohn oder die Tochter versprochen, um seine Haut zu retten. Freundschaften zwischen Kapitänen und Meergeistern genossen großes Ansehen, denn nur wer einen Meermann zum Freund hatte, würde sein Schiff heil zurückbringen. Solche Kapitäne wurden überall respektiert, und die Matrosen folgten ihm auf See mit blindem Vertrauen.

KENNZEICHEN

Meermänner erscheinen meist als Greise mit langen Bärten und Fischzähnen, die manchmal grün sind. Sie können die Gestalt von Menschen, Stieren, Fischmännern oder Fischen annehmen. Die Fjordmänner zeigen sich als Pferde mit verkehrten Hufen, als Roßmänner oder als schwarze Hengste. In Schottland sind diese Wasserpferde oder Kelpies so ungeheuer groß, daß sie eher die Bezeichnung Riesen als Elben verdienten. Die mediterranen Meermänner haben menschliche Oberkörper, die in Fischschwänze übergehen. Mit dem Dreizack in der Hand reiten sie auf Delphinen. Die irischen Merrows erscheinen als Fischmänner mit grünen Zähnen und grünem Haar. Sie haben kurze Flossenarme, Schweinsaugen und rote Säufernasen. Mit Hilfe ihrer roten Mützen durchqueren sie das Meer. Die holländischen Necker sind kleiner als die meisten Meermänner, und sie verbringen viel Zeit mit Seufzen. Die schottischen Daoine Mara sind behaart und bärtig, großmäulig und plattnasig. Sie haben lange Schlenkerarme und sandgelbe Haut. Alle skandinavischen Meermänner haben lange grüne Haare und Bärte und grünschimmernde Fischzähne. Der Havmand ist etwas jünger und hat einen Fischschwanz. Der Nökke trägt einen grünen Hut, hat ein einziges Nasenloch und außerdem Schlitzohren. Es gibt viele Untergattungen, u. a. Söedouen, Näcken, Näkke und Nikkur.

VERBREITUNG

Meermänner kommen überall vor, wo es Salzwasser gibt. Sie wohnen auf dem Meeresgrund oder in Höhlen an der Küste. Mit Aus-

KELPIE

nahme der Fjordmänner, die gern allein sind, leben die meisten Meermänner mit ihren Familien in häuslicher Gemeinschaft.

Grethe ging oft ans Meer hinab. Und wenn sie den Wellen zuschaute, sann sie darüber nach, was wohl dahinter verborgen wäre. Eines Tages traf sie einen Havmand am Strand. Er lud sie ein, in sein Haus zu kommen und versprach, ihr seine Reichtümer zu zeigen — mehr Gold und Silber, als sie je zuvor gesehen hätte. Nachdem sie ihre Bedenken zerstreut hatte, ging sie mit. Der Reichtum seines Hauses und der Zauber seines Wesens müssen in der Tat sehr beachtlich gewesen sein, da Grethe viele Jahre lang nicht zurückkehrte. Sie heiratete den Havmand und lebte mit ihm in seinem Unterwasserpalast. Sie brachte fünf Kinder zur Welt, und nur noch selten dachte sie an das Leben, das sie hinter sich gelassen hatte.
Aber auch Träume vergehen. Eines Tages drangen die Kirchenglocken durch die Tiefen des Meeres bis in ihr Herz. Sie bekam Heimweh, es wurde immer stärker und zog sie an Land. Wieder zu Hause, vergaß sie das Leben, das sie unter den Wogen geführt hatte, und die Erinnerung an den Havmand verblich.
Für den Havmand aber war es nicht so einfach, sie zu vergessen. Tag für Tag wartete er auf ihre Rückkehr, und Abend für Abend fand er eine Antwort auf die Fragen ihrer Kinder. Eines Tages aber passierte es, daß auch er weinen mußte. Er weinte um seine verlorene Grethe und um die Kinder, die sie verlassen hatte.

HOBGOBLINS

In Schottland sind die *Brownies* die wichtigsten Hausgeister, in Wales die *Bwciod* und in England zweifellos die Hobgoblins. Sie verlassen höchst ungern das Haus und hocken mit Vorliebe in ihrem behaglichen Winkel am Kamin. Jeder Landstrich in England hat seine eigenen Hobgoblins, die unter einer Vielzahl von Namen bekannt sind. Hob-Gob, Tom-Tit, Robin Round Cap, Hop-Thrush Hob und Goblin-Groom waren einzelne Hobgoblins, die so berühmt wur-

HOBGOBLIN

den, daß man sie mit dem Vornamen ansprach. Aufgrund ihrer Abneigung gegen Elektrizität, Maschinen, Industrialisierung und übervölkerte Städte sind sie so selten geworden, daß die meisten Menschen sie nur noch vom Hörensagen kennen.

KENNZEICHEN

Die Hobgoblins sind in den letzten Jahren selten geworden. Daher ist es schwierig, detaillierte Informationen über sie zu erhalten. Sie sind gewöhnlich ein bis zwei Fuß groß und dunkelhäutig. Entweder gehen sie nackt oder in braune Lumpen gehüllt.

VERBREITUNG

Hobgoblins leben am Kamin und verlassen nur selten das Haus. Früher waren sie in ganz England bis hinauf zu den schottischen Lowlands bekannt. Heute begegnet man ihnen nur noch in den entlegensten Gegenden, wo die Menschen unbeirrt an den alten Lebensgewohnheiten festhalten.

Ein Hobgoblin aus Herefordshire pflegte sich, sobald er sich vernachlässigt fühlte, auf eine ausgefallene Art zu rächen. Er ließ alle Schlüssel im Haus verschwinden, bis er um deren Rückgabe gebeten wurde. Zur Buße mußten die Hausbewohner einen Kuchen auf den Kaminsims stellen und solange mit geschlossenen Augen schweigend im Kreis ums Feuer sitzen, bis der Zorn des Geistes verraucht und sein Hunger gestillt war. Dann warf er die Schlüssel an die Wand und kehrte zu seinem Lieblingsplatz — einem über dem Feuer hängenden Hufeisen — zurück. Danach durften auch die Leute wieder an ihre Arbeit gehen.

NACHTMAHRE

Wohl schon jeder hat in seinem Leben Alpträume gehabt, die wenigsten aber wissen, daß Alpträume[1] von Elben verursacht werden.

---

1) Das Wort Alp ist wie Alb eine andere Bezeichnung von Elb.

Der vom Alp Befallene ist wie gelähmt, mag er auch noch so sehr im Traume kämpfen, es wird ihm weder gelingen, den kleinen Finger zu rühren, noch Hilfe herbeizurufen. Der Zustand, schreibt ein Wissenschaftler, gleicht dem Wundstarrkrampf. Eine Rettung ist nur möglich, wenn es dem Schläfer glückt, einen Körperteil zu bewegen. Der Alp hockt auf Brust oder Rücken des Opfers und reitet es durch seine Träume, wobei der Alp sich an der »Mähne« festkrallt. Auch Tiere werden von den Nachtmahren geritten. Ihr Fell ist dann so zerzaust und verknotet, daß es selbst durch stundenlanges Striegeln nicht geglättet werden kann.

Gegen Nachtmahre helfen zwei Mittel: Vorbeugung und Vertreibung. Im Mittelalter wurden zum Schutz Pflanzen wie Tausendgüldenkraut, Palma Christi, Eisen- und Johanniskraut an allen Wänden des Zimmers aufgehängt, und im Schlaf trug man Amulette mit Diamanten, Korallen, Pechkohle, Jaspis, getrocknetem Menstruationsblut oder Fetzen von Wolfs- oder Eselshaut. In späterer Zeit wurden die Verhütungsmethoden einfacher. Z. B. ein Messer im Haus zu haben, ein Hufeisen oder ein Kreuz und ein Messer über die Türe zu hängen, Flachs vor der Tür zu streuen, einen Schweinskopf oder Drudenfuß auf die Tür zu malen, keine Wachskerzen im Haus zu verwenden, einen Mistelzweig, eine geweihte Olive oder ein Weinblatt über das Bett zu hängen, ein Kruzifix oder eine Handvoll Holzäpfel im Haus aufzubewahren, einen Socken unter dem Bett liegenzulassen, einen Ginsterzweig oder ein Messer unter dem Kissen zu verstecken, die Schuhe verkehrt vors Bett zu stellen, Kindern und Pferden ein rotes Tuch über die Brust zu binden, Arme und Beine zu kreuzen, bevor man schlafen geht. Diese Maßnahmen variieren je nach Dorf und Land.

Ist ein Nachtmahr bereits ins Haus gedrungen, gibt es ebenfalls viele Mittel und Wege, ihn auszutreiben. Katholiken behaupten, der Alp flöhe, sobald man den Namen Jesus ausspräche oder mit der Zunge das Kreuzzeichen mache. Andere versichern, der Nachtmahr sei nur zu verscheuchen, wenn er bei seinem wahren Namen gerufen würde. Viele Zauberformeln haben ihre Wirkung, und vieles kann getan werden, um Nachtmahre durch Beschäftigungen abzulenken, z. B. indem man sie Hirse vom Boden aufklauben oder große Mengen Wolle spinnen läßt.

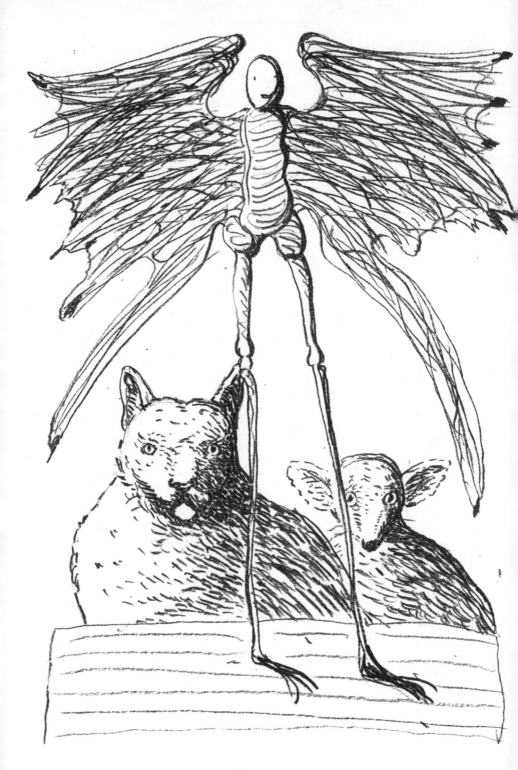

NACHTMAHRE

Am besten, man versucht ihn zu fangen, was bei seinen Verwandlungskünsten nicht leicht ist, es sei denn, man hat ihm zuvor alle Fluchtwege abgeschnitten und jedes Loch im Haus verstopft. Der Nachtmahr muß das Haus durch dieselbe Öffnung verlassen, durch welche er eingedrungen ist. Hat man ihn dann am Haar gepackt und erklärt, daß es Pferdehaar sei, ihn dergestalt verletzt, daß er neun Tropfen Blut hat lassen müssen, ihn mit Handschuhen gewürgt, die seit Generationen in der Familie sind, oder ihn wie einen Strohhalm geknickt und verbrannt, ist man für immer von ihm befreit. Eine besondere Methode, den Nachtmahr zu fangen, besteht im lauten Zukorken einer Flasche. Einerseits von Neugier, andererseits aber auch von dem unüberwindbaren Drang getrieben zu urinieren, muß der Alp die Flasche öffnen. Mit einiger Geschicklichkeit kann man ihn dann leicht darin einsperren.

KENNZEICHEN

Nachtmahre haben viele Namen und Gestalten. Da sie ausschließlich nachts erscheinen und sich stets verwandeln, ist es unmöglich, sie genau zu beschreiben. Sie wurden als Frauen, Männer, Katzen, Hühner, Ungeheuer, Esel, Pferde, Schmetterlinge, Fledermäuse, Spitzmäuse, Federn, Strohhalme und Pferdeschwänze gesehen.
Die *Incubi* und einige der *Folletti* fungieren manchmal als Nachtmahre, indem sie Schlafende quälen und ihnen böse Träume bescheren. Die echten Nachtmahre dagegen beschäftigen sich ausschließlich mit Schläfern, und das auch nur nachts. Einige ihrer zahlreichen Namen sind: Alp, Stendel, Waalrüter, Cauchemar, Nachtmart, Cinciut, Le Rudge-Pula, Marui, Painajainen, Marantule, Pandafeche, Shishimora, Schrätteli, Toggeli, Calcatràpole, Engue, Quældrytterinde, Nachtmännle, Schrecksele, Drud und Mora.

VERBREITUNG

Nachtmahre sind in ganz Europa zu Hause. Was sie tagsüber tun, ist kaum erforscht, genausowenig, wann und wo sie schlafen. Sie dringen durch Schlüssellöcher, Mauselöcher und Astlöcher ins Haus.

Auf ihrem Weg über ein Feld in Holland entdeckten ein paar Männer eine schlafende nackte Frau im Gras. Der ungewohnte Anblick versetzte sie augenblicks in heftige Erregung, die aber schnell von einem alten Schäfer gedämpft wurde.

»Wenn ihr meint, daß diese Frau ein Wesen aus Fleisch und Blut ist, so habt ihr euch arg getäuscht. Es ist die Nachtmaere, und sie schickt sich an, ihr nächstes Opfer zu reiten. Sie ist tausendmal schlimmer als eine Frau.«

Während die Männer sie anstarrten, kroch ein kleiner schwarzer Wurm in ihren Mund. Sie erwachte jäh — und nackt wie sie war, verschwand sie im Wald.

Ein Russe wurde lange und unbarmherzig von einer Mora gequält. Endlich beschloß er, sein Haus zu verlassen. Auf seinem Schimmel floh er zum Gehöft seines Freundes. Der war gerne bereit, ihm solange Obdach zu gewähren, bis die Mora sein Haus nicht mehr heimsuchen würde. In derselben Nacht fand der Gastgeber seinen Freund keuchend im Bett; ein Büschel weißer Haare drohte ihn zu ersticken. Kurzerhand griff er nach einer Schere und schnitt den Haarschopf entzwei.

Als der Russe am Morgen erwachte, lag sein Pferd tot im Stall. Jetzt wußte er, daß ihm die Mora in Gestalt seines Schimmels gefolgt war.

KALLIKANTZARI

Die Kallikantzari sieht man während der Rauhnächte[1] über die Hügel Griechenlands ziehen. Sie reiten auf lahmen, blinden oder verwachsenen Hühnern und auf hundegroßen Pferden und Eseln. Oft sind sie selber blind.

Der »lahme Dämon« oder Kutsodämonas, ihr Begleiter, ist ein noch

1) den zwölf Tagen zwischen dem Heiligen Abend und dem Dreikönigstag.

KALLIKANTZARI
UND KUTSODÄMONAS

ekelerregenderer Anblick: Er ist klein und sein Schädel übergroß; stets hängt ihm die Zunge aus dem Sabbermund, und seine Brust ziert ein schweinsblasengroßer Auswuchs. Seine nackt herabbaumelnden Genitalien sind unverhältnismäßig lang und dick. Als Verächter des Reitens zottelt er, fluchend und seine Genossen verhöhnend, hinter der Prozession her. Morgens, wenn der Hahn kräht, und am 5. Januar, wenn der Priester die Häuser segnet, müssen die Kallikantzari verschwinden. Der Kutsodämonas harrt jedoch bis zum letzten Moment aus in der Hoffnung, noch einen üblen Streich spielen zu können.

Die griechischen Bauern schützen sich vor den Kallikantzari durch Feuer. Wenn sie nachts das Haus verlassen müssen, nehmen sie zu ihrer Sicherheit Fackeln mit. Auch verschließen sie während der Feiertage sorgsam alle Zisternen, Brunnen und Wasserbehälter. Wird es vergessen, besteht die Gefahr, und ganz besonders, wenn weder Spargel noch Ysop im Haus sind, daß die Kallikantzari nachts in das Wasser oder in den Kamin pissen. Im Parnaß-Gebirge sind sie derart frech, daß sie sich mit dieser Brühe auch noch ihre Hoden waschen. Der lahme Dämon ist besonders gefährlich, wenn er ins Haus kommt. Er vergewaltigt junge Mädchen und stößt Schwangeren seine Hörner in den Leib. Um seinen Besuch zu verhindern, sollten stets ein Sieb und ein Besen neben der Tür liegen, einige Schweineknochen im Kamin hängen und abends mit Weihrauch geräuchert werden. Ein effektvolles, wenn auch übelriechendes Schutzmittel ist das Verbrennen alter Schuhsohlen im Kamin. Nicht einmal ein Kallikantzari hält diesen Gestank aus.

KENNZEICHEN

Die Kallikantzari sind klapperdürr und immer nackt, nicht größer als kleine Kinder und oft auf einem oder beiden Augen blind. Sie haben rote Hüte, schütteres Haar und manchmal einen Pferde- oder Eselsfuß. In einigen Gebieten Griechenlands gibt es auch größere Kallikantzari, die letzten Verwandten der alten Kentauren. Diese Waldgeister sind so ungewöhnlich groß, daß sie vom Volk mit Werwölfen oder wilden Männern verwechselt werden.

VERBREITUNG

Die Kallikantzari sind vor allem im Gebiet des Parnaß-Gebirges bekannt. Der lahme Dämon kommt in ganz Griechenland vor, von Epirus an der Westküste bis zu den Inseln vor Kleinasien. In Malta wurde er ebenfalls gesehen. Er zieht sowohl in der Gesellschaft der Nereiden als auch der Kallikantzari umher.

Das Reich war in Aufruhr. Der lahme Dämon hatte die Königstochter geblendet. Nach alter Gewohnheit hatte der Kutsodämonas solange mit dem Abgang gezögert, bis seine Genossen fort waren, und dann hatte er im letzten Augenblick sein Messer in ihre Augen gerammt.

Nachts konnte er seine Spießgesellen in ihrer Grotte mit dieser Nachricht erfreuen.

»Endlich! Ich habe es geschafft! Die Prinzessin wird ihr Leben lang blind sein. Die hat geschrien! Das hättet ihr hören müssen. Haha. Um das Licht der Augen zurück zu bekommen, gibt es nur eins: Spinnweb und Ruß aus unserm Kamin. Doch das findet keiner raus.«

Zum Glück für die Prinzessin aber lauschte einer. Der war am späten Nachmittag in die Höhle gekrochen, um dort zu schlafen. Als er die Kallikantzari kommen hörte, drückte er sich rasch in einen Winkel; so entging ihm kein Wort des lahmen Dämons.

Kaum waren der Kutsodämonas und seine Kumpanen in der folgenden Nacht verschwunden, kam er aus seinem Versteck hervor, sammelte Spinnweb und Ruß und eilte zur Hauptstadt. Nach manchen Demütigungen erhielt er endlich Zutritt zur blinden Prinzessin, und ein paar Tage darauf konnte sie wieder sehen.

Der dankbare König aber belohnte den glücklichen Lauscher mit einem Wagen voll Gold.

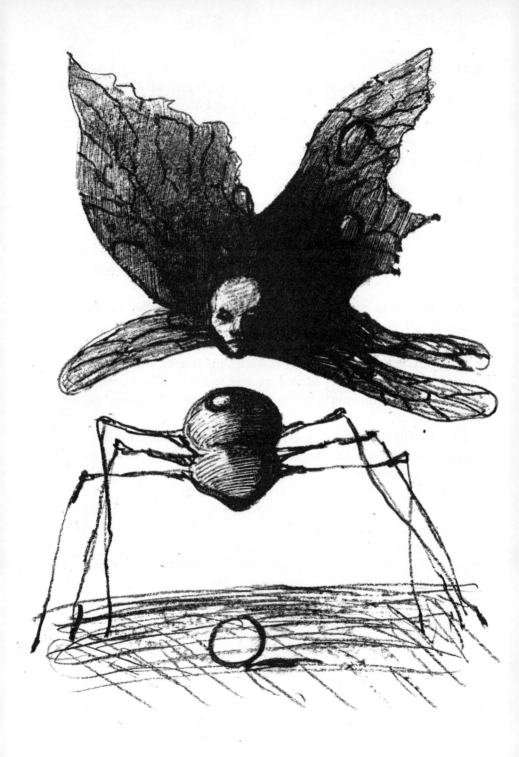

LUTINS

LUTINS

Der hervorstechendste Charakterzug der Lutins ist ihre Launenhaftigkeit. Eben noch heiter und willig bei der Arbeit, werfen sie im nächsten Moment alles lustlos hin, um gleich darauf schon wieder ihre Späße darüber zu machen. Sie sind unberechenbar und unerschöpflich im Aushecken raffinierter Streiche, die den Menschen zur Verzweiflung bringen. Sie verwandeln sich in Hengste, die, kaum daß der Reiter im Sattel sitzt, ihn prompt in den Graben werfen. Sie sperren Pferde in Schweineställe und flechten Knoten in ihre Mähnen. Menschen verwandeln sie zu Eseln und erschrecken Jäger auf der Pirsch. Sie erscheinen als Riesenspinnen, bringen Wanderer vom Wege ab, binden drei Kühe unter dasselbe Joch oder stehlen ihnen die Hörner. Einige treten in der Gestalt von Ziegenböcken, andere als große Bälle und wieder andere als Flammen auf. Sie legen Baumstämme über die Straßen und stürzen Reisende von Felsen hinab. Die Küsten-Lutins überziehen Muscheln mit goldenem Glanz, um sich an der Enttäuschung habgieriger Menschen zu ergötzen, die sich danach bücken. Hin und wieder ziehen sie sogar in der Gestalt eines Ochsen den Pflug, um Unfug zu treiben.

Gutgelaunt, können sich die Lutins sogar nützlich machen. Fast jeder Stall-Lutin hat sein Lieblingspferd, das er hegt und pflegt, bis es das stattlichste der ganzen Gegend ist. Als große Kinderfreunde lieben sie es, stundenlang mit den Kleinen zu spielen. Haus-Lutins warnen von drohendem Unheil, See-Lutins retten schiffbrüchige Matrosen, und Küsten-Lutins bewachen die Netze der Fischer.

Trotz aller Launenhaftigkeit und ihrem Hang zu mutwilligen Späßen, neigen die Lutins selten zur Grausamkeit. Lediglich wenn Menschen sie bei der Arbeit stören oder ihnen nachspionieren, wenden sie Gewalt an. Die Unglücklichen werden getötet, geblendet oder ihrer Gesundheit beraubt.

KENNZEICHEN

Die Lutins erscheinen in einer verwirrenden Vielzahl von Gestalten und wechseln unstet von Ort zu Ort. Der größte Verwandlungskünstler unter ihnen ist der Cula, der in tausend verschiedenen Masken erscheinen kann.

Die Lutins zeigen sich als kleine Jungen, Tiere, Garnknäuel, Riesenspinnen, kleine rotbekuttete Mönche, surrende Spindeln, Pferde, Menschen mit Wolfsköpfen, Windböen und züngelnde Flammen. Die Haus- und Stall-Lutins haben das Aussehen und Benehmen kleiner böser Buben. Die Zahl der Bezeichnungen für die Lutins ist fast so vielfältig wie die Formen, in denen sie erscheinen. Zu den Haus- und Stall-Lutins gehören Moestre Yan aus dem 18. Jahrhundert, Petit Jeannot, Thomas Boudic, Bom Noz, Sotret, Penette, Soltrait, Folaton, Fouletot und Natrou-Monsieur.

Die Land-Lutins heißen Lutins Noirs, Nion Nelou, Araignées Lutins, Moine Trompeur, Le Criard, Nain Rouge, Droug-Speret, L'Homme Velu, Cornandonet Dû, etc.

VERBREITUNG

Die Lutins haben keinen festen Wohnsitz. Nur die Haus-Lutins bleiben am gleichen Ort. Sie ziehen erst dann um, wenn die Bewohner ausziehen oder der Hausherr stirbt. Die Lutins leben im allgemeinen ungern in der Nähe von fließenden Gewässern, Flußläufen und Gebirgsbächen. Sie bevorzugen stehende Gewässer, besuchen Moore und Meeresstrände, spazieren in den Dünen umher, wandern über Felder; auch im Umkreis von Höhlen wurden sie beobachtet. Sie leben in Häusern und suchen Dolmen und Steinböcke heim. Ihre Heimat ist Frankreich und einige Kantone der Schweiz.

Einst mußten zwei Mädchen in einem Stall übernachten. Sie waren so müde, daß sie augenblicks in einen totenähnlichen Schlaf fielen. Als der Morgen dämmerte, merkten sie, daß sie in der Nacht ein Lutin besucht hatte. Ihr Haar war derart verknotet und zerzaust, daß sie es nicht mehr kämmen konnten. Und so mußten alle ihre »lutinierten« Locken abgeschnitten werden.

Im Tal war es Brauch, dem Berg-Lutin täglich ein Schälchen Milch hinzustellen. Zum Dank sorgte er für das Wohl der Tiere.

Einen Hirten aber plagte die Neugier nach dem Lutin, den man nie zu Gesicht bekam, sondern nur aus Geschichten kannte. Auch konnte er sich nicht vorstellen, wie ein so winziges Geschöpf Schafe und Ziegen beschützen könne.

Eines Tages beschloß der Mann, sich den berühmten Lutin einmal anzusehen. Eigenhändig trug er Milch zum Eßplatz des Geistes und versteckte sich dann hinter einem Felsen. Endlich, nach langem Warten, hörte er trippelnde Schritte und sah eine kleine Hand nach der Milch greifen. Doch ehe er genauer hinschauen konnte, erschreckte ihn ein gräßliches Geblök. Er fuhr herum und sah, wie seine weiße Lieblingsziege von einem Felsbrocken zerschmettert wurde. Als er sich von seinem Schock erholt hatte, war der Lutin mit der Milch verschwunden.

Die Dorfbewohner glaubten nicht richtig zu sehen: Einer der erfolgreichsten und angesehensten Männer des Dorfes stapfte die Hauptstraße hinab und zerrte ein Seil hinter sich her. Es war so straff gespannt, als würden Zentnergewichte daran hängen. Er zog aus Leibeskräften, daß ihm der Schweiß übers Gesicht rann.

»He, Freund, was ziehst du denn da?« riefen ein paar Dörfler und grinsten.

»Wenn ich dich nicht besser kennen würde, würde ich sagen, du schleppst den Teufel zum Markt«, höhnte ein andrer.

»Da hast du nicht unrecht«, keuchte der Mann, »dieser Lutin hat mich rasend gemacht. Deshalb will ich ihn an einen Ausländer verkaufen. Aber das Biest weigert sich mitzukommen. Jetzt muß ich ihn durch die Straßen zerren und mich zum Gespött der Leute machen. Teufel, bin ich froh, wenn ich das Untier los bin.«

Auf ihrem Weg nach Berneville trafen zwei Fischer einen Jungen und luden ihn ein mitzukommen. Vergnügt schloß er sich ihnen an und unterhielt sie unterwegs mit Gelächter und komischen Geschichten. Kurz vor Berneville aber verwandelte sich das lustige Kerlchen plötzlich in den Nain Rouge und warf einen der Fischer wie einen Sack ins Wasser. Den andern erwischte er nicht. Wütend

schrie er mit gequetschter Fistelstimme: »Dank deinem Patron, daß
du dich heute früh im Weihwasser bekreuzigt hast, sonst wärst du
auch baden gegangen und hättest mir nicht den Spaß versaut.«

PIXIES

Den Ameisen im Südwesten Englands sollte man mit Ehrfurcht begegnen. Die Landbevölkerung hält sie für die letzten Überlebenden
der rothaarigen Urbevölkerung Cornwalls. Die Abkömmlinge dieser Ureinwohner und alle anderen ungetauften oder heidnischen
Kinder verwandelten sich nach ihrem Tod in Pixies. Zunächst waren die Pixies so groß wie Menschen, dann aber schrumpften sie
nach Berichten aus dem 17. Jahrhundert auf vier Fuß und wurden
immer kleiner und kleiner. In unserer Zeit erscheinen sie als Kleinst-
pixies oder Meryons. Es wird vermutet, daß die Pixies ihre letzten
Tage auf der Erde als Ameisen verbringen. Danach sollen sie ganz
verschwinden.

Die heutigen Pixies sind winzige, behaarte Feldgeister, die entweder
völlig nackt sind oder zerlumpte grüne Kleider und rote Hüte tragen. Ausgelassen, respektlos und schlau lieben sie es, Menschen in
die Taschen zu greifen und vom rechten Weg abzubringen. Sie tau-
schen Killcrops (dtsch. *Kielkröpfe)* gegen Kinder, stehlen Äpfel und
Rüben vom Feld, säuern die Milch, locken Menschen ins Moor und
lachen gellend »wie Pixies«. Sie tanzen zur Musik von Grillen, Frö-
schen und Grashüpfern. Die Spuren ihrer Reigentänze oder »galli-
traps« kann man auf den Wiesen in ganz Devon, Somerset und
Cornwall finden. Sind sie guter Laune und zur Arbeit aufgelegt, helfen sie beim Dreschen, zwicken faule Mägde, machen sich im Haus
nützlich und spinnen. Ihre Hilfe sollte man stillschweigend annehmen, denn sobald sie mit Dankesworten oder Kleidergeschenken
belohnt werden, reisen sie unverzüglich ab. Das Haus sollte jeden
Abend für sie gekehrt sein, und neben der Feuerstelle muß stets ein
Krug mit frischem Wasser bereitstehen.

PIXY

KENNZEICHEN

Die Pixies sind zwischen neun und zwölf Zoll groß, rothaarig, spitzohrig, schiefnasig, schieläugig und am ganzen Leibe behaart. Sie sind entweder nackt oder in grüne Lumpen gehüllt.

Der Colt-Pixy, der die Obstgärten in Hampshire und Somerset bewacht, ist genaugenommen kein Pixy, da er in der Gestalt eines Pferdes erscheint, das die Apfeldiebe beißt und tritt.

VERBREITUNG

Pixies gibt es in Cornwall, Devon, weiten Teilen Somersets und in Ost-Hampshire. In einigen Landstrichen West-Somersets sind sie als Grigs bekannt. Sie leben unter Felsen, in Höhlen, Hainen oder Hecken und an Wiesenrändern. Hin und wieder sind sie auch bereit, in Häusern zu wohnen.

Obwohl die Pixies nicht gerade gesellig sind und zur Einsiedelei neigen, treffen sie sich gelegentlich, um große Jahrmärkte abzuhalten. Ein armer Bauer aus Somerset ritt einst auf seinem Heimweg über solch einen Pixy-Markt. Das erste, worauf sein Blick fiel, war ein goldener Krug voll Münzen. Ohne einen weiteren Gedanken zu verschwenden, gab er seinem Pony die Sporen, riß im Vorbeireiten den Krug an sich und jagte, ohne sich umzublicken, nach Hause. Dort verriegelte er das Tor und versteckte das Gold unter seinem Bett. Dann schlief er glücklich ein und träumte von seinem Leben in Saus und Braus. Der Traum war kurz. Als er am Morgen erwachte und unters Bett kroch, fand er anstelle des Kruges einen Giftpilz. Das Pony aber hatte von jenem Tage an ein Hinkebein.

In Exmoor wohnte ein Bauer in einem Dorf, das mehrere Kirchen hatte. Nach alter Gewohnheit legte er, sobald ihm ein Arbeiter fehlte, einen Teil des Korns den Pixies zum Dreschen hin. Eines Nachts sah seine Frau durchs Schlüsselloch, daß die Pixies ganz nackt waren. Aus Mitleid beschloß sie, ihnen ein paar warme Kleider zu geben. Ohne ihrem Mann etwas davon zu erzählen, nähte sie Hosen und Hemden und legte sie den Pixies auf den Dreschboden. Der Bauer raste vor Zorn, als ihm das zu Ohren kam, denn er wußte, daß die Pixies mit den neuen Kleidern nicht mehr für ihn arbeiten würden.

Erst lange danach traf er wieder einen Pixy; der wollte zwei Rösser und einen Karren ausborgen. Zunächst schlug der Bauer die Bitte ab. Aber als der Pixy ihm erzählte: »Weißt du, Bauer, ich will mit Weib und Kind weg hier. Die vielen Ding-Dongs machen mich ganz krank«, willigte er verständnisvoll ein.

Der Pixy nahm die Pferde und fuhr mit seiner Familie soweit hinter den Berg, bis er die Kirchenglocken nicht mehr hören konnte. Als die Pferde zurückkamen, waren sie gesund und fett und konnten zweimal soviel arbeiten wie zuvor.

KOBOLDE

Kobolde sind die ältesten und bekanntesten Hausgeister Nordeuropas. Einst waren sie so verbreitet wie Mäuse und machten fast ebensoviel Ärger. Priester predigten gegen sie, und jedes Kirchspiel verfügte über einen Exorzisten, der sich auf Kobold-Austreibung spezialisiert hatte. Hausbesitzer waren entweder entschiedene Gegner der Geister oder aber sie schlossen geheime Pakte mit ihnen. In Erwartung reicher Geschenke, gewährten sie den Kobolden Unterkunft und Verpflegung.

Ursprünglich lebten die Kobolde in Bäumen. Diese Geisterbäume wurden in späterer Zeit (wie im Fall der *Klabautermänner)* derart behutsam gefällt und beschnitzt, daß der Baumgeist im Innern der Holzfigur weiterleben konnte. Die puppenähnlichen Figuren wurden in verschlossenen Kästchen im Hause aufbewahrt. Einmal dort, war es für den Kobold unmöglich, wieder herauszukommen, bis er an einen neuen Herrn verkauft wurde. Bei jedem Weiterverkauf mußte der Preis allerdings niedriger sein als beim Ankauf, und nur dem Besitzer war es erlaubt, das Kobold-Kästchen auch zu öffnen. Hätte ein Unbefugter hineingeschaut, wäre der Kobold entwischt und hätte das Haus auf den Kopf gestellt. Kindern war es streng untersagt, sich dem Koboldkästchen zu nähern. Um ihnen Respekt

KOBOLDE

einzujagen, bastelte man Kistchen, aus denen beim Öffnen fürchterliche Koboldkopien hervorschnellten — bis heute als Springteufel bekannt.

Im Laufe der Zeit erfand man andere Mittel und Wege, um Kobolde einzufangen: z. B. am Johannistag im Wald in Vogelgestalt auf einem Ameisenhaufen nach einem Kobold zu suchen. Hatte der Kobold-Jäger Glück, mußte er ihn zunächst ansprechen, dann greifen, ihn in einen Sack stecken und nach Hause tragen.

Inzwischen haben die Kobolde das bequeme Leben im Haus und am Herd schätzen gelernt. Sie kommen freiwillig, und es ist fast unmöglich, sie wieder loszuwerden. Allerdings kommen sie nicht in jedes Haus: Zunächst prüfen sie, ob die Bewohner ihren Vorstellungen entsprechen, indem sie Hobelspäne und Sägemehl auf den Boden und Dreck und Kuhmist in die Milch streuen. Wird die Milch getrunken und bleiben die Späne am Boden, weiß der Kobold, daß er eine Bleibe gefunden hat. Er sucht sich einen dunklen Winkel und wird geschäftig, indem er seinen Wirten nach Lust und Laune Gutes und Böses antut. Aus seinem Winkel aber ist er nicht mehr zu vertreiben, und viele Kobolde bleiben sogar in der Ruine zurück, nachdem das Haus abgebrannt ist. Andere hingegen folgen ihrer Familie ins neue Heim.

KENNZEICHEN

Ursprünglich waren die Kobolde ein bis zwei Fuß große, aus Alraunen oder Buchsbaumholz geschnitzte Puppen, die in Flaschen oder Holzkästchen aufbewahrt wurden. Sie trugen grüne Kleider und waren extrem großmäulig. Ein besonderer Typ dieser Figuren, der Monoloke, war aus weißem Wachs geformt, trug ein blaues Hemd, eine schwarze Samtweste und war barfuß. In Süddeutschland kannte man die Kobolde auch als Galgenmännlein, in der Mark als Grüne Knaben, im übrigen Deutschland als Oaraunle, Glücksmännchen, Allerünken oder Alraune. Galgenmännlein, Oaraunle und Alraunen wurden aus Mandragora- oder Alraunwurzeln geschnitzt und konnten sich auch in Gestalt von Katzen, Kindern oder Würmern zeigen.

Die heutigen Kobolde sind Elben, die einst im Innern der Holzfiguren gelebt haben. Sie sind etwa zwei Fuß groß, haben eine von Dunkelgrün bis Dunkelgrau schillernde Haut und rote oder grüne Kleidung. Sie lassen sich nicht mehr wie früher in Flaschen oder Kästchen sperren, sondern laufen frei umher und wählen sich Herrschaft und Häuser nach ihrem Geschmack.

VERBREITUNG
Die Kobolde haben sich in Dänemark, Schweden, Deutschland, Österreich und in der Schweiz angesiedelt. Ihr Name ist zu einem Sammelbegriff für alle Arten von Hausgeistern geworden.
Da die Kobolde heute nicht mehr in verstaubten Holzfiguren gefangengehalten werden, bevorzugen sie es, in dunklen, ruhigen Winkeln zu leben: in Holzschuppen, auf dem Speicher, im Keller, in der Feuerstelle, im Stall und unter den Dachsparren. Gelegentlich wohnt ein Kobold auch in oder unter einem Baum neben dem Haus.

Einst kam ein Mann an einer kleinen Hütte vorbei und sah die Hausbesitzerin, eine alte Frau, im Garten arbeiten. Auf den ersten Blick schien nichts Ungewöhnliches dabei, doch irgend etwas machte ihn stutzig. Sie grub aufgeregt in der Erde und blickte unruhig um sich. Er wurde neugierig und versteckte sich hinter einem Busch, um sie besser beobachten zu können. Die Alte verschwand hinter einem Baum und kam mit einem Korb zurück, den sie äußerst behutsam in das Loch absetzte. Dann warf sie hastig Erde darüber.
Der Mann war fest überzeugt, daß die Alte dort ihr Geld vergraben hatte. Er rannte heim, holte eine Schaufel und wartete geduldig, bis die Frau das Haus verließ.
Kaum war sie fort, lief er in den Garten und grub den Korb wieder aus. Statt des erhofften Schatzes aber stieß er auf einen Kobold. Kein Wunder, daß die alte Frau den vergraben wollte! Er war zwei Fuß groß, hatte Pferdehufe, Ziegenhörner, glühende Augen so groß wie Untertassen und schwärzliche Haut. Schreckensbleich rannte der Mann davon. Der Kobold lachte und floh, ohne eine Spur zu hinterlassen. Eine Woche später war der Mann tot. Das Fieber hatte ihn ins Grab gebracht.

Ein Bauer aus Köpenich wurde von einem Kobold geplagt, so arg, daß ihm das Leben vergällt ward. Als frommen Mann erfüllten ihn die lästerlichen Späße des Kobolds mit Abscheu. Da seine Versuche, den lästigen Geist zu vertreiben, allesamt mißlangen, und er ihn restlos leid war, beschloß er, das Haus dem Kobold zu schenken und wegzuziehen.

In der Nacht vor dem geplanten Umzug machte der Bauer einen letzten Gang über sein Land, das Land, das er nun für immer verlassen mußte. Er war noch nicht weit gekommen, als er eine wohlvertraute Gestalt im Straßengraben erkannte.

»Was willst du hier, du Nervensäge?« fuhr der Bauer den Kobold an. »Ich dachte, in der Nacht würdest du die Schlafenden quälen. Was machst du hier draußen?«

»Ich wasche meine Lumpen«, antwortete der Kobold, ein wenig förmlich. »Ich weiß ja, daß du mich nicht leiden kannst, aber soll ich vielleicht mit dreckigen Kleidern ins neue Haus ziehen?«

Da erkannte der Bauer, daß er diesen Geist nicht loswürde, und als man am Morgen die Möbel auflud, erhielt der Kobold seinen Ehrenplatz auf dem Wagen.

LESHIYE UND LISUNKI

Die Geräusche des Waldes können geheimnisvoll und verwirrend sein. Besonders in Rußland, wo das Singen des Windes, das Echo und das Gewisper im Blattwerk Stimmen der Leshiye sind. Menschen sollten sich hüten, zu angestrengt zu lauschen, weil das Wispern und Raunen der Geister sonst Macht über sie gewinnt und sie ins Dunkel des Waldes lockt. Wer vom Weg abkommt, ist in ihrer Gewalt. Manchmal kitzeln sie ihre Opfer zu Tode, manchmal berauben sie sie ihrer Gesundheit, und manchmal führen sie sie lediglich in die Irre, um sich über ihre Angst lustig zu machen.

Der Leshy ist der Herrscher im Wald, und alle wilden Tiere darin gehören ihm. Er kann sie verkaufen, vertauschen oder verspielen, ganz wie es ihm beliebt. Hirten, die ihr Vieh in den Wald treiben, müssen für die Benutzung der Waldwiesen mit Vieh oder Milch zahlen. Von seinen zahllosen Untertanen ist der Bär der wichtigste. Als Leibdiener muß er den Leshy heimtragen und pflegen, wenn der mit seinem Freund, dem *Vodyany*, zu heftig gezecht hat.

Der Leshy lebt in leerstehenden Waldhütten, und wenn ein Mensch es wagt, in einer dieser Hütten zu übernachten, bekommt er den Zorn des Leshy zu spüren. Er trommelt mit den Fäusten gegen die Tür, heult in den Wald und läßt den Wind um die Hütte jagen. Wenn in Archangelsk der Wirbelsturm tobt, tanzt ein Leshy mit seiner Braut. In anderen Teilen Rußlands werden durch die Raufereien der Leshiye Orkane verursacht.

Trotz seiner uneingeschränkten Macht über den Wald, übt der Leshy seine Herrschaft nur zwischen Frühling und Herbst aus. Im Winter, wenn der Schnee die Wälder in Schweigen hüllt, hält der Leshy Seite an Seite mit seinem Diener, dem Bären, den Winterschlaf.

KENNZEICHEN

Der Zuibotschnik oder Wald-Leshy verdankt seinen Namen der Angewohnheit, sich in den Zweigen der Bäume zu wiegen. Dabei lacht, weint, wiehert, stöhnt, ächzt, muht, heult, winselt und gröhlt er. Er kann so groß sein, wie der gewaltigste Baum im Wald oder so klein wie das winzigste Blatt. Er hat Ziegenbeine, Hörner und Klauen, und sein einziges Auge hat weder Wimper noch Braue. Sein grauhäutiger Körper ist von Kopf bis Fuß mit grünem Kraushaar bedeckt, und darüber trägt er einen langen Schafpelz, der falsch herum zugeknöpft ist. In der Tschechoslowakei werden die Leshiye Lesni Muzove genannt.

Die Feld-Leshiye sind Leshiye, die sich am Waldrand angesiedelt haben. Sie wechseln ihre Größe mit den Jahreszeiten: Nach der Ernte sind sie stoppelklein, im Sommer halmgroß. Auch sie schlafen den ganzen Winter über.

Die Leshiye haben Frauen und Kinder. Letztere heißen Lisunki und sind ihnen sehr ähnlich. In der Tschechoslowakei werden ihre Frauen Lesni Pany oder Dive Zeny genannt.

VERBREITUNG

Fast jeder Wald in der Tschechoslowakei und in Weißrußland hat seine einheimischen Leshiye und Lisunki. Sie schlafen und überwin-

LESHY

tern in verlassenen Waldhütten. Die Feld-Leshiye leben in den Feldern am Waldrand.

Das Jahr 1843 ist in ganz Rußland als das Jahr der »Großen Eichhörnchen-Wanderung« bekannt. Zehntausende von Eichhörnchen verließen ihre alte Heimat in Vyatka, um sich in weitentfernten Wäldern anzusiedeln. Die Wissenschaftler zerbrachen sich zwar den Kopf, konnten aber das Phänomen nicht erklären. Die Landbevölkerung dagegen wußte Bescheid.
Zweifellos hatte ein Leshy die Eichhörnchen-Wanderung verursacht. Als hemmungslose Spieler sind die Leshiye manchmal gezwungen, ihre Spielschulden mit Tieren zu bezahlen.
Der ungewöhnliche Zug der Eichhörnchen kam durch die Spielwut zweier Lehiye zustande, die hundert Meilen voneinander entfernt wohnten. Zur Deckung seiner Schuld mußte der Verlierer seinen gesamten Eichhörnchenbesitz an den Gewinner schicken.

Auf ihrem Weg durch den Wald hörte eine Frau plötzlich ein Kind weinen. Zunächst fehlte ihr der Mut, dem Wimmern nachzugehen, da sie fürchtete, ein Leshy wolle sie in den Wald locken. Dann aber siegten ihre Muttergefühle, und auf einer Lichtung, nicht weit vom Weg, fand sie ein Kind. Es zitterte vor Kälte und weinte jämmerlich. Obwohl das kleine Wesen vollkommen mit grünem Fell bedeckt war, wiegte sie es in ihren Armen und wärmte es mit ihrem Schal. Bald schon verstummte das Geschrei, und der kleine Leshy schlief friedlich an ihre Brust gekuschelt ein.
In diesem Augenblick stürzte die Mutter auf die Lichtung.
»Wo ist mein Kind?« schrie sie außer sich.
»Mach dir keine Sorgen, es schläft an meiner Brust«, beruhigte sie die Frau.
»Oh, vielen Dank für deine Hilfe«, sagte die Lisunka. »Ich dachte, ich hätte es verloren. Bitte nimm das als Belohnung.« Sie reichte ihr einen Topf mit glühenden Kohlen.
Die Frau war viel zu höflich und viel zu ängstlich, um das Geschenk abzulehnen. Sie nahm den Topf unter den Arm und wanderte heimwärts. Zu Hause entdeckte sie statt der Kohlen pures Gold im Topf.

»Guten Tag, mein Herr. Wie geht es Ihnen?«
»Für diese Jahreszeit nicht schlecht«, sagte der Fremde. »Darf ich Sie ein Stück begleiten?«
»Mit Vergnügen, ich fühle mich hier sowieso ein wenig einsam.«
Die beiden Herren gingen plaudernd in den Wald und erzählten einander Geschichten. Ihre Unterhaltung wurde so anregend, daß der erste vergaß, auf den Weg zu achten. Als er plötzlich bemerkte, daß der Kittel seines Begleiters falsch herum zugeknöpft war, war es zu spät. Er stand bis zu den Knien im Sumpf. Sein »Freund«, trocken und sicher an Land, brach in schallendes Gelächter aus: »Trau nie den Worten eines Leshys! Hahaha!«

Wenn die Leshiye aus ihrem Winterschlaf erwachen, strotzen sie vor Kraft und Tatendrang und wollen ihre neuen Kräfte im Zweikampf messen. Dann fliegen Felsen und Bäume durch die Luft, der Sturm rast heulend durch den Wald und die Tiere jagen entsetzt davon.
Bei einer solchen Frühjahrsschlacht wurde ein Leshy von seinen Freunden überwältigt und gefesselt im Wald dem Tod überlassen. Gerade, als er sich mit seinem Schicksal abgefunden hatte, schritt summend ein Kaufmann vorbei, der sich auf dem Heimweg vom Markt befand.
»Guten Tag, Herr Leshy. Wie ich sehe, kannst du ausnahmsweise einmal keinen Unfug treiben. Aber ich denke, du hast trotz allem ein Recht auf Freiheit.« Damit zog der Kaufmann ein Messer aus der Tasche, und wenig später war der Leshy frei.
»Ich danke dir von Herzen«, sagte der Leshy. »Du bist doch auf dem Heimweg, ja? Da kann ich dir deine Güte vergelten.«
Ehe der Kaufmann etwas erwidern konnte, hatte ein Wirbelwind ihn gepackt und sauste mit ihm über die Bäume.
»Hilfe, Hilfe«, schrie er. Doch schon war die Gefahr vorbei. Sekunden später landete er sanft und sicher vor seiner Haustür.
Von diesem Tage an brauchte der Kaufmann, wenn er dringend verreisen mußte, nur den gefälligen Leshy rufen.

SÌTH

Die schottischen Elben sind stolz und unabhängig. Sie können auf eine vornehme Ahnenreihe zurückblicken, die in jener frühen Zeit beginnt, als die irischen Daoine *Sídhe* und die skandinavischen Trolle nach Schottland kamen und sich miteinander vermischten. Ihre Nachkommen sind die heutigen Sìth, die Leute des Friedens.

Als die Pikten noch in Schottland lebten, hatten die Sìth gute Beziehungen zu den Menschen. In letzter Zeit aber gab es immer mehr Mißverständnisse, und das Verhältnis zwischen Menschen und Elben hat sich verschlechtert. Grundsätzlich sind die Sìth freundlich und gutgesinnt, wenn man ihnen Wohlwollen entgegenbringt, aber bösartig und rachsüchtig, wenn man sie respektlos behandelt. Manchmal rauben sie Kinder, doch häufiger stehlen sie Kühe, die sie schlachten und verzehren. Um das Vieh vor ihnen zu schützen, sollten Hufeisen und Kreuze aus Ebereschenholz über der Stalltür hängen. Kinder sollten sobald wie möglich getauft und zudem durch ein Stück Stahl oder Eisen in der Wiege beschützt werden.

KENNZEICHEN

Die Sìth sind kleiner und kräftiger als die irischen Faeries. Sie sind zwischen drei und vier Fuß groß, von wohlgebildeter Gestalt und kupferner Hautfarbe. Ihr Haar ist rot oder blond. Mit Vorliebe tragen sie grüne Kleider und spitze Hüte. Die Trows der Shetland-Inseln bevorzugen rote Hüte und grüne oder graue Gewänder. Untereinander sprechen die Sìth das alte Gälisch.

VERBREITUNG

Die Heimat der Sìth ist Elfhame im Innern der grünen Hügel, die sich in Vollmondnächten weithin sichtbar auf Säulen erheben. Sie sind in ganz Schottland unter dem Namen Sìth bekannt; auf den Orkney- und Shetland-Inseln heißen sie Trows. Ihre Zeit gehorcht einem anderen Rhythmus als die der Menschen. Am häufigsten sieht man sie im Mai, wenn sie in langen Prozessionen, den »fairy rades«, über Land reiten.

SÌTH

Einst wurden zwei Fiddler von einem weißhaarigen Alten gebeten, auf einem Fest zu spielen. Er wollte ihnen doppelt soviel wie sonst dafür bezahlen. Zunächst sahen sie den kleinen, grünberockten Mann mißtrauisch an. Aber Geld ist schließlich über jeden Zweifel erhaben. Der Alte führte sie auf einen Hügel, stampfte dreimal mit dem rechten Fuß auf, der Hügel öffnete sich, und er führte sie in eine große, hellerleuchtete Halle, die voll von kleinen grünberockten Leuten mit spitzen roten Hüten war.

Die Fiddler geigten die ganze Nacht. Zu essen gab es in Hülle und Fülle, und der Wein floß in Strömen. Als der Morgen graute, wurden sie großzügig mit blanken Goldstücken belohnt.

»Vergelt's Gott«, dankte einer der Fiddler. Kaum waren die Worte aus seinem Mund, da verlöschten die Lichter, und die beiden fanden sich draußen auf dem Hügel wieder. Sie gingen ins Dorf zurück. Dort aber sah alles anders aus. Die Straßen waren breiter geworden, und überall standen Häuser, wo es früher keine gegeben hatte. Doch als sie in die Kirche kamen, sagte der Pfarrer gerade wie zu allen Zeiten: »Im Namen des Vaters und des Sohnes und des heiligen Geistes...« Da wurde ihr schwer verdientes Geld zu dürrem Laub, und kurz darauf zerfielen sie selber zu Staub. Die eine Nacht »im Hügel« hatte auf der Erde hundert Jahre gewährt.

Jeden Tag kam die Beansídh, eine Sìthfrau, ohne anzuklopfen ins Haus, ging zum Feuer, nahm den größten Kessel vom Haken und verschwand, ohne ein Wort zu sagen. Zum Glück aber kannte die Hausfrau einen Zauberspruch, der sie zwang, den Kessel stets zurückzubringen: »Kohle, Kohle braucht der Schmied, wenn er kaltes Eisen glüht. Kommt der Topf aufs Feuer heim, muß er voller Knochen sein.« Und jede Nacht brachte die Beansídh den Kessel randvoll mit Knochen aufs Feuer zurück.

Dieses Ritual bewährte sich lange, aber eines Tages hatte die Frau in der Stadt zu tun. Sie überließ das Haus der Obhut ihres Mannes und schärfte ihm ein, den Zauberspruch in dem Moment zu sprechen, wenn die Beansídh den Kessel vom Feuer nehmen würde.

Der Mann aber hatte die Beansídh noch nie zu Gesicht bekommen.

Als sie erschien, war er so entsetzt, daß er ins Haus lief und die Tür versperrte. Das störte die Beansídh nicht im geringsten. Sie kletterte einfach aufs Dach, schaute in den Kamin und wartete, bis ihr der Topf von selber entgegenkam.

Am Abend kehrte die Frau zurück und war nicht wenig überrascht, daß der Kessel verschwunden war. Nachdem ihr der Mann alles erzählt hatte, stürmte sie in den Hügel der Sìth, um den Kessel wiederzuholen.

Dort sah sie nur ein paar alte Männer in einer Ecke vor sich hinduseln. Sie schlich auf Zehenspitzen zum Feuer und griff den Kessel. Als sie fast aus dem Hügel heraus war, schlug der Kessel laut scheppernd gegen einen Türpfosten. Sofort erwachten die Alten und riefen die Hunde. Zwei riesige Rüden, einer grün, einer schwarz, setzten ihr knurrend nach. Sie faßte in den Kessel und warf ihnen ein paar Knochen zu. Doch sie machten nur »haps« und waren ihr wieder auf den Fersen. Sie warf mehr Knochen. Beim dritten Angriff leerte sie den ganzen Kessel aus und rettete sich mit einem letzten verzweifelten Sprung ins Haus. Krachend schlug die Tür ins Schloß. So hatte die Frau ihren Kessel zurückerobert und blieb von Stund an von den Besuchen der Beansídh verschont.

Einst war ein Mann lange gewandert und kam endlich zu einer Wiese, auf der ein paar fette, gesunde Kühe grasten.

»Ach, wenn ich doch nur etwas von ihrer Milch trinken könnte«, seufzte er und setzte seinen Weg fort.

Kurz darauf begegnete ihm eine kleine Frau in einem langen grünen Rock und bot ihm Milch an.

»Woher weißt du denn, daß ich Milch will?« fragte er. »Und wer hat je gehört, daß einer Milch verschenkt. Nein Danke. Die kannst du behalten.« Ohne sich um die Verwünschungen der Kuhmagd zu kümmern, setzte der Mann seinen Weg fort.

Am nächsten Tag fand man seine Leiche in einem Fluß. Nur wenige Meilen von der Stelle entfernt, wo er die Beansídh getroffen hatte.

Eine alte schottische Ballade erzählt von Tam Lin, dem Elbenritter: Die schöne Janet, wohlumhegt im Schloß ihres Vaters, hörte von

Tam Lin, und heimlich schlich sie davon, um ihn zu treffen. Sie fand ihn bei einer Quelle in Cauterhaugh. Dort blieb sie den ganzen Tag. Als sie ihn wiedertraf, blickte sie ihm tief in die Augen und fragte: »Bist du ein Alb oder ein Mensch? Denn ich bin schwanger und möchte wissen von wem.«

Er sprach: »Laß mich dein Herz erleichtern. Ich bin ein Mensch, kein Alb. Auf der Jagd strauchelte mein Pferd. Ich fiel. Doch die Königin von Elbland fing mich in ihren Armen auf. Seit diesem Tage bin ich ein Gefangener der Elben und habe manches von ihrem Wesen angenommen. Aber wenn du mich retten willst, Janet, so steht's in deiner Macht. Morgen, in der Nacht auf Hallowe'en, mußt du zum Wegkreuz gehen und mich befreien. Ich reite in der dritten Reihe auf einem weißen Roß. Meine rechte Hand steckt in einem Handschuh, meine linke ist nackt, und das Haar fällt mir ins Gesicht. Wenn du das Pferd beim Zügel greifst und mich fest in deine Arme schließt, bin ich frei. Doch werde ich mich in einen Salamander, in eine Schlange, in einen grimmigen Bären und endlich in einen brüllenden Löwen verwandeln. Deine rechte Hand wird brennen, wenn ich zu glühendem Eisen und dann zu glimmender Kohle werde. Doch halte mich trotzdem fest; wirf die Kohle ins Wasser und bedecke mich, wenn ich aus der Quelle steige, nackt, wie aus meiner Mutter Schoß.«

Janet tat wie ihr geheißen und hielt ihn durch all die Verwandlungen sicher im Arm. Bis er ihr entgegenschritt, ihr nackter Geliebter. Als die Elbenkönigin das Geschehen erkannte, entfuhr ihr ein Schrei, und sie verfluchte ihn ob seinem Verrat.

»Tam Lin! Hätt' ich deine Falschheit geahnt, so hätt' ich deine sterblichen Augen in elbisches Holz verwandelt.«

BARABAO

Der Barabao ist ein Stadt-*Massariol*, weltgewandt, witzig und lebensfroh. Ihn fasziniert jede Frau. Er liebt es, in Gestalt eines Fadens zwischen ihre Brüste zu schlüpfen und vergnügt zu quieken: »Ich schmuse am Busen, ich schmuse am Busen!« Schaut die Frau hinab,

BARABAO

um festzustellen, woher die Stimme kommt, sitzt er längst im Aus-
schnitt einer anderen, wo er weit frivolere Bemerkungen macht.
Dann wieder sieht man ihn frischgewaschene Wäsche durch die
Gassen schleifen oder beim Bäcker Brot stehlen. Seine Neugier ist
unersättlich. Er kriecht durchs Schlüsselloch ins Schlafzimmer, wo
er Liebespaaren, um sie besser beobachten zu können, die Bettdecke
wegzieht. Auch versteckt er sich im Nachttopf, um den Anblick
über ihm lustvoll zu genießen. Nicht einmal die Gondolieri werden
von ihm verschont. Als Fahrgast maskiert, hockt er in der Gondel,
doch wenn's ans Zahlen geht, springt er an Land und ruft: »Ricketi
ticketi-tack, erst morgen hab' ich Geld im Sack!« Dann läuft er lachend und händeklatschend davon.

KENNZEICHEN
Der Barabao ist im allgemeinen zwei bis drei Fuß, doch kann er in jeder Größe oder Gestalt erscheinen. Er ist wohlgenährt, trägt einen
roten Hut und elegante rote Anzüge.

VERBREITUNG
Der Barabao lebt ausschließlich in Venedig.

Ein armer Venezianer befand sich auf dem Weg zur Arbeit, als er
plötzlich das Wimmern eines Kindes hörte. Auf einer Türschwelle
lag, vor Kälte zitternd, ein Säugling. Er hatte Mitleid und brachte
das Kind nach Hause zu seiner Frau, die ihm sofort die Brust gab, in
warme Tücher wickelte und in die Wiege ihres Sohnes legte.
Als der Mann von der Arbeit heimkam, schlich er leise zur Wiege —
doch sie war leer. Erstaunt durchsuchte er das Haus. Als er das Kind
nirgends fand, spähte er aus dem Fenster und konnte gerade noch
ein rotberocktes Männlein erkennen, das sich närrisch lachend die
Hände rieb und rief: »Sie hat den Barabao gekost. Hahaha! Und
Milch hat sie mir auch noch gegeben.«

PAMARINDO

PAMARINDO

Ein ausgesprochen unangenehmer norditalienischer *Folletto* ist der Pamarindo. Er ist nicht nur ekelhaft fett und faul, sondern auch grausam zu Tieren. Wenn er den Weg entlang watschelt, weicht er keinem aus, sondern macht sich um so dicker, damit keiner an ihm vorbei kann. Jeder unglückliche Wanderer wird rücksichtslos in die Gosse gekegelt.

Der Pamarindo ernährt sich ausschließlich von Rindern, Schafen und Ziegen, die er sich von den Bauern besorgt. Wenn er Hunger hat, stößt er einen langen, durchdringenden Pfiff aus, mit dem er die Tiere anlockt. Sie folgen ihm willig den steilen Pfad hinab und laufen schneller und schneller. Am Rand eines Abgrunds rollt er sich blitzschnell zusammen und springt als Ball die Felsen hinab. Die armen Tiere jedoch können den rasenden Lauf nicht bremsen und stürzen in die Tiefe, wo sie zerschmettert verenden. Glücklich scheppert das schaurige Gelächter des Pamarindo durch die Nacht, und gierig macht er sich über die Kadaver her.

KENNZEICHEN
Der Pamarindo ist zwei Fuß groß und unmäßig fett. Er trägt gewöhnlich rote Kleider, einen Kupferhelm und spitze Kupferschuhe.

VERBREITUNG
Der Pamarindo kommt nur in der Stadt Gemona in Norditalien vor.

KLABAUTERMÄNNER UND KABOUTER

Für die abergläubischen Seeleute war die Galionsfigur ihres Schiffes ein Gegenstand unerschütterlichen Vertrauens. Die Statue mußte nicht nur lebendig wirken und magische Kräfte besitzen, auch ihr

Holz mußte sorgsam ausgewählt und abgelagert sein. In den großen flandrischen Werften wurde besonders solches Holz geschätzt und bevorzugt, deren Bäume durch die Seelen toter Kinder mit Leben erfüllt waren.[1]

Die Geister aber fühlten sich in ihren Bäumen so wohl, daß sie auch noch darin wohnen blieben, wenn die Bäume gefällt und in Galionsfiguren verwandelt wurden. Sobald die Galionsfigur am Bug befestigt war, übernahmen die Baumgeister die Aufgaben der Schiffselben. Sie halfen den Seeleuten bei der Arbeit, warnten sie vor Gefahren und schützten sie vor Krankheiten. Im Laufe der Zeit nannte man sie Klabautermänner und war sorgsam darauf bedacht, sie nicht zu vertreiben. Wenn sie von Bord gingen, war das Schiff zum Untergang verurteilt.

Klabautermänner, die ihr Schiff verlassen hatten, begannen das bequeme Leben in den Hafenstädten zu schätzen. Alsbald gehörten sie zwischen Amsterdam und Kopenhagen zum gewohnten Anblick. Auch im Binnenland, an den Ufern von Oder und Elbe sah man sie häufig. Von diesen Elben, nun Kabouter genannt, erzählten die Menschen, daß sie in Neumondnächten ins Haus kämen, um sich an unsichtbaren Kaminfeuern zu wärmen. Oft blieben sie dann für lange Zeit, um bei der Land- und Hausarbeit zu helfen, bis Kleidergeschenke oder Flüche sie in die Flucht jagten.

Das Landleben behagte ihnen sehr. Im Laufe der Zeit sind sie ein bißchen habgieriger und etwas fetter geworden, und häufig sieht man sie pfeiferauchend durch die Hintergassen schlendern. Böse Zungen in Holland behaupten, daß sie, seit sie sich an Land zur Ruhe gesetzt hätten, trottelig geworden seien —, was früher einer allein geschafft hätte, könne jetzt nur noch von drei Kaboutern geleistet werden. Selbst das Pfeiferauchen sei zur Herkulesarbeit geworden: einer muß den Pfeifenkopf halten, ein anderer den Fidibus reichen, während der dritte den süßen schweren Rauch in seine Lunge zieht.

KENNZEICHEN

Klabautermänner und Kabouter sind zwischen einem und drei Fuß groß. Sie tragen rote Jacken, die ihnen stets ein paar Nummern zu

---

1 Einst war es Brauch, zur Geburt jedes Kindes einen Schutzbaum zu pflanzen. Das Schicksal dieses Baumes war eng mit dem des Kindes verknüpft. Wenn es starb, wurde seine Seele von diesem Baum aufgenommen.

klein sind, und rote Rundhüte. Jene, die zur See fahren, tragen weiße oder gelbe Seemannshosen und hohe Stiefel. Sowohl die Aktiven als auch die außer Dienst haben eine Schwäche fürs Pfeiferauchen.

VERBREITUNG
Die Klabautermänner befahren sowohl Nord- und Ostsee als auch Oder und Elbe, den Atlantik und manchmal sogar das Mittelmeer oder die Adria. Die Kabouter wohnen in Mühlen, Gewölben, Höhlen und in den Obergeschossen von Häusern und Schlössern, im Innern alter Balken. Man findet sie in Holland, Belgien und Norddeutschland, wo sie bis in die Gegend von Leipzig vorgedrungen sind.

In Löwen wurden einst die Kabouter mit dem Bau des Kirchturms beauftragt. Und da die Bürger mit ihrer Arbeit zufrieden waren, belohnten sie sie reich mit Silber und Gold. Die Kabouter waren entzückt. Noch nie hatten sie so viel Geld auf einem Haufen gesehen. Sie zählten es immer wieder und ließen die Münzen im Sonnenlicht glitzern und durch ihre Finger gleiten. Je öfter sie aber ihren Schatz zählten, um so lahmer wurde ihr Arbeitseifer. Schließlich schlossen sie sich in ihrer Schatzkammer ein, um sich ausschließlich ihrem Reichtum zu widmen.
Die Zeit verstrich: Tage, Wochen, Monate und Jahre. Die Kabouter wurden alt. Ihr Geld lag diebessicher in Kisten und Kasten. Ein paar Kabouter starben, doch die Überlebenden schoben unerschütterlich ihre ewige Wache. Eines Tages stürzte die Decke ihrer Schatzkammer herab und begrub die letzten mitsamt ihrem Gold.
Viele haben seither versucht, das Gold zu finden.

Es ist allgemein bekannt, daß alte Männer beim Erzählen ihrer Geschichten nie müde werden, selbst wenn den Zuhörern vor Langeweile die Augen zufallen, und so geraten viele dieser Geschichten in Vergessenheit.
»Einst war ich ein reicher Mann. Nicht der Bettler, den ihr vor euch seht. All mein Unglück begann, als ich den Rothut, der mich reich

KABOUTER

gemacht hatte, verfluchte. Was für ein Narr war ich doch. Diesen
Frevel mußte ich teuer bezahlen. Niemals wird mir der Rothut ver-
zeihen. Und sicher muß ich als armer Mann sterben.

Alles begann an dem Tag, als meine Frau sich krank fühlte; Gott sei
ihr gnädig. Sie war eine starke, gesunde Frau, und jahrelang hatte sie
tagaus, tagein alle Hausarbeit gemacht. Ihr könnt euch vorstellen,
wie das war, als sie plötzlich krank im Bett lag. Nie in meinem Leben
hatte ich je einen Teller gespült oder auf dem Markt eingekauft. Und
auf einmal war keiner mehr da, der das alles machte.

Eines Abends, als ich das Butterfaß vors Feuer stellte, erblickte ich
zum ersten Mal den Rothut, der mir so viel Kummer bescheren sollte. Doch das konnte ich ja damals nicht wissen. Ich legte ein paar
Scheite aufs Feuer und schlich auf Zehenspitzen um ihn herum. Er
schlief in seiner grellroten Jacke neben dem Herd. Sein Gesicht war
sonderbar grün.

Als ich am nächsten Morgen erwachte, war die Butter fertig, das
Feuer knisterte, und die Küche war aufgeräumt und geschrubbt. Seit
diesem Tag erledigte der Rothut die Arbeit von dreien. Auch als meine Frau — Gott sei ihr gnädig — wieder gesund war, blieb er im
Haus. Er versorgte das Vieh, scheuerte, putzte und kehrte, hütete
das Kind und wusch die Wäsche. Täglich schleppte er das Holz herbei und machte Feuer. Wahrscheinlich ging es uns einfach zu gut.
Der Rothut machte uns das Leben leicht. Wir hatten so viel Zeit, daß
wir nicht wußten, was wir damit anfangen sollten. Ich begann zu
trinken, und meine Frau hatte nur noch Kleider im Kopf, immer
mehr und mehr und immer feinere. Doch je mehr Geld wir ausga-
ben, um so mehr war da. Der Fleiß des Rothuts zahlte sich aus. Binnen kurzem waren wir die reichsten Leute im Dorf. Wir konnten
kaufen, was wir wollten. Aber der Schnaps und der Wohlstand stiegen mir langsam zu Kopf. Ich wurde griesgrämig und gehässig.
Wenn ich nach Hause kam, schrie ich die Kinder an und prügelte den
Hund. Dann fiel ich besoffen ins Bett. Ich versichere euch, ich war
das mieseste Schwein im Dorf, ein richtiges Schwein.

Und dann geschah es. Mein erster richtiger Fehler: ich beschimpfte
den Rothut und warf das Holz, das er eben hereinschleppte, in den
Brunnen. Er lachte giftig und verschwand. Seitdem habe ich ihn
nicht wieder gesehen.

Am nächsten Morgen war alles so schlimm wie in der Nacht, als er zum ersten Mal kam: Meine Frau war krank und eine Woche darauf lag sie unter der Erde — Gott sei ihr gnädig. All meine Ersparnisse unter der Matratze waren zu Kartoffelschalen geworden, die Kühe starben, Haus und Hof kamen unter den Hammer; und ehe ich richtig nüchtern wurde, war ich der Ärmste der Armen. Hätte ich Beherrschung und Dankbarkeit gelernt, wär' ich heut noch ein reicher Mann.«

SALVANI UND AGUANE

Die Ehe zwischen Salvani und Aguane ist eine gewichtige Verbindung. In einigen Teilen der Alpen sind sie deshalb unter gemeinsamen Namen bekannt: Vivani und Vivene, Pantegani und Pantegane oder Bregostani und Bregosténe. Sie sind die Beschützer der Voralpen; die Salvani hüten Bäume und Wälder, während die Aguane für die Fruchtbarkeit der Bergwiesen sorgen und das Wasser der Bäche klar und rein halten.

Von Natur aus sind sie dem Menschen wohlgesinnt. Doch reagieren sie äußerst gereizt, wenn etwas, das unter ihrer Obhut steht, verunreinigt oder getötet wird. Es ist immer ratsam, sollte man einen Gebirgsbach überqueren oder darin baden wollen, die Aguana um Erlaubnis zu bitten. Überrascht sie einen Mann beim Trüben ihres Gewässers, schlingt sie ihr Haar um seine Füße, zieht ihn hinab und ertränkt ihn. Oder sie lockt ihn in ihre Höhle, um ihn zu vergewaltigen. In einigen ostitalienischen Gebieten wird er nach der Vergewaltigung verschlungen. Frauen erleiden dasselbe Schicksal. Gleichfalls empfiehlt es sich, im Revier der Salvani keinen Baum zu berühren. Die langen Krallen des Waldmanns und seine Bärenkräfte wird man nicht so schnell vergessen.

Über die Lebensgewohnheiten der Salvani ist, im Gegensatz zu denen der Aguane, wenig bekannt, da sie äußerst selten gesehen werden. Sie sind überaus scheu; lieber verbringen sie den Winter unter Eis und Schee im Wald, als in einem Bauernhaus Schutz zu suchen. Ganz anders die Aguane. Sie haben an der Gesellschaft der Men-

SALVAN und AGUANA

schen Gefallen gefunden und kommen gern von den Bergen herab, um zu schwatzen und sich am Ofen zu wärmen. Dabei helfen sie im Haus und im Sommer beim Heuen. Während der Arbeit schleudern sie ihre langen Brüste über die Schultern und stillen ihre Kinder, die sie in Körben auf dem Rücken tragen.

KENNZEICHEN

Die Salvani sind so groß wie Menschen, behaart und kräftig. Sie haben lange, krallenartige Fingernägel und kleiden sich in Wolfs-, Bären- oder Wisentfelle. Sie sind fast immer hungrig.

Die Aguane sind ebensogroß und ebenfalls in Felle gehüllt. Mit ihrem wallenden Haar, ihrer anmutigen Stimme und ihren hängenden Brüsten wirken sie besonders hübsch. Sie haben Ziegenhufe oder verdrehte Füße. Die Aguane verwandeln sich gern; am liebsten in häßliche alte Weiber.

VERBREITUNG

Aguane und Silvani leben in den unzugänglichen Wäldern Norditaliens, im Gebiet zwischen Brennerpaß und Etsch, das im Norden und Osten von Österreich und Jugoslawien begrenzt wird. Die Aguane leben lieber allein als in den Höhlen der Salvani, um in der Nähe eines fließenden Gewässers zu sein.

Ein ähnliches Paar lebt im französischen Teil der Pyrenäen. Ihn nennt man Basa-Juan oder Homme de Bouc, sie Basa-Andrée. In Spanien heißt der Mann Ancho.

Ein Mann kam spät von seiner Arbeit durch den Wald.

»Bitte, zieh einen Kreis um dich!« bat eine Stimme.

Der Mann glaubte, nicht richtig gehört zu haben.

»Hab erbarmen, zieh einen Kreis um dich!« Der Ton der Stimme wurde drängend, und jetzt drang wütendes Hundegebell durchs Dickicht.

Rasch zog er mit dem Stock einen Kreis. Kaum war er fertig, sprang eine schöne, junge Aguana mit wiegenden Brüsten zu ihm hinein. Die Meute des Wilden Jägers Beatrik[1] jagte vorbei. Die Aguana war gerettet.

---

1 Siehe Fußnote Seite 211

Müde von der harten Feldarbeit, schlief ein Bauer im Heustadel ein. Mitten in der Nacht wachte er plötzlich auf und sah das Mondlicht durch die Ritzen der Bretter scheinen.

»Was für eine herrliche Nacht! Wie schön ist der Mond!« sagte er laut.

»Ja, aber trotzdem ist Nacht«, grunzte es draußen dumpf.

Der Mann griff nach seiner Sense. Als der Bregostano mit der Hand durch die Tür langte, hieb er sie ab. Mit einem Schrei rannte der Bregostano in den Wald. Morgens fand der Bauer die abgehackte Hand vor der Scheune. An jedem Finger glänzte ein goldener Ring. So wurde der Bauer auf Kosten des Bregostanos ein reicher Mann.

FAIRIES

Zu König Artus' Zeit waren die Fairies mächtige, stolze Elben. Durch ihre Verbindung mit Menschen und anderen Elbenrassen hat sich jedoch im Laufe der Jahrhunderte eine Nachkommenschaft, die heutigen englischen Fairies, entwickelt, die viele ihrer aristokratischen und magischen Eigenschaften verloren hat.

In mondhellen Nächten kann man sie überall in England auf den Wiesen tanzen sehen. Am Tag verblaßt ihre nächtliche Schönheit; dann sehen sie aus wie verhutzelte, häßliche Zwerge.

Da sie eitel sind und ihnen die Vorstellung, häßlich zu sein, unerträglich ist, erscheinen sie tagsüber als Katzen, Kröten, Vögel oder Schmetterlinge. Die Hyter Sprites in Essex zeigen sich häufig als grünäugige Seeschwalben; die populären Pillywiggins in Dorset sind winzige Blumengeister. Die Lincolnshire Tiddy-Ones gehören ins Moor, weil sie dort geboren sind. Jeder Dialekt kennt eigene Bezeichnungen für Fairies: von Vairies und Frairies bis zu dem in Suffolk gebräuchlichen Namen Farisees und dem in Lancashire üblichen Feeorin.

Trotz ihrer äußerlichen Unterschiede haben sie vieles gemeinsam: alle hassen Geizkrägen, Johanniskraut, Salz, Eisen und Ebereschen. Auch mögen sie nicht, daß man über sie spricht, sie belohnt oder

FAIRIES

sich bei ihnen bedankt. Efeubewachsene Häuser besuchen sie nicht. Glockenblumen locken sie an und Primeln, vierblättriger Klee, Schlüsselblumen und Vergißmeinnicht ermöglichen es, Menschen mit dem zweiten Gesicht, einen Blick in ihre Welt zu werfen. Sie lieben den Tanz, besonders während der Vollmondnächte im Mai. Menschen, die sie achten, werden von ihnen gut behandelt.

KENNZEICHEN
Die alten mächtigen Fairies waren hochgewachsene, hellhäutige Lichtelben. Wie die Daoine *Sidhe* gehörten sie zu den Aristokraten der Elben und entstammten den ältesten Familien. Es ist nicht auszuschließen, daß König Artus selbst einer der Ihren war. Heute kann man sie nicht mehr sehen, doch schlafen sie unter den Hügeln und warten auf die Zeit ihrer Wiederkehr.
Ihre Nachkommen, die heutigen Fairies, sind Dämmerelben und zwischen ein paar Zoll und anderthalb Fuß groß. Tagsüber haben sie alte, runzlige Gesichter. Sie bevorzugen rote Gewänder, tragen aber auch Blau, Weiß oder Grün, entsprechend der regionalen Bauerntracht. Sie können die Gestalt vieler Insekten und anderer Tiere annehmen.

VERBREITUNG
Sie leben im Innern der Erde oder in großen oberirdischen Schlössern, die nur des Nachts sichtbar sind. Sie sind in ganz England bekannt, sollen aber in Mittelengland seltener vorkommen.

Ein kleines Mädchen ging mit seinen Freundinnen Blumen pflücken, aber entfernte sich dabei immer weiter von den anderen. Als die Kleine endlich einen schönen Strauß Schlüsselblumen zusammen hatte, machte sie sich auf den Heimweg, um ihn ihrer Mutter zu zeigen. Sie lief und lief, bis sie zu einem großen Felsblock kam, den sie noch nie gesehen hatte.
»Hier war doch gar kein Felsen.« Die Kleine stutzte. Dann wanderte sie weiter, bis sie zu einem anderen seltsamen Felsen kam.
»Vielleicht bin ich auf dem falschen Weg.«

Sie setzte sich auf den Felsblock, und die müden Schlüsselblumen klopften sacht auf den Stein. Sie begann zu weinen.

»Weine nicht, kleines Mädchen«, sagte eine Stimme neben ihr. Sie schaute sich um. Scharen winziger Farises sprangen aus dem Felsen.

»Wie seid ihr hergekommen«, fragte die Kleine.

Wir kommen aus einem anderen Land. Deine Blumen haben unser Tor geöffnet. Wir haben dir etwas mitgebracht«, antworteten sie und gaben ihr einen großen goldenen Ball. Sie war entzückt, und während sie fröhlich lachte, brachten die Elben sie heim.

Zu Hause aber war ein Zauberer zu Gast. Der lauschte mit großen Ohren, als die Kleine ihr Erlebnis erzählte. Er wollte auch einen goldenen Ball.

Am Tag darauf ging er zu der Wiese und pflückte einen Riesenstrauß Schlüsselblumen. Aber er hatte Pech: er kam am falschen Tag, und auch die Zahl seiner Blumen war falsch. Die Farises, die aus dem Felsen sprangen, waren nicht sanft und lieb — sie sprühten vor Zorn. Seither hat man den Zauberer nicht mehr gesehen. Wahrscheinlich lebt er noch immer unter dem Stein.

Küchlein, die vor dem Backen nicht mit einem Kreuz versehen werden, bekommen beim Abkühlen oft winzige Löcher. Die Leute in Somerset behaupten, die Vairies seien schuld daran, weil sie mit ihren hochhackigen Schuhen darauf herumtanzen.

Ein Mann aus Oxfordshire besaß einen prächtigen Apfelbaum. Der trug die besten Früchte der ganzen Gegend, und es verging kein Jahr, daß er nicht reiche Ernte abwarf. Die Leute kamen von weither, um ihn zu bestaunen, und jeder wurde mit ein paar Äpfeln beschenkt.

Einem Nachbarn aber reichte es nicht, den Baum immer nur zu beglotzen. Er wollte auch keine Äpfel geschenkt haben, aber nachts ließ ihm der Gedanke an den Baum keine Ruhe. Er wollte auch einen haben.

Als er vor Neid wieder einmal nicht schlafen konnte und in den Hof des Nachbarn spähte, sah er im Baum winzige Lichter, und aus den Zweigen vernahm er Gesang.

Rasend vor Neid griff er nach seiner Flinte und rannte hinaus. Er feuerte blindlings in den Baum. Die Lichter erloschen, und der Gesang verstummte; noch ehe der Schuß verhallt war, stürzte sich ein Schwarm kleiner grüner Vögel auf ihn und hackte wütend nach seinen Augen.

Das konnte den gierigen Jack nicht schrecken. In der Nacht darauf nahm er eine Axt und fällte den Baum. Krachend stürzte der Baum zu Boden, und seine Lichter verloschen für immer. Vielleicht hatte er geglaubt, die Vögel würden nun in seinen Baum übersiedeln. Doch das war ein Irrtum. In jener Nacht hatte er zwar seinen Nachbarn um den magischen Baum gebracht, sich selbst aber um jedes Glück. Und so starb er als armer, verbitterter Mann.

SERVÁN

Wenn in der Schweiz oder in Norditalien Gegenstände verschwinden, sind sie nicht zufällig verlegt worden, der Serván hat sie entwendet. Mit den wichtigsten Utensilien wie Schlüsseln, Scheren, Nadeln, Schreibfedern und Brillen macht er sich davon. Schimpft sein entnervtes Opfer und schreit: »Wer hat das geklaut!« feixt der Serván schadenfroh, und schon verschwindet etwas anderes.

Diese Streiche sind nur ein Teil seiner Kunst: er zieht Bettdecken weg, verknotet Kuhschwänze, zwängt drei Ochsen unter ein Joch, versteckt Milchkannen unter Moos oder hieft Pferde aufs Dach und läßt sie dort. Ein Schafbock im Stall beschützt die Tiere vor seinen Streichen, und die Menschen sollten Geduld üben und keinen Ärger zeigen, dann wird der Geist auch im Haus helfen, die Tiere pflegen und für eine reiche Ernte sorgen. Wenn jede Nacht eine Schüssel Suppe oder Rahm auf dem Dach steht, ist er glücklich und zufrieden.

KENNZEICHEN
Der Serván ist ein bis zwei Fuß hoch, rotberockt und spitzbubengesichtig. Er lacht herzhaft und laut. Wenn er sich verwandelt, erscheint er als Hund, Ziege oder gar als großer Ball.

SERVÁN

VERBREITUNG
Der Serván ist in den Schweizer Alpen und in den baskischen Pyrenäen bekannt. Die verschiedenen Sprachen in diesen Gegenden verleihen ihm auch verschiedenste Namen, z. B.: Jean de la Bolieta, Napfhans, Jeannot, Servant, Chervan, Folaton, Persévay, Sarván, Foulta oder Le Patre. Gewöhnlich wohnt er in Herdnähe von Häusern in kleinen Dörfern. Im Gegensatz zu seinem italienischen Verwandten, dem *Salvanel*, ist er ein Hausgeist. Er gehört zur Gruppe der Haus-*Lutins*.

Einmal wurde ein Müller im Tessin von einem Servant geplagt. Der Quälgeist war derart lästig, daß sich der arme Mann kaum noch aus der Mühle traute, denn jedesmal hatte er in einigen Säcken statt Mehl Blätter und Sand entdeckt.
Nachts rumorte der Geist im Haus, lachte, leerte den Nachttopf ins Bett, quiekte und pfiff und machte dem Müller das Leben schwer. Doch der Müller war von Natur aus fröhlich, lachte bloß und verlor nie die Geduld. Das nutzte. Eines Tages putzte der Quälgeist die Mühle und wurde des Müllers treuer Gehülfe.

NISSEN UND TOMTRÅ

Ein schwedisches Sprichwort sagt: »Der Knecht tut das Heu in die Krippe, doch das Roß macht der Tomte dick.« Die Tomtrå sorgen nicht nur für Pferde und Rinder, sondern für das ganze Haus. Ein sauberes, gepflegtes Anwesen deutet auf einen heiteren, zufriedenen Tomte hin. Auch die Finanzen der Familie sind in seiner Hand. Für seinen Herrn stiehlt er Heu, Milch, Getreide, ja, sogar Geld und verteidigt das Haus gegen diebische Elben. Er ist zu jeder Arbeit im Stall, im Haus und auf dem Feld zu gebrauchen. Menschen, die er besonders gern hat, bringt er sogar das Fiedeln bei.
Wie die meisten Geister, lehnen Nissen und Tomtrå eine reguläre Vergütung ihrer Dienste ab. Statt dessen stellen sie ihrerseits Forderungen: Haus und Hof müssen immer ordentlich und sauber sein,

andernfalls verläßt der Geist das Anwesen angewidert und nimmt Glück und Zufriedenheit mit. Jeder unstatthafte Lärm, wie Holzhacken im Hof, jede Abweichung vom gewohnten Lebensrhythmus, jede Mißachtung eines Feiertages, ist strikt verboten. Als Weihnachtsgratifikation erhalten sie eine Extraration Tabak, ein kleines Stück grauen Stoff und eine Schaufel Ton. Besondere Aufmerksamkeit sollte ihnen am Donnerstag, ihrem Feiertag, entgegengebracht werden; die Verpflegung reicher, ihr Haferbrei mit einer Extraportion Butter angerührt sein. An diesem Tag sollte auch das Spinnrad stillstehen und störende Geräusche vermieden werden. In manchen Regionen Schwedens muß der Tomte pünktlich um 10 Uhr abends gefüttert werden und wieder um 4 Uhr in der Früh. Eine Familie, deren Tomte wohlgenährt und satt ist, ist gegen Schulden und Bankrott gefeit.

Trotz ihrer harten Arbeit sind Nissen und Tomtrå stets zu Späßen aufgelegt und begeisterte Tänzer und Musikanten. In Vollmondnächten, wenn die gefrorenen Seen und Flüsse silbrig schimmern, macht ihnen der Tanz am meisten Vergnügen; dann gleiten sie lautlos über das Eis.

Im Haus sind Mensch und Tier Opfer ihrer übermütigen Spiele: sie halten die Gabel der Kuhmagd im Heu fest, piesacken kleine Jungen, verteilen heimlich Ohrfeigen, lachen verrückt über jeden Verdruß, tanzen, singen, kreischen, zwicken Schäfer und jagen winters die Kühe aus dem Stall.

KENNZEICHEN

Die bekanntesten finnischen Hausgeister sind die Tontuu und Para. In Rußland heißen sie Maciew, in Norwegen Tomtevätte, in Schweden Tomtrå und auf den Faröer-Inseln Niägruisar. Nissen god Dreng sind die dänischen und norwegischen Hausgeister, in Norddeutschland heißen sie Nisken.

Diese nördlichen Hauselben sind ungeachtet ihrer vielen Namen einander sehr ähnlich. Sie sind gut gebaut und außerordentlich stark. Und obwohl sie nur so groß wie kleine Kinder sind, sehen ihre Gesichter alt und weise aus, was für ein hohes Alter spricht. Ihre Köpfe sind groß, ihre Arme lang und ihre Augen leuchten. Viele behaupten, daß sie wie Pferde lachen. Nissen und Tomtrå tragen meistens Pantinen und abends Pantoffeln, außerdem rote Strümpfe, kurze Kniehosen und grüne oder graue Jacken. Wenn es warm ist, ziehen sie sich aus oder tragen Drillichjacken; im Winter legen sie ihre schweren Wollmäntel nie ab. Man sieht sie mittags und nachts.

VERBREITUNG
Obwohl Nissen und Tomtrå ursprünglich in Bäumen lebten, besonders in Ulmen, Eschen und Linden, bevorzugen sie inzwischen dunkle Winkel in Häusern, Holzschuppen, Scheunen oder Ställen. Man findet sie in Norddeutschland, Dänemark, Schweden, Norwegen, Finnland, an der baltischen Küste und auf den Faröer-Inseln. Auch in einigen nordamerikanischen Gemeinden hat man sie beobachtet.

Ein Junge kränkte einst den Nis seiner Familie, indem er ihm mit der Mistgabel drohte. Der Nis nahm sich jedoch für die Rache Zeit. Erst in der Nacht darauf schlich er ins Zimmer des Jungen, hob den Schlafenden aus dem Bett, trug ihn in den Hof und warf ihn achtmal mühelos über das Haus, bis ihm das Spiel langweilig wurde. Dann ließ er sein Opfer in den Schlamm fallen.

Da sich Nissen und Jungen im Charakter sehr ähnlich sind, gibt es oft Streit. Ein Junge aus Jütland und der Haus-Nis aber stritten öfter als oft. War der Junge ausnahmsweise einmal eine Stunde verträglich, saß dem Nis die Bosheit im Genick.
Am Tag zuvor hatte der Junge dem Nis den Haferbrei gegeben, die Butter jedoch auf dem Boden der Schüssel versteckt. Als der Nis die Butter nicht fand, schwor er wutschnaubend, sich für die Gemeinheit zu rächen. Obwohl er die Butter zu guter Letzt fand, hielt er verstockt an seinem Vorsatz fest.
In der Nacht schlich er in das Zimmer, wo der Junge mit dem Hausherrn in einem Bett schlief, zog die Decken weg und starrte beide angestrengt für ein Weilchen an. Dann packte er den Jungen und zog ihn ans Fußende des Bettes, daß seine Füße auf einer Höhe mit denen des Mannes waren. Doch das befriedigte den Nis nicht.

NISSE

»Lang und kurz paßt schlecht zusammen!« sagte er, nahm den Jungen bei den Ohren und zog ihn wieder ans Kopfende zurück, so daß sein Kopf auf einer Höhe mit dem des Mannes war.

»Lang und kurz paßt schlecht zusammen!« wiederholte er und zerrte den Jungen wieder hinab. So ging's die ganze Nacht, auf und ab. Kein Wunder, daß der Junge am Morgen matt und müde war.

Doch am gleichen Tag fand sich Gelegenheit, den Kleinkrieg fortzusetzen. Als der Junge auf den Heuboden kam, sah er am anderen Ende den Nis beinebaumelnd über dem Zwinger sitzen und die Hunde ärgern. Auf Zehenspitzen schlich er heran und schups — lag der Nis inmitten der wütenden Meute.

GIANE

Die größte Gruppe der sardinischen Elben sind die Giane. Ihre Vorfahren waren, wie die norditalienischen *Aguane*, ursprünglich Waldgeister, große schöne Frauen mit samtweichen Brüsten und stahlharten Fingernägeln. Sie lebten in Berghöhlen und beschäftigten sich mit Spinnen und Sticken. Sie konnten die Zukunft voraussagen und kannten die Plätze verborgener Schätze.

Trotz all ihrer Begabungen und ihrer erlesenen Schönheit, litten sie jedoch Mangel an männlicher Gesellschaft. Es gab zuwenig Waldmänner; die Zwerge waren ihnen zu kurz und die Riesen zu ungeschlacht und plump. So vertrieben die einsamen Giane sich ihre Langeweile mit Handarbeit und Singen. Im Laufe der Zeit wurden sie exzellente Weberinnen; mit ihren phantastischen weißen Schleiern hüllten sie ganze Felder und Täler ein. Auch ihre Lieder bekamen einen eigenen, unverwechselbaren Klang; mit ihren betörenden Melodien lockten sie Männer in ihre Höhlen. Die lange Enthaltsamkeit allerdings hatte ihre Sexualität so gesteigert, daß ein normaler Koitus ihre Gier nicht stillen konnte. Wie Spinnen stürzten sie sich auf ihre Opfer und saugten ihnen das Blut aus. Erst das verschaffte ihnen Befriedigung. Drei Tage später gebaren sie dann kleine Bastarde, die unablässig nach rohem Fleisch verlangten.

GIANA

Die heutigen Giane haben mit ihren blutsaugenden Ahnen nicht mehr viel gemein. Sie sind von kleiner Statur und tragen Felle oder farbenfrohe Bauerntrachten. Männer und Frauen leben gemeinsam in behaglichen Höhlen und nähren sich von Kräutern und Fleisch. Die Webkünste ihrer Vorfahren beherrschen sie bis auf den heutigen Tag, und manchmal hört man sie die alten zaubrischen Lieder singen.

KENNZEICHEN
Ursprünglich waren die Giane fünf Fuß groß. Sie hatten langes, wallendes Haar, stählerne Fingernägel und überlange, zarte Brüste, die sie über ihre Schultern hängten. Sie hüllten sich in Felle und trugen ihre Kinder in Körben auf dem Rücken.
Die scheuen Nachkommen dieser Giane sind zehn Zoll groß; sie schmücken sich mit Gold und Juwelen, tragen bunte Kleider und immer ein Kopftuch. Die Männer sieht man häufig in Fellröcken.

VERBREITUNG
Die Giane leben auf Sardinien in Felshöhlen, Hügeln und Wäldern.

SELKIES

Die Sea Trows der Shetland-Inseln sind mit den Land Trows eng verwandt. Manchmal werden sie auch Selkies oder Robben genannt, da sie sich im Wasser nicht in ihrer eigenen Gestalt, sondern nur als Robben fortbewegen können (hin und wieder auch als Fische).
In Vollmondnächten steigen sie an Land und legen ihre Häute ab, um auf den Felsklippen zu tanzen. Ein Mensch, der einem Trow die Haut gestohlen hat, wird von diesem solange verfolgt, bis er sie gutwillig zurückgibt. Weibliche Trows sind sogar bereit, den Mann zu heiraten, um ihre Haut zu retten.
Robbenfrauen, die in menschlicher Gestalt erscheinen, erkennt man an den kaum wahrnehmbaren Schwimmhäuten zwischen ihren Fingern, den rauhen Handflächen, ihrem langsamen Atem, ihrer Begeisterung für Tauchen und Schwimmen, ihrer Fruchtbarkeit, ihren

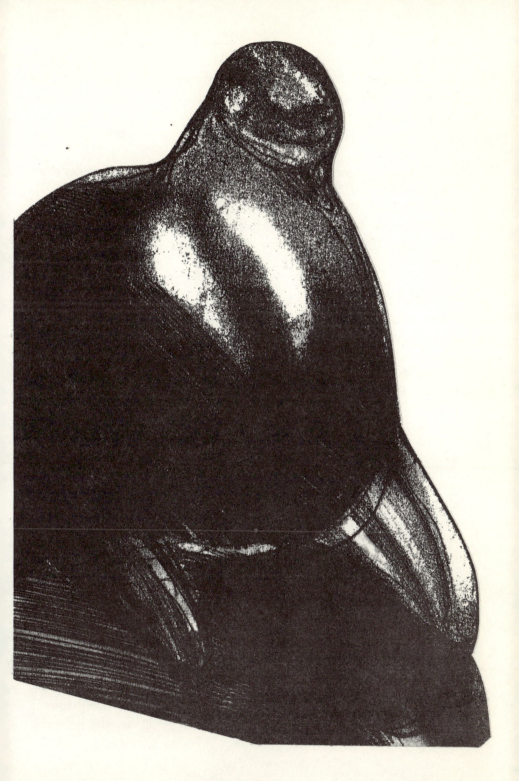

ROBBEN-ELBE

Kenntnissen in Medizin und Maieutik und ihrer Gabe, die Zukunft vorauszusagen. Obwohl sie gute Ehefrauen sind, versiegt nie ihre Liebe zum Meer und sobald sie ihre Haut wiederhaben, zieht es sie dorthin zurück.

KENNZEICHEN
Selkies, Sea Trows und Roane erscheinen im allgemeinen als Robben mit unheimlichen, glitzernden Augen. In der Gestalt von Fischen sind sie grünhaarig und schuppig. An Land haben sie das Aussehen und den Wuchs von wohlgestalteten Menschen. Die freundlichen, zurückhaltenden Roane der Highlands zeigen sich nur als Robben.

VERBREITUNG
Robben-Elben wurden in Schottland, Irland und auf den Shetland-Inseln gesehen. Auf den Orkney-Inseln sind sie auch als Haaf-Fish bekannt. Am liebsten leben sie im Meer, doch wenn es sein muß, auch an Land. Ihre Meeresschlösser sind grazile Gebäude aus Korallen und Perlen.

Eine Gruppe shetländischer Robbenfänger landete auf einem Felseiland in der Nordsee. Als die Männer unzählige Robben erlegt, aber nur einen Teil gehäutet hatten, setzte die Flut ein, und die Wellen schlugen hart gegen die Klippen.

»Wir müssen weg! Laßt die Robben liegen!« rief der Kapitän. »Alle Mann an Bord!«

In der Aufregung wurde ein Mann vergessen. Er schrie, kaum hatte er es bemerkt, gellend den Booten nach. Doch es kam keine Antwort. Da sah er plötzlich, daß er nicht allein war. Einige Trows versuchten, die toten Robben wieder zu beleben.

»Mein Sohn, mein Sohn. Warum haben sie dir die Haut genommen?« klagte eine der Frauen.

Da erblickte sie den Jäger und schrie: »Du warst es! Du hast ihn ermordet!« Ehe er noch antworten konnte, verwandelte sich ihre Wut in Hoffnung, und sie sagte: »Du kannst ihn gewiß wieder lebendig

machen. Hilf mir. Wenn ich seine Haut zurückbekomme, ist er gerettet.«
Der Jäger versprach alles zu tun, was in seiner Macht läge. Die Trow-Mutter verwandelte sich in eine Robbe. Er kletterte auf ihren Rücken und schlitzte ihre Haut an den Seiten auf, um einen Halt für seine Füße zu haben. So schwammen sie an Land.
Er hielt Wort. Er suchte und fand die Haut. Voll Dankbarkeit schwamm sie davon, und ihre Wunden färbten das Wasser.

LAÚRU

Der Laúru ist der eleganteste italienische *Folletto*. Er ist zwar klein, aber von untadeliger Figur, mit schwarzen, sprühenden Augen, die immer verschmitzt lächeln, und langem, gelocktem Haar. Seine Anzüge sind aus weichem Samt. Da er vorwiegend nachts sein Unwesen treibt, sieht man ihn tagsüber selten. Hausarbeit lehnt er ab; er fürchtet, daß seine elegante Kleidung darunter leiden könnte. Daher füttert er nur Tiere, die ihm besonders gefallen. Er liebt die Frauen, und unablässig versucht er, sie zu verführen. Weist ihn eine Frau zurück, verfolgt er sie solange mit Alpträumen, bis sie nachgibt oder ein paar Stier- oder Widderhörner über die Tür hängt. Die Frage, ob diese Hörner bedeuten, daß er gehörnt worden ist, oder ob sie zur Abwehr dienen, ist ungeklärt. Jedenfalls sind sie ein wirksames Mittel, ihn aus dem Haus zu vertreiben.
Der Scazzamurieddu ist ein Laúru, der ausschließlich in Lecce lebt. Er ist etwas kleiner als der gewöhnliche Laúru und trägt anstelle des »Zuckerhuts« eine rote Mütze. Seine närrischen Streiche gelten vor allem Kindern; andererseits kann er einer Familie Glück bringen, indem er die richtigen Lottozahlen voraussagt oder einen verborgenen Schatz zeigt.

KENNZEICHEN
Der Laúru ist etwas kleiner als zwei Fuß. Er hat schwarze Augen, schwarzes gelocktes Haar und trägt Samtanzüge und einen »Zuckerhut«. Der Scazzamurieddu ist oft nur ein Fuß hoch und trägt eine rote Mütze, seinen kostbarsten Besitz.

LAÚRU

VERBREITUNG
Der Laúru lebt in Apulien. Der Scazzamurieddu ist nur in Lecce bekannt. Beide gehören zu den Hauselben.

Ein Laúru kam eines Tages zu einer Gesellschaft und fragte, was sie lieber hätten: einen Sack voll Geld oder einen Sack voll Geschirr. »Geld natürlich!« rief alles durcheinander.
Der Laúru drückte ihnen einen Sack in die Hand. Als sie ihn aufmachten, fanden sie einen Haufen blinkender Scherben.

HÄHNE, SCHLANGEN, BASILISKEN

In vielen Ländern zeigen sich die Hausgeister in Gestalt von Schlangen und Hähnen. Die Hahn-Elben kommen am häufigsten in Osteuropa vor; der bekannteste ist der Rarash. Hausschlangen waren im antiken Griechenland allgemein bekannt, und in Jugoslawien und in einigen Teilen Rußlands werden sie noch heute verehrt. Im Westen ist man eher mit den berühmten Salamandern der Alchimisten, den Basilisken und den Nachkommen der magischen Hähne vertraut.
Dem Volksglauben zufolge gibt es Hähne, die Eier legen und brüten können. Selbstverständlich gehören diese Hähne nicht zur Gattung der gemeinen Haushühner: sie sind magische Hermaphroditen mit glühenden Augen und feurigen Krallen. Ihre Eier müssen sieben Jahre reifen, bevor sie ausgebrütet werden können. Was dann ausschlüpft, ist entweder ein Salamander, den Paracelsus und andere Alchimisten für die Inkarnation des Feuers hielten, oder der berühmte Basilisk, dessen flüchtiger Blick genügt, um einen Mann zu töten.
Jeder Basilisk kann töten, und er wird davon nicht ablassen, bis er durch magische Kräfte bezwungen wird. Ein Mensch, der einen Basilisken beim Ausschlüpfen beobachtet, kann diesen dagegen mit ei-

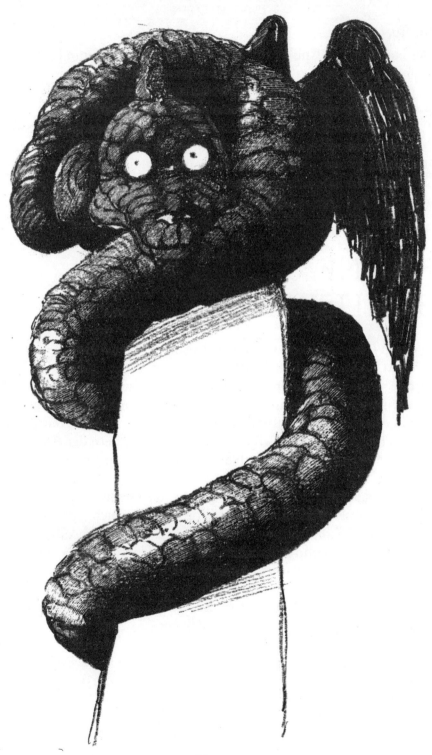

VOUIVRE

nem schnellen Blick töten — sofern er ihm zuvorkommt. Andernfalls ist es um den Menschen geschehen.

Zur Abwehr ausgewachsener Basilisken sind mehrere Methoden bekannt. Eine besteht darin, ihn mit seinem Namen anzurufen, eine andere, ihn mit einem Zweig eines magischen Baumes zu berühren. Die sicherste Waffe ist ein Spiegel, darin der Blick des Basilisken eingefangen und reflektiert wird. Auf diese Weise tötet er sich selbst.

Eine kaum bekannte französische Schlangen-Elbe ist die Vouivre. Sie zeigt sich in der Nähe von Brunnen als geflügelte Schlange mit einem Diamanten auf der Stirn. Dieser Diamant ist ihr einziger, kostbarer Schatz, den sie leidenschaftlich verteidigt. Nur beim Trinken und Baden legt sie ihn ab. Derjenige, dem es gelingt, ihren Schatz zu rauben, gewinnt gewaltige Macht und Weisheit. Die beraubte Vouivre wird sich nach dem Schatz verzehren, bis Blindheit und Einsamkeit sie zugrunde richten.

KENNZEICHEN

Der Rarash erscheint, wie der litauische Aitwara, als kleiner Knabe mit Krallen oder als schwarzes Huhn. Die ungarischen Lidercz zeigen sich vorwiegend als hermaphroditische Hühner. Mühelos bewegen sie sich durch Feuer und Luft.

Die griechischen Stickia sind faule Hausgeister; gewöhnlich liegen sie zusammengeringelt als Schlangen unter dem Herd. Die russische Tsmok ist eine blitzerzeugende Hausschlange; der jugoslawische Zmaj eine Hausschlange, die als Hahn erscheint.

Zu den westeuropäischen Hahn- und Schlangen-Elben gehören der Basilisk, die Cocadrille — eine lange, dünne Schlange, deren Tatzen Ochsen tödlich verletzen können —, Souffle, Lebraude, Enfleboeuf und Salamander. Die Vouivre zeigt sich als geflügelte, feurige Schlange, deren Stirn ein Diamant ziert.

VERBREITUNG

Die osteuropäischen Haushähne leben ausschließlich in Häusern; ebenso die Hausschlangen der südlichen Länder. Meistens sonnen sie sich auf den Fliesen, und hin und wieder sieht man sie in ein Loch der Grundmauer gleiten.

Der Basilisk ist in Frankreich, England, Portugal, Spanien und Italien bekannt; er lebt in der Umgebung von Quellen und Brunnen. Die Vouivre ist in der Gascogne heimisch, die Cocadrille in Mittelfrankreich.

Ein betrunkener Knecht der Insel Zakynthos verscherzte eines Tages sein Glück: in einem Anfall von Übermut griff er den Bratspieß und stieß ihn der Hausschlange seines Herrn durch den Leib. In diesem Jahr ging alles im Hause schlecht. Der Schutz der Schlange fehlte.
Am Jahrestag des Mordes war der Knecht abermals betrunken und brüstete sich schwankend seiner Tapferkeit, als er die Teufelsschlange getötet hatte. Den anderen Knechten behagte das nicht. Zornig wiesen sie ihn zurecht. Ein Streit flammte auf, und plötzlich fuhr der Spieß dem Mörder in den Leib. Es war genau die Stunde, da er die Hausschlange vor einem Jahr getötet hatte.

Ein armer Bauer fand einmal eine schwarze Henne vor Kälte zitternd unter einem Birnbaum. Überrascht, eine Henne allein im Wald zu sehen, hob er sie auf, klemmte sie unter den Arm und nahm sie mit nach Hause. In der Nacht, als er entdeckte, daß sie mit einem Korb Kartoffeln im Schnabel durch ein offenes Fenster ins Haus flog und einen Feuerschweif hinter sich herzog, dämmerte ihm, was für ein Tier er gefunden hatte.
»Wem hast du das geklaut?!« schimpfte der Bauer. »Bring es sofort zurück. Ich dulde keinen Dieb im Haus.«
Die Henne tat, als hätte sie nicht verstanden, und flatterte zurück auf ihre Stange im Stall. In den folgenden Tagen brachte sie dem Bauern weitere Geschenke: Weizen, Roggen und Gerste.
Als die Nachbarn über das verschwundene Getreide klagten, gab der Bauer alles zurück, was ihm die Henne gebracht hatte. Eines Tages wurde sie von einem Nachbarn auf frischer Tat ertappt. Er tobte und drosch mit einem Knüppel auf sie ein. Sie wehrte sich, und bald schon heulte der Mann vor Schmerz. In seinen Rücken gekrallt, prügelte sie ihn mit seinem eigenen Stock und schrie gellend: »Ich bin Rarash! Rarash! Rarash!«

Nach weiteren Vorkommnissen dieser Art beschloß der Bauer, die Gegend zu verlassen. Das sei, wie er meinte, die einzige Möglichkeit, um sich von Rarash zu befreien. Nachdem er alle Habe zusammengerafft hatte, zündete er das Haus an, voll freudiger Hoffnung, Rarash darin zu verbrennen. Wer aber kann seine Wut und Verzweiflung beschreiben, als er neben sich die wohlbekannte Stimme krächzen hörte: »Wir ziehen um, wir ziehen um, bald gibt's noch mehr zu stehlen! Wir ziehen um!«

Im neuen Haus änderte sich nichts. Rarash stahl ärger als jede Elster und prügelte die Knechte, wenn sie sie nicht füttern wollten. Kurzum, sie war unerträglich.

Schließlich hielt es der Bauer nicht mehr aus. Er ging in den Hühnerstall und flehte die Henne an, ihn nicht zu ruinieren.

»Du treibst mich in den Selbstmord. Was kann ich nur tun, damit ich dich wieder loswerde?«

»Wenn du dich erinnerst, wo du mich gefunden hast und mich am selben Tag und zur selben Stunde dorthin zurückbringst, dann hast du Ruhe vor mir.«

Das mußte sie ihm nicht zweimal sagen. Seitdem hat er Rarash nie wieder gesehen.

MOOSWEIBCHEN UND WALDVÄTER

Als beharrliche Bewahrerinnen der alten Lebensformen bestehen die Moosweibchen darauf, daß die Menschen drei einfache Verhaltensregeln befolgen: »Schäl keinen Baum, erzähl keinen Traum, back keinen Kümmel ins Brot.« Menschen, die diese Regeln beherzigen und ihren Haushalt nach altbewährter Weise führen, können die Moosweibchen zu Freunden gewinnen. Sie bringen viel Glück ins Haus, wenn man sie ordentlich füttert oder die Knödel im Topf nicht zählt und den Wasserhahn tropfen läßt, so daß sie sich selbst versorgen können.

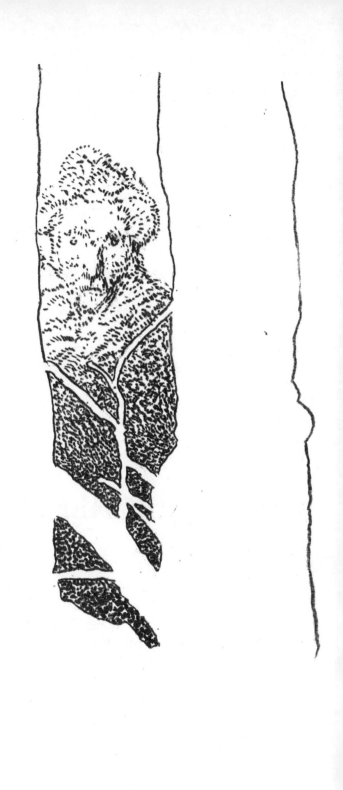

DIE BUSCHGROSSMUTTER

Die Moosweibchen sind nicht nur gute und fleißige Hausfrauen, sie sind auch in den geheimen Wissenschaften bewandert. Sie kennen die Heilkräfte aller Pflanzen im Wald, und Menschen, die ihnen lieb und wert sind, weihen sie in ihre Geheimnisse ein. Sie kennen die Stellen, an denen die blaue Blume Nimmerweh wächst, die den Gebärenden Linderung bringt, und sogar unheilbare Krankheiten können sie kurieren. Sie tanzen auf den Feldern, damit das Getreide besser wächst, und Blätter in Gold zu verwandeln, bedeutet für sie eine Kleinigkeit. Selbst Fremden gegenüber erweisen sie sich als großzügig, indem sie sich aus ihren Baumnestern herabbeugen und ihnen Wollknäuel in die Hand drücken, aus denen man unzählige Socken stricken kann, denn dieser Faden ist endlos.

KENNZEICHEN

Die Moos- und Waldweibchen sind zwischen zwei und drei Fuß groß. In ihren Moosgewändern kann man sie oft kaum von Bäumen unterscheiden. Ihre Gesichter sind alt und zerfurcht, die Körper behaart und die Hautfarbe grau. Sie spinnen und weben alles Moos im Wald wie auch ihre eigenen Kleider. Ihre Herrscherin ist die Buschgroßmutter, eine weißhaarige Dämmer-Elbin, die so alt ist wie Urgestein und deren Füße von dichtem Moos bewachsen sind. Zu den Untergattungen der Moosweibchen gehören die flämischen Moswyfjes, die deutschen Lohjungfern und die bayerischen Finzweiberl. Die Finzweiberl tragen breitkrempige Hüte und haben eine gefleckte Haut.

Moosmännchen und Waldväter wurden bisher sehr selten gesehen. Sie sind eng verwandt mit den Tiroler *Norggen*. Sie tragen moosfarbene, rotgefütterte Kleider und dunkle Dreispitze. Da sie gewöhnlich griesgrämig sind, sollte man ihnen möglichst aus dem Weg gehen.

VERBREITUNG

Moosmännchen und Waldväter leben ausschließlich in Urwäldern, und es ist sehr schwer, sie zu sehen. Moosweibchen allerdings werden oft von Holzfällern beobachtet. Ihre Kinder ziehen sie in Baumkronen in Mooswiegen auf, und sie wagen sich niemals weit von ihrer Heimstatt zu entfernen. Moosleute leben in allen Forsten Mitteleuropas, von den alpinen Fichtenwäldern im Süden bis hin zum Bayerischen Wald und weiter östlich bis Polen und zur Tschechoslowakei, im Westen bis ins französische Flandern.

Ein armer Mann traf auf seinem Weg durch den Wald ein winziges Waldweibchen, das sich mit einem zerbrochenen Schubkarren abmühte. Da der Mann keine Eile hatte und sich überdies ausgezeichnet aufs Schreinern verstand, machte er sich an die Arbeit. Und wenig später war der Karren wieder in Ordnung. Überglücklich gab ihm die kleine Frau zum Zeichen ihres Dankes die Späne, die auf den Boden gefallen waren. Der Mann steckte sie, um das Waldweibchen nicht zu kränken, in seine Tasche und setzte seinen Weg fort. Als er sie jedoch aus den Augen verloren hatte, warf er die Späne ins Gras. Am nächsten Morgen, als er die Taschen seiner Jacke ausbürstete, fand er einen Span; er steckte im Futter und war über Nacht zu purem Gold geworden. Der Mann rannte zurück in den Wald, doch die fortgeworfenen Späne waren verschwunden, und auch das Waldweibchen fand er nicht mehr.

BAUMELBEN

Wenn es in einem englischen Sprichwort heißt: »Ulme trauert und Eiche haßt und Weide wandert, wenn Eibe umgeht um Mitternacht«, sind damit natürlich nicht die Bäume, sondern die Elben, die darin wohnen, gemeint.
Ulme, Eiche, Eibe und Weide sind wie Fichte, Stechpalme, Kiefer, Esche, Birke, Zypresse, Kirsch-, Lorbeer-, Nuß- und Apfelbaum Bäume, in denen Baumgeister leben. Da jeder Geist direkt aus einem dieser Bäume geboren wird, trägt er dessen charakteristische Eigenschaften. Der Bodach na Croibhe Moire z. B. wird als starker alter Mann geschildert, stämmig und knorrig wie die Eiche, von der er stammt. The One with the White Hand (Die mit der weißen Hand) ist eine zierliche Birkenelbin. Obwohl viele Bäume von Elben belebt werden, ist der Holunder zweifellos das Gehölz mit der höchsten El-

BAUMELBEN

bendichte. Die fruchttragenden Sträucher sind die Wohnsitze der Hollinnen: Frau Holunder und Hyldeqvind, während in den unfruchtbaren, die männlichen Geister hausen: der griesgrämige Puschkait in Preußen und der mürrische Owd Lad in England. Zwischen den Wurzeln der Hollergesträuche leben zudem viele kleine Elben, wie die deutschen Baumkobolde und die russischen Barstukken und Markopolen, die unter der Herrschaft des preußischen Puschkait stehen.

Weil das Leben der Holunderelben an das ihres Baumes geknüpft ist, beschützen sie diesen mit aller Macht. Aus Sicherheitsgründen empfiehlt es sich, sie vor dem Beerenpflücken oder dem Abschneiden eines Zweiges um Erlaubnis zu bitten. In Schlesien ist es Brauch, vor dem Abbrechen eines Astes, vor dem Baum niederzuknien und dreimal laut zu sprechen: »Frau Ellhorn, gib mir was von deinem Holz, dann will ich dir von meinem auch was geben, wenn es im Walde wächst.« In anderen Gegenden ist es Brauch, einen frei stehenden Hollerbusch zu grüßen, indem man den Hut vor ihm zieht. Wer einen Hollerbusch umhackt, verletzt oder einen Zweig ohne Erlaubnis abbricht, muß mit harten Strafen rechnen. Die Holunderelben haben wirksame Methoden, sich zu rächen. Der Mann, der einen Holler fällt, wird sein Augenlicht oder seine Gesundheit verlieren oder, und das ist meistens der Fall, seine Kinder, seine Kühe oder seine Hühner für die Untat büßen sehen. Ist es geschehen, kann eine Versöhnung mit dem verletzten Baum nur durch Zauberformeln und Opfer herbeigeführt werden. Hat ein verärgerter Hollergeist ein Kind mit Krankheit geschlagen, muß dem Baum Brot und Wolle dargebracht und der Spruch gesprochen werden: »Ihr Hollen und Hollinen, hier bring ich euch was zu spinnen, und etwas zu essen. Ihr sollt spinnen und essen und meines Kindes vergessen.«

In den meisten Fällen wird durch diese Finte das Kind von den rasenden Elben in Ruhe gelassen werden.

KENNZEICHEN

Die Baumelben variieren in Gestalt, Geschlecht, Größe und Kleidung je nach Klimaeinfluß und Art ihres Stammbaums.

VERBREITUNG

Baumgeister sind in der ganzen Welt bekannt, Europa macht keine Ausnahme. In Litauen, Italien, Deutschland, Finnland, Dänemark, England, Griechenland, Schweden, Spanien, Frankreich und in den slawischen Ländern gibt es alteingesessene Baumgeister, die z. B. Bodach na Croibhe Moire, Rhagana oder Frau Ellhorn genannt werden. In Deutschland und in Skandinavien sind die Holunderelben am besten bekannt, sie kommen jedoch auch in den Pyrenäen vor, und besonders einflußreich sind sie in Wales und England.

Die Baumelben bevorzugen fruchttragende Bäume und Gesträuche, aber es ist bekannt, daß sie auch in unfruchtbaren leben. Zu den vielen Gattungen gehören der polnische Boruta, ein Fichtengeist, der dänische Löfviska, der Kirschbaumelb Tuometar sowie Hongatar und Katajatar in Finnland, die englischen Nußgeister Melch Dick und Churn Milk Peg, die laszive Thagana und jene griechischen *Nereiden*, die in Bäumen leben.

Ein Gutsbesitzer aus Derbyshire behauptete steif und fest, daß er sein Glück und seinen Wohlstand drei Bäumen verdanke, die hinter dem Haus auf einem Hügel wüchsen. Jedes Jahr in der Johannisnacht stieg er den Hügel hinauf und legte am Fuß jedes Baumes einige Schlüsselblumen nieder.

Selbst auf dem Sterbebett vergaß der Alte nicht Dank und Schuldigkeit seinen drei Bäumen gegenüber, den »Grünen Frauen«, wie er sie nannte.

»Meine Söhne, was immer ihr tut, vergeßt nie, jedes Jahr zu Johanni den Grünen Frauen die Schlüsselblumen zu Füßen zu legen. Ich bitte euch, vergeßt es nicht!«

Die beiden Ältesten weigerten sich, den Rat zu befolgen. Sie hielten ihren Vater für einen abergläubischen alten Narren und taten Blumenpflücken verächtlich als Frauensache ab.

Nur der jüngste Sohn stieg zu Johanni auf den Hügel und legte unter jeden Baum einen Strauß Schlüsselblumen, genau so, wie es sein Vater gewünscht hatte.

Viele Jahre vergingen, und jedes Jahr im Juni huldigte er den Grünen Frauen. Dieser hartnäckige, blinde Gehorsam regte die älteren Brüder auf. Eines Tages im Juni nahm der Älteste die Axt und hackte einen der Bäume um. Kurz darauf war er tot.

Im folgenden Jahr fällte der andre den zweiten, und bald war der Jüngste mit der letzten Grünen Frau allein. Unbeirrt stieg er in jeder Johannisnacht zu dem einsamen Baum hinauf. Seine Treue wurde belohnt: er lebte wie sein Vater ein langes, sorgloses Leben.

In Balla Koig auf der Insel Man waren viele Holundersträucher umgeschnitten worden. Am Abend darauf versammelten sich die Feathag; meilenweit kamen sie herbei, um den toten Holunderelben die letzte Ehre zu erweisen. Im nächsten Dorf hörten die Leute den Wind durchs Gras singen, und auf dem Hügel sahen sie winzige Lichter glimmen.

Die ganze Nacht klagten die Fairies um ihre ermordeten Freunde. Es kamen so viele, aus Süden, Norden, Osten und Westen, von allen Völkern und Stämmen, daß kaum Platz für sie alle war. Im Gedränge rempelten sie einander an. Bald fielen böse Worte, und Schwerter flogen aus der Scheide. Noch während der Trauerfeier begann der Kampf. Der Sturm heulte, Lichter flammten auf, und Schreie hallten von fern. Doch davon bemerkten die schlafenden Dörfler nichts.

Als der Morgen graute, waren die Feathag verschwunden. Bei den umgeschnittenen Holunderbüschen aber fanden sie Hunderte von Fairy-Daumen, die einzigen Zeichen der nächtlichen Schlacht.

VODYANIYE

Der Vodyany hat mit dem Wald-*Leshy* viele Gemeinsamkeiten. Als leidenschaftlicher Heide benutzt er kein Kartenspiel mit Kreuz. Wie der Leshy, ist er ein begeisterter Trinker und fanatischer Spieler, der seine Spielschulden mit Fischschwärmen begleicht. Er kann ebenso mühelos Fluten hervorrufen, wie der Leshy Stürme, und immer, wenn eine Hochzeit unter Wasser gefeiert wird oder wenn er ausgehungert und rauflustig im Frühjahr erwacht, hat das eine Überschwemmung zur Folge. Er ist blutgieriger als sein Waldgevatter; verschlingt Ertrunkene und sammelt ihre Seelen unter umgestülpten Tontöpfen in seinem Unterwasserpalast. Nur junge Mädchen können ihm entgehen. Wenn sie ertrinken, und vor allem, wenn es in selbstmörderischer Absicht geschieht, können sie sich entscheiden, als *Rusalky* ein neues Leben zu beginnen, als Gefährtinnen der krankhaft eifersüchtigen Vodyaniye.

In seiner üblichen Gestalt ist der nackte Vodyany abstoßend häßlich. Er ist fett und hat ein aufgedunsenes Gesicht, seine Altmännerhaut ist rosig und schwammig wie bei einer Leiche. Wenn er nicht säuft, sitzt er mit einer riesigen geschmückten Keule am Ufer. Neugierige Kinder, die nach den bunten Bändern greifen, schlägt er tot. In Böhmen treibt er als rotes Seerosengerank auf dem Wasser. Jeden, der eine Blume pflücken will, zieht er hinab.

Für Leichtsinnige, die nach Einbruch der Dunkelheit ohne Brustkreuz baden, besteht größte Gefahr, vom Vodyany ersäuft zu werden. Wer eine Handvoll trockener Erde oder ein geröstetes Brot im Wasser mit sich trägt, hat noch die größte Chance, dem Griff des Vodyany zu entgehen. Auch sollte niemand versuchen, einen Ertrinkenden zu retten. Der gekränkte Vodyany wird unverzüglich ein neues Opfer suchen. Meistens zieht er den Retter hinab.

Im Frühjahr, wenn der Vodyany erwacht, sollte er durch Opfer beschwichtigt werden. Da er oft in Mühlbächen auftaucht, spenden ihm die Müller alljährlich ein schwarzes Schwein. Fischer gießen als Spende Öl ins Wasser, Imker werfen als Opfer den ersten Bienenschwarm des Jahres in den Mühlbach. Das wichtigste Opfer wird ihm von der Dorfgemeinschaft dargebracht, ein Pferd, das zum Frühlingsanfang gekauft und drei Tage gemästet wird. Dann fesselt man ihm die Beine, bestreicht seinen Kopf mit Honig, bindet rote Bänder in seine Mähne und hängt zwei Mühlsteine um seinen Hals. Um Mitternacht wird das Pferd durch ein Loch im Eis dem wartenden Vodyany geopfert.

KENNZEICHEN
Der Vodyany erscheint als fetter, nackter alter Mann mit schwammigem Gesicht und Hängebauch. In menschlicher Gestalt erkennt man ihn an seinem linken Hemdzipfel, der immer naß ist und dort,

wo der Vodyany gesessen hat, kleine Lachen hinterläßt. Verwandelt er sich in einen Fisch, erscheint er am liebsten als Hecht oder als Fisch-Mann. In südslawischen Ländern heißen ähnliche Wassermänner Vodni Moz, an der italienisch-jugoslawischen Grenze Povoduji und in der Schweiz Houggä-Ma.

VERBREITUNG
Der Vodyany hält sich am liebsten unter Mühlrädern und in Mühlbächen auf. Man kann ihm aber auch in Quellen, Flüssen, Bächen, Seen oder Teichen begegnen, überall dort, wo es fließendes Wasser gibt. Er ist von Jugoslawien bis zur östlichen Sowjetunion bekannt.

Eines Tages, als ein Fischer im See auf Hechtfang war, entdeckte er eine im Wasser treibende Leiche. Er ruderte heran und glaubte, einen Mann aus seinem Dorf zu erkennen. Der Körper des Ertrunkenen war aufgedunsen und schwer. Mit Mühe zerrte er ihn ins Boot und ruderte zum Land. Auf halber Strecke vernahm er plötzlich unbändiges Gelächter. Zitternd fuhr er herum und sah, wie die Leiche sich bewegte. »Hilfe! Hilfe! Der Antichrist ist nah! Ein Toter wird lebendig!« Der ›tote‹ Vodyany lachte den Fischer aus. Und mit einem letzten Gluckser versank er im See.

Ein nordrussischer Vodyany, der eine große Familie hatte, mußte hart arbeiten, um alle Mäuler zu stopfen. Seine Nachbarn, die Dörfler, hatte zwar für seine Nöte Verständnis, fanden es aber geschmacklos, daß er einfach Leute ertränkte, um sie als Abendessen zu verspeisen. Nach vielen Erörterungen faßte der Gemeinderat einen Beschluß: Einen ganzen Monat lang durfte kein Mensch zum See hinabgehen, noch durfte ein Tier daraus trinken. Das zwang den Vodyany zur Kapitulation. Seine Familie war dem Hungertode nahe. Eines Nachts zogen sie in aller Stille fort. Seither hat man nichts mehr von ihnen gesehen.

VODYANY

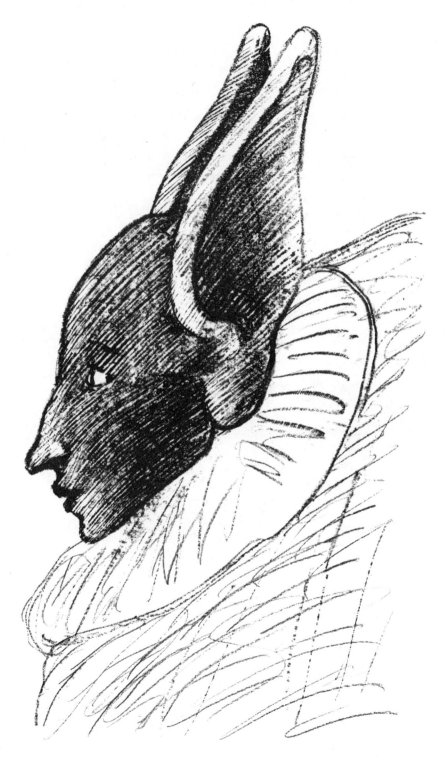

LINCHETTO

LINCHETTI

Einige Elben verursachen böse Träume. Sie kommen durchs Schlüsselloch ins Schlafzimmer, wo sie dem Schläfer auf die Brust klettern, so daß sein Herz nicht mehr im Takt schlägt und sein Atem ins Stocken gerät. Bei alten Menschen kann das zum Tode führen. Es gibt jedoch Möglichkeiten, die lästigen Elben loszuwerden.

Gegen den toskanischen Linchetto gibt es verschiedene wirksame Abwehrmittel, z. B. eine mit Hirse gefüllte Pfanne auf die Brust des Schläfers zu stellen. Beim Hinaufklettern wird der Linchetto die Pfanne erfahrungsgemäß umwerfen, so daß die Hirse über den ganzen Fußboden verstreut wird. Da er Unordnung haßt, kann er nicht umhin, Korn für Korn aufzusammeln. Nach dieser Plackerei wird er einen erneuten Besuch nicht überstürzen. Eine andere Fleißarbeit, die ihn zur Raserei treibt, besteht in der Aufgabe, ein krauses Haar glätten zu müssen. Die sicherste Methode aber ist, den Linchetto derart anzuwidern, daß ihm jede Lust auf einen weiteren Überfall vergällt wird. Das Opfer muß Licht machen, das Bett verlassen und in die gegenüberliegende Ecke des Zimmers gehen, wo der Nachttopf bereitsteht. Auf dem Topf sitzend, muß man in ein Käsebrot beißen und mit vollem Mund sprechen: »Vorm Auge des Linchetto eß ich mein Käsebrot. Ich scheiß auf den Linchetto und furz ihn tot!« Angeekelt wird der Linchetto die Flucht ergreifen.

Diese Methode hat sich auch zur Abschreckung des Mazapegolo bewährt. In seinem Fall sind allerdings nur braunhaarige Mädchen erfolgreich.

Der Linchetto verursacht nicht nur Alpträume. Er ist auch häufig im Stall, um seine Lieblingstiere zu füttern; die ungeliebten läßt er verhungern. Zöpfe, die er in Pferdemähnen geflochten hat, sollte man niemals auskämmen: alle guten Eigenschaften des Pferdes hat er darin versteckt.

KENNZEICHEN

Der Linchetto wird gelegentlich als Nachtmahr, gelegentlich als *Folletto* bezeichnet. Die Behauptung, er habe überlange Ohren, ist schwer nachprüfbar, da er äußerst selten zu sehen ist. Er zeigt sich nur nachts, und überdies ist er im allgemeinen unsichtbar. Es heißt, er sei zwei Fuß groß. Er wird auch Buffardello, Caccavechia und, in Forlì, Mazapegolo genannt. Letzterer soll ein wenig verwachsen sein.

VERBREITUNG
Der Linchetto wohnt niemals in Häusern, sondern stets im Stall. Er lebt bei Lucca in der Toskana.

Ein junger Mann aus Lucca mußte mehrere Ehen auflösen, da ihm in jeder Hochzeitsnacht dasselbe Mißgeschick widerfuhr: Sobald er mit seiner Braut im Bett lag, begann ihn der Linchetto unbarmherzig zu piesacken, und knuffte und zwackte ihn am ganzen Körper. Seine Frauen hielten ihn für impotent und verließen ihn nach der freudlosen Hochzeitsnacht.
Endlich fand er ein Mädchen, das ihm seine Geschichte glaubte. Als der Linchetto ihren Schatz nervös zu machen begann, richtete sie sich im Bett auf und bat den Quälgeist, einen Brief nach Indien zu bringen, den sie dem Postboten mitzugeben vergessen hätte. Der Linchetto verschwand, um in ein paar Minuten wieder zurück zu sein — so lästig wie zuvor. Da schickte ihn das Mädchen mit drei weiteren Briefen nach Nord- und Südamerika und zum Kap der Guten Hoffnung, aber er war so schnell, daß die Liebenden kaum einen Seufzer zu Ende seufzen konnten. Schließlich gab sie ihm erregt eins ihrer gelockten Schamhaare und befahl: »Ich will, daß du dieses Haar glatt machst, vollkommen glatt, und das bis morgen früh.«
Erst Stunden später merkten sie, daß der Linchetto sie nicht weiter belästigt hatte. »Was ist? Ist das Haar schon glatt?« fragte die junge Frau.
Kleinlaut antwortete der Linchetto: »Ich kann es nicht.«
»Aber es muß bis morgen früh glatt sein!«
Mit einem schrillen Angstschrei warf der Quälgeist das Haar weg und rannte aus dem Haus.

Ein brünettes Mädchen versuchte einmal, sich von einem Mazapegolo zu befreien. Mit einem Käsebrot in der Hand setzte sie sich auf einen Nachttopf. Als der Mazapegolo sie dort sitzen sah, heulte er wütend auf: »Du pißt und scheißt und frißt, was für eine Hurensau du bist!« Damit knallte er angeekelt die Tür hinter sich zu.

RUSALKY

Wie bei vielen Elben ist auch der Lebensrhythmus der Rusalky strengen Gesetzen unterworfen. Ihre Lebensweise wurde jedoch sorgfältiger erforscht und genauer überliefert als bei den meisten anderen Geistern.

Zum erstenmal im Jahr tauchen die Rusalky am Gründonnerstag auf. Dann sieht man sie an den Ufern der Seen und Flüsse ihr langes grünes Haar kämmen. In der sechsten Woche nach Ostern beginnt ihr Leben in den Bäumen. Das ist die Zeit, in der sie jeden Reisenden um ein Stück Leinen bitten. Die Tücher werden von ihnen gewaschen und sorgsam zum Trocknen ausgebreitet. Jeder Mensch, der darauf tritt, wird seine Lebenskraft oder die Kontrolle über seine Bewegungen verlieren.

In der siebten Woche nach Ostern sammeln sie Federn und Stroh, um damit warme Nester in ihren Unterwasserpalästen zu bauen. Während dieser Zeit dürfen Menschen weder nähen, Leinzeug waschen, noch Zäune ziehen; ja, es empfiehlt sich, überhaupt auf alle Arbeit zu verzichten: Übereifrige verlieren unter Umständen Vieh und Geflügel. Wer einer Rusalka im Wald begegnet, sollte ihr Leinenfetzen zuwerfen, das wird sie freundlich stimmen. Junge Mädchen winden ihnen Blumenkränze in der Hoffnung, dafür einen reichen Bräutigam zu bekommen.

Am Sonntag der siebten Woche beginnt eine neue Phase im Leben der Wasserfrauen. Jetzt streifen sie zum erstenmal über Wiesen und Getreidefelder, schlüpfen unsichtbar durch Halme und Ähren, klatschen und singen und lassen den Wind im Korn spielen. In den meisten Gebieten der Sowjetunion werden sie von den Menschen vertrieben, da man glaubt, daß sie Korn stehlen. Diese Versuche sind jedoch bis zum 29. Juni erfolglos.

Danach beginnen die Ruskalky mit einer anderen Beschäftigung: sie

RUSALKA

tanzen. Jede Nacht tanzen sie im Schein des Mondes und locken Männer in ihre Kreise. Wer sich mit ihnen einläßt, wird schwach und nie wieder zu Kräften kommen, das Korn aber sprießt üppig auf den Plätzen, wo sie getanzt haben. Die Rusalky beherrschen Wind und Wetter und können für reiche Ernten sorgen oder sie gänzlich vernichten.

Wenn der erste Schnee fällt, ziehen sich die Wasserfrauen zurück. Sie überwintern in ihren weichen Nestern auf dem Grund der Flüsse und Seen. Erst im Frühling steigen sie aus den Fluten empor.

Der strenge Lebenslauf wird erschwert durch die pedantische Überwachung des krankhaft eifersüchtigen *Vodyany*. Ausflüge an Land darf die Rusalka nur mit seiner Erlaubnis unternehmen, und selbst dann muß sie zu einer bestimmten Zeit zurück sein.

Vielleicht ist das der Grund für ihre Unbarmherzigkeit. Wer nicht imstande ist, ihr Rätsel zu lösen, wird zu Tode gekitzelt, wen sie ohne Wermut im Sack im Wald fängt, erleidet dasselbe Schicksal. Sie lockt Männer ins Wasser und verschlingt sie, und wer nachts ohne Brustkreuz badet, wird von ihr oder ihrem Vodyany erbarmungslos ersäuft.

Die Ruskalky waren in ihrem früheren Leben junge Mädchen, die aus Verzweiflung ins Wasser gegangen sind oder die man erdrosselt und ohne kirchlichen Segen bestattet hat. Nach ihrem Tod müssen diese Mädchen mit Gaben wie Pfannkuchen, Wodka und roten Eiern beschwichtigt werden. Andernfalls plagen sie ihre vergeßliche Verwandtschaft, bis ihnen diese Opfer gebracht werden.

KENNZEICHEN

Die Mehrzahl der Rusalky ist überaus schön. Sie haben eine hellschimmernde Haut, milchweiße Brüste, schlanke Leiber, sanfte Stimmen und wunderbar langes, wallendes Haar. Im allgemeinen sind sie nackt. Wenn sie Kleider tragen, bevorzugen sie lange weiße gürtellose Gewänder oder Umhänge aus grünem Blattwerk. Wenn ihr Haar austrocknet, müssen sie sterben. Deshalb haben sie stets einen Kamm dabei. Wenn sie sich damit kämmen, wird jedesmal eine Sturmflut verursacht. Diese Art Rusalky lebt in der Sowjetunion und in Rumämien.

Die Rusalky des Gouvernements Saratow sind häßlicher und gräßlicher als ihre Artgenossinnen. Sie sind nackt, haben zerzaustes Haar, lodernde Augen, einen Buckel und scharfe Krallen, womit sie zum Zeitvertreib Menschen herabziehen und ertränken.

Hin und wieder wird auch von Meer-Rusalky berichtet. Sie sind jedoch selten, und es ist wenig über sie bekannt.

VERBREITUNG
Ihre wirkliche Heimat ist das Wasser. Wenn sie an Land kommen, wohnen sie in Bäumen und Getreidefeldern. Zu Beginn des Winters kehren sie in die Flüsse zurück. Daher stammt auch ihr Name: rus heißt auf Russisch Fluß. Die Rusalky leben in ganz Weißrußland, in Rumänien und in einigen Gebieten Polens. In Bulgarien und Makedonien werden ähnliche Wasserfrauen Judys genannt.

Eine Rusalka heiratete einen Vodyany und lebte mit ihm viele Jahre in seinem Unterwasserpalast. Sie dachte nicht mehr an ihr früheres Leben, bis zu dem Tag, da sie den Klang der Kirchenglocken hörte. Sie stieg zum Spiegel des Sees hinauf, um zu sehen, woher das Geläut käme, und die Erinnerung an Bäume und Vögel, das Gefühl von Sonne und Wind machten sie schwermütig. Plötzlich hatte sie den Wunsch, in ihr Dorf zurückzukehren, um ihre Familie und ihre Freunde wiederzusehen. Ohne ein Wort verließ sie das Wasser und ging ins Dorf. Aber das Dorf hatte sich verändert, und niemand erkannte sie. Wenn sie grüßte, grüßte keiner zurück. Abends kehrte sie mit gebrochenem Herzen zu dem Vodyany zurück. Zwei Tage darauf brüllte der Fluß laut auf vor Zorn und schleuderte ihren zerstückelten Leib an Land.

BROWNIES

Der herrlichste Lohn für einen Brownie, der bei der Hausarbeit geholfen hat, ist eine Schale Rahm und ein heißer, honigbestrichener Pfannkuchen. In Schottland ist die Naschlust der Brownies überall bekannt, und ein besonderer Leckerbissen »a piece wad please a

BROWNIE

Brownie« (also ein Stück, das jedes Brownieherz entzückt) heißt danach. Die Brownies nehmen jedoch auch bescheidenere Gaben wie
Bier und Schwarzbrot an, sofern diese heimlich in ihre Lieblingswinkel gestellt werden. Denn Brownies hassen zur Schau getragene
Mildtätigkeit und verlassen unverzüglich das Haus, wenn der Besitzer die Taktlosigkeit begeht, seinen nackten Helfern Kleidergeschenke anzubieten.

Bei guter Behandlung kann der Brownie ein treuer Freund sein. Regelmäßig versorgt und nicht lächerlich gemacht, melkt er Kühe,
buttert, heut, weidet das Vieh und holt sogar den Arzt, wenn die
Wehen der Hausfrau einsetzen. Der Brownie in Cornwall ist der
Wächter der Bienen. Das Wohlergehen des Hauses hängt von der
Behaglichkeit des Brownie ab. Ist er zufrieden, geht alles seinen gewohnten Gang, fühlt er sich elend, richtet er die Familie zugrunde.
In Schottland hatte einst jedes Haus seinen eigenen Brownie, der besonders beim Bierbrauen nützlich war. Bei jedem Brauen pflegte
man ein wenig Malz in die Vertiefung eines Steines, dem »Brownie-
Stein«, zu schütten, und zum Dank dafür ließ er den Gärbottich
schäumen und das Aroma des Bieres gedeihen. Die wachsende Industrialisierung und die enorm hohen Malzsteuern zwangen die
Bauern in späterer Zeit, das Heimbrauen aufzugeben. Dadurch
wurden viele der Brownies arbeitslos. Heute findet man sie manchmal noch in entlegenen schottischen und englischen Dörfern, aber
verglichen mit früher, werden sie nur noch selten gesehen.

KENNZEICHEN
Die etwa zwanzig Zoll großen Brownies sind meistens unsichtbar.
Wenn sie sich zeigen, sind sie von Kopf bis Fuß mit zottigem brau-
nem Haar bedeckt. Sie haben runzlige alte Gesichter und braune
Haut. Sie gehen nackt oder tragen Lumpen aus grober brauner Wol-
le. Die Brownies der schottischen Lowlands haben statt der Nase le-
diglich zwei Löcher, die Highland-Brownies weder Finger noch Ze-
hen. Eine auffallende Gestalt unter den Lowland-Brownies ist der
Wag at the Wa', ein alter, krummbeiniger Abstinenzler mit langem
Schwanz. Er wohnt auf dem Kesselhaken im Kamin und wird stets
von Zahnweh geplagt. Die Bodachan Sabhaill sind die Scheunen-
Brownies der Highlands.

VERBREITUNG

Die Brownies leben in Schottland, Nordengland, Cornwall, auf den Orkney- und Shetland-Inseln und sogar in Irland. Ihre walisischen Verwandten heißen *Bwciod*. Wenn nicht in Häusern, leben sie in Höhlen, hohlen Bäumen, unter Felsen oder an Flußufern in der Nähe menschlicher Siedlungen.

Die meisten Brownie-Geschichten berichten, wie der Brownie »gebannt« wird durch ein Geschenk neuer Kleider, welches ihn zwingt, das Haus für immer zu verlassen.

Der Cauld Lad of Hilton war ein englischer Brownie, der in der Küche von Hilton Hall half. Wenn er abends die Küche unaufgeräumt vorfand, brachte er alles in Ordnung, war jedoch das Geschirr gespült und sorgsam in den Schränken verstaut, schmiß er es wütend durch den Raum. Bald waren die Mägde mit seinen Eigenarten vertraut und gingen ins Bett, ohne sich weiter um die Küche zu kümmern. Am Morgen darauf war immer alles blitzblank. Eines Tages hörte eine Magd zufällig den Cauld Lad seufzen: »Weh mir, weh mir! Die Eichel fiel noch nicht vom Ast, woraus ein Baum wächst, der zur Wiege wird, worin ein Kindlein, das zum Manne reift, der mich einst bannt.«

Die Mägde konnten den Brownie nicht unglücklich sehen. Sie nähten ihm ein grünes Kapuzenmäntlein und legten es in seine Ecke. Sie wußten nicht, daß ihr Geschenk ihn bannen würde.

Begeistert über den Mantel, tanzte er im Kreis herum, mächtig stolz auf sein neues Gewand. Noch in der gleichen Nacht verschwand er und kehrte nie wieder zurück. Wohl war, was nicht ein Mann gekonnt, zwei Frauen hatten es geschafft.

Ein Brownie aus Berwickshire hatte getreulich Jahr für Jahr das Korn gemäht und gedroschen, bis eines Tages jemand über seine Arbeit mäkelte. Das verdroß ihn so sehr, daß er die gesamte Ernte zwei Meilen weit wegschleppte und sie über den Rabenstein kippte. »Nicht gut gemäht, nicht gut gemäht? Dann werd ich's Korn nie

BWCA

wieder mähn! Ich kipp es übern Rabenstein; das wird viel Arbeit sein, es neu zu mähn.«

Der Brownie kehrte nie wieder auf seinen Hof zurück und wurde seither auch nicht mehr in Schottland gesehen.

BWCIOD

Der walisische Bwca oder Bwbach ist ein naher Verwandter des *Brownie*. Wenn man ihn gut behandelt und seine Launen toleriert, kann er eine große Hilfe sein. Sind Küche und Herd gekehrt und steht immer ein Schälchen Rahm neben dem prasselnden Feuer, rührt er die Butter. Ist er jedoch beleidigt, vergrätzt oder gar mißhandelt worden, schmeißt er alles hin. Der Bwca ist nachtragend. Nie vergißt er, sich für eine Demütigung zu rächen. Er poltert gegen Wände, zwickt Schläfer, wirft mit allem, was er zu fassen kriegt, wirbelt Kinder durch die Luft, verhunzt Sonntagskleider, nagt Löcher in Stricksachen, heult, kreischt, pfaucht, plaudert jedermanns Geheimnisse aus und prügelt auf seine Peiniger ein. Wenn er jetzt das Haus nicht freiwillig verläßt, ist es ratsam, nachzuhelfen, da er seine frühere Ausgeglichenheit nie wieder finden wird. Da Eisen, Weihwasser und Kreuze aus dem Holz der Eberesche lediglich erste Hilfe leisten können, empfiehlt es sich, einen Experten für Bwca-Bannung zu Rate zu ziehen.

KENNZEICHEN

Die Bwciod sind etwa so groß wie *Brownies*. Da sie oft unsichtbar sind und zudem Meister des Versteckspiels, ist es schier unmöglich, sie zu entdecken. Es sei denn, sie wollen entdeckt werden. Ihre Haut ist dunkel, und als Kleidung bevorzugen sie die grobe walisische Bauerntracht. Die meisten Bwciod sind langnasig.

VERBREITUNG

Die Bwciod leben in Wales. Sie besuchen nur Häuser, in denen sie gut gefüttert und bevorzugt behandelt werden. Abstinenzler sind ihnen ein Greuel. Gelegentlich wohnen sie im Felde oder in einer

Höhle in der Nähe eines Hauses. Meistens aber findet man sie direkt neben der warmen Feuerstelle.

Ein Bwca hatte sich mit der Küchenmagd angefreundet und half ihr bei der Arbeit im Haus. Zum Dank stellte sie ihm jeden Abend etwas Milch und Brot hin. Eines Tages pißte sie zum Spaß in seine Milchschale und ging kichernd zu Bett. Der Bwca fand das gar nicht lustig. Er war wütend. »Frechheit! Wagt doch die dicke Kuh, dem Bwca Brot und Pisse zu servieren!« keifte er. Er riß sie aus dem Bett, prügelte sie, trat sie, boxte sie und zerrte sie durchs ganze Haus, bis er die Knechte kommen hörte. Dann lief er weg.

Sein nächstes Heim war ein Hof in der Nachbarschaft. Die Küchenmagd dort war noch ungehobelter, und überdies verstand sie es, seinen wahren Namen herauszufinden. Sie tat, als ob sie das Haus verlassen würde, blieb aber im Flur stehen, um ihn zu belauschen. Bald begann er zu singen: »Ach, wie gut, daß sie nicht weiß, daß ich Gwaryn-a-Throt heiß.« Als der Bwca merkte, daß sie seinen Namen wußte, verließ er gekränkt das Haus. Er fand, auf Frauen sei kein Verlaß.

Deshalb freundete er sich auf dem nächsten Hof mit dem Hausherrn an. Alles ging gut bis zu dem Tag, da der Mann ins Militär mußte. Um sich aufzuheitern, trommelte der Bwca an die Wände und vergrämte mit seinen Scherzen die Knechte beim Pflügen. Als seine Streiche immer mehr an Originalität einbüßten, ging er den Hausbewohnern derart auf die Nerven, daß sie einen Magier kommen ließen. Der packte den Bwca bei seiner langen Nase und verbannte ihn kurzerhand ins Rote Meer.

SKOGSRÅ ODER WALDTROLLE

In Schweden ereigneten sich im siebzehnten Jahrhundert zahlreiche Todesfälle, deren Ursache durch »Verkehr mit einer Skogsnufva« angegeben wurde. Häufig waren damit sexuelle Beziehungen zu den

SKOVMANN

Waldfrauen gemeint, doch galt andererseits schon der bloße Umgang mit ihnen als lebensgefährlich.

Auch heute noch ist äußerste Vorsicht beim Verkehr mit den Skogsrå oder Waldtrollen geboten. Denn trotz all ihrer Anmut und Liebenswürdigkeit wissen sich die Waldfrauen oder Sknogsnufva sehr wohl zu verteidigen. Nicht nur, daß sie auf die Hilfe ihrer Männer rechnen dürfen, sondern die Frauen können einen Mann genausogut ihre Macht spüren lassen, ihm den Geist verwirren, ihn seiner Kräfte berauben oder ihn töten. Reagiert er auf ihre Rufe im Wald mit »Ja«, ist er rettungslos verloren. Dann führt sie ihn stundenlang in die Irre, treibt ihn durch Dickicht und Dorngestrüpp und lockt ihn hernach in den Sumpf, um zu beobachten, wie er seine nassen Kleider auszieht. Steht er schließlich zitternd und nackt im Morast, wirft sie ihn unter höllischem Gelächter ans trockene Land. Der Mann, der ihrem Ruf widersteht, wird manchmal in riesigen, unsichtbaren Netzen gefangen, aus denen er sich nur beim Klang einer Kirchenglocke befreien kann.

Doch erst, wenn der Mann mit der Skogsnufva geschlafen hat, ist er für immer in ihrer Gewalt. Er mag sich noch so sehr mühen und quälen, er wird sie nie mehr vergessen, und das Verlangen nach ihr wird wachsen und ihn verzehren, bis daß er stirbt. Nur ein ganz außergewöhnlicher Mann wird nicht auf der Stelle krank, muß aber die Wonnen einer einzigen Nacht mit immerwährendem Schmerz, hoffnungsloser Verlassenheit und lähmender Schwermut bezahlen. Kinder aus solchen Vereinigungen sind entweder ekelhafte Mißgeburten, die von den Elben später gegen gesunde Menschenkinder ausgetauscht werden, oder Menschen mit elbischen Kräften.

Wie gefährlich die Skogsnufva und ihr Mann, der Skovmann, auch sein mögen, einige einfache Vorsichtsmaßnahmen genügen, um Unheil abzuwenden. So darf der Reisende den Stimmen des Waldes niemals mit »Ja«, sondern stets nur mit »He« antworten, und wer das Gefühl hat, vom Wege abgekommen zu sein, muß unverzüglich seinen Mantel oder seine Socken wenden und ohne Stocken das Vaterunser rückwärts aufsagen. Auch Knoblauch und Stahl sind wirksame Mittel gegen die Skogsrå. Jäger sollten, bevor sie in den Wald eindringen, stets ein paar Münzen oder etwas Eßbares auf einen Baumstumpf legen und nach Möglichkeit zuvor mit der Skogsnufva über die Jagdkonzession verhandeln. Andernfalls besteht die Gefahr, daß irrtümlich ein Tier der Waldfrau zur Strecke gebracht wird. Wer sich in akuter Lebensgefahr befindet, darf einen Angriff auf die Skogsnufva wagen. Allerdings riskiert er damit, zeit seines Lebens vom Pech verfolgt zu werden. Vor dem Grollen des Donners, vor Wölfen und vor der Wilden Jagd[1] haben die Skogsnufvar Todesangst. Und ein einziges ihrer Haare, aus einem Schrotgewehr abgefeuert, genügt, um sie zu verletzen.

KENNZEICHEN
Die Skogsrå sind das Waldvolk oder die Waldtrolle; Skougman, Skogsråt, Skovmann oder Hulte sind Waldmänner, Skogsjungfru oder Skogsnufva, Waldfrauen.

Wie die meisten Waldgeister, sind auch die Skogsrå Verwandlungskünstler, die sich nach Belieben ausdehnen oder verkleinern können. Die männlichen Skogsrå sind alte Männer mit breiten Hüten, die als sturm- und wirbelwindreitende gehörnte Eulen oder Uhus erscheinen. Ihre Größe variiert zwischen Manns- und Baumriesenhöhe. In menschlicher Gestalt erkennt man sie leicht an ihrem langen Kuhschwanz, den sie geschickt hinter sich zu verbergen trachten.

Die Skogsnufvar sind auf den ersten Blick wunderschöne, verführerische weibliche Wesen mit zärtlichen Stimmen, ellenlangen Brüsten und wallendem Haar. Wer jedoch genauer hinschaut, entdeckt anstelle der Fingernägel Raubvogelkrallen und bemerkt, daß sie stets ihren Rücken zu verbergen suchen. Wer trotzdem einen Blick auf ihren Rücken erhascht, wird entweder einen langen Kuhschwanz unter ihrem Pelz hervorragen sehen oder feststellen, daß der Rücken hohl ist wie ein Backtrog. Alle Skogsnufvar können nach Belieben jede in der Natur vorkommende Form und Gestalt annehmen.

Die Lundjungfrur sind Skogsnofvar, die Bäume in Hausnähe bewohnen und vor Menschen lieber unsichtbar bleiben. Die Puu-Halijad sind männliche Baumgeister in Estland, die wie die Màjas Kungs in Lettland in Hainen hinter Häusern wohnen.

---

1 Die Wilde Jagd ist der Geisterzug von Elben und gewaltigen Wesen, die mit furchtbarem Getöse, besonders Jagdlärm, durch die Lüfte jagen, Stürme und Winde entfesseln, Bäume entwurzeln und Verwüstungen hinter sich zurücklassen. Häufig werden die Wilden Männer mit der Wilden Jagd in Zusammenhang gebracht, deren bevorzugte Beute die anmutigen und zarten Waldfrauen sind.

VERBREITUNG

Die Skogsrå sind Waldgeister. Da ihr Leben eng an das ihres Stammbaumes gebunden ist, kommen sie nie sehr weit über die Grenzen ihres Reviers hinaus. Wer sie kränkt, angreift oder verletzt, wird mit erbarmungsloser Härte bestraft. Sie leben hauptsächlich in Schweden, doch hat man sie auch entlang der Küste des Baltikums gesehen.

Die Nacht brach an, und durch die Baumwipfel schimmerten Sterne. Müde von der Arbeit saß ein Köhler auf einer Lichtung am Feuer. Plötzlich erschien eine Frau neben ihm. Es war eine Skogsnufva. Er hatte Geschichten über diese Frauen gehört, die Männer verführen und in den Wahnsinn treiben mit ihrer unersättlichen Lust, oder sie ins Dickicht locken, um sich an der Angst der Verirrten zu weiden. In seinen Augen war jede Skogsnufva eine Teufelin, eine Hexe, eine Verführerin. Die dort vor ihm stand, war gekommen, um ihn zu quälen. Er mußte sie verjagen. Der Mann riß einen lodernden Ast aus dem Feuer und schlug nach der Skogsnufva. Die Funken stoben, ihr Rock ging in Flammen auf.

Verächtlich drehte sich die Waldfrau um und rief mit lauter Stimme ihren Gefährten, den Skovmann. Im gleichen Augenblick erhob sich ein Sturm und raste über die Lichtung. Die Flammen erloschen. Die Skogsnufva verschwand, der Sturm aber wuchs und wuchs. Er zauste die Blätter der Bäume und brüllte vor Zorn. Er trieb den Köhler durchs Unterholz, bis er endlich einen Unterschlupf gefunden hatte. Dort blieb er, bis sich die Wut des Skovmanns gelegt hatte.

Als ich noch jung und töricht war, heiratete ich einen Menschen. Der lehrte mich alles, was ich über die Sterblichen weiß. Nacht für Nacht lag ich in seinen Armen, und bald war ich schwanger. Eines Tages verließ er den Wald, um etwas zu essen zu holen. Aber ehe er ging, mußte er versprechen, bei seiner Rückkehr dreimal gegen den Baum am rechten Wegrand zu klopfen. Er versprach es, doch er vergaß es und kam unangemeldet zurück. So sah er mich, wie ich wirklich bin: ein nacktes Waldweib mit Kuhschwanz und Büschel.

Er drehte sich um, er ging zurück, er klopfte dreimal vernehmlich an. Als er wieder auf die Lichtung trat, ging ich ihm entgegen, seine Frau, in Schürze und Kleid, und der Schwanz war verschwunden. Das Herz eines Mannes ist erfüllt von sich selbst. Er spürt nicht den steigenden Saft in den Bäumen, noch das rauschende Blut seiner Adern. Ich, die ich ihm näher war als je ein Mensch, war plötzlich zum Ungeheuer geworden. Er hatte mich geliebt, doch ein Blick verwandelte seine Liebe in Haß, ein vergessenes Versprechen sein Herz in Stein.

Es war Winter. Eines Tages führte er mich und unsere Kinder auf einen See und ließ uns auf dem Eis zurück. Ich flehte ihn an, uns nicht zu verlassen — er drehte sich nicht einmal um. Der Wind war kalt, aber sein Herz war kälter. Die Nacht brach an, die Wölfe heulten ins Dunkel. Ich versuchte, mit meinen Kindern zu fliehen, doch schon waren sie da. Ihre Augen funkelten wie Glassplitter. Sie umkreisten uns heulend — näher und näher.

Jetzt erst gedachte ich meiner Schwester, die ich in all den Jahren zwischen Küche und Bett fast vergessen hatte.

»Schwesterchen!« rief ich. »Windsbraut, hör mich, wenn du kannst. Hilf, die Wölfe sind da.«

Ohne Hoffnung schrie ich in die Nacht. Die Wölfe nahmen die Kinder. Ich war allein. Da stürzte meine Schwester herab, schloß mich in ihre Arme und trug mich auf dem Rücken des Windes davon. Viele Tage war ich bei ihr, lebensmüde und krank. Aber ich starb nicht. Ich lebte weiter, um mein Leid zu erzählen.

Meine Schwester machte sich auf die Suche nach meinem Mann. Wochen und Wochen verfolgte sie ihn. Doch sie griff ihn nicht an aus Furcht vor dem Amulett auf seinem Herzen. Eines Tages aber legte er es beim Baden ab. Wie ein Pfeil schoß sie herab und brach ihm das Genick.

Das Herz eines Mannes ist erfüllt von sich selbst. Er spürt nicht den steigenden Saft in den Bäumen, noch das rauschende Blut seiner Adern. Du aber, der du meine Stimme hörst, du, der du mein Lied kennst, gedenke der Waldfrau, die einem Menschen vertraute.

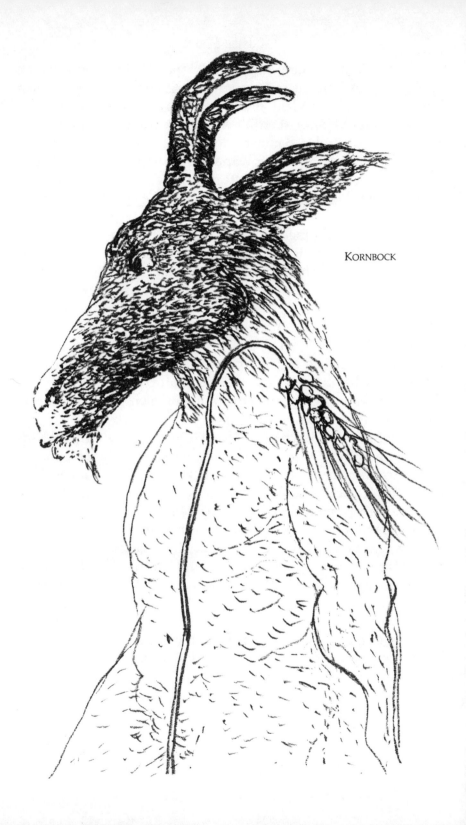

KORNBOCK

KORNBÖCKE UND HAUSBÖCKE

Die meisten nordischen Hausgeister stammen von Wald- oder Baum-Elben ab. Die Hausböcke dagegen sind nahe Verwandte der Feldgeister. Diese Feldgeister oder Feldziegen werden Kornböcke genannt. Sie entsprechen den griechischen und italienischen *Ziegenelben*.

Die Kornböcke leben in den Getreidefeldern. Sie lassen das Korn reifen und reiten auf sanften Winden über die Halme. Kinder, die Kornblumen pflücken, werden von ihnen bestraft. Wenn das Korn geschnitten ist, müssen die Böcke sterben oder sich in den Winterschlaf zurückziehen. Die Schnitter treiben sie mit ihren Sicheln durchs Korn. Wenn die Halme für die letzten Garben fallen, ist es um den darin versteckten Kornbock geschehen. Bleiben sie stehen, benutzt er die Ähren als Futter für den Winter.

Ursprünglich brachte man die Feldziegen am kürzesten Tag des Jahres in langen Festzügen ins Haus. Heute ist das nicht mehr notwendig: Sie kommen aus eigenem Antrieb. Der skandinavische Julbuk lebt im Sommer in den Wäldern, im Herbst auf den Feldern; während dieser Zeit rückt er Tag für Tag näher ans Haus und springt am 23. Dezember hinein. Wird er gut gefüttert, verläßt er im Frühjahr wieder zeitig den Hof, kommt ihm aber die Bewirtung knauserig vor, läßt er das Bier in den Keller rinnen, Maden ins Mehl fallen und das Getreide verschimmeln. Knecht Ruprecht, ein deutscher Hausbock, kommt ebenfalls um die Weihnachtszeit ins Haus, begleitet von zwei mit Fell oder Stroh bedeckten Gestalten. Er trägt als Zeichen der Würde den Klapperbock, einen langen, ziegenfellgeschmückten Stab mit hölzernem Geisbockkopf, dessen Kiefer furchterregend aneinanderklappern.

Da die Kornböcke überaus jähzornig sind, werden sie seit Jahrhunderten von den Müttern zum Einschüchtern ihrer ungehorsamen Kinder mißbraucht. So wurden dem irischen Phooka, dem deutschen Jüdel und dem Tiroler Klaubauf die abscheulichsten Verbrechen angedichtet: Kindesschändung, Entführung oder sogar Mord.

KENNZEICHEN

Der Kornbock ist schwer zu Gesicht zu bekommen, daher mangelt es an genauen Beschreibungen. Seine Größe ist variabel und stets dem Wuchs des Getreides auf dem Feld angepaßt. Menschen zeigt er sich als Ziege, Vogel, Katze, Wolf oder Insekt, und er hat ebensoviele Namen wie Gestalten. Die meiste Zeit versteckt er sich als Kornblume im Feld. Der schottische Urisk und er jugoslawische Catez sind Feldgeister mit dem Oberkörper eines Menschen und dem Unterleib eines Ziegenbocks.

Die Hausböcke haben ebenfalls viele Namen. Der skandinavische Julbuk oder Jolabukkar trägt Hörner und ist mit Fell bedeckt. Der deutsche Knecht Ruprecht ist in struppige Lumpen gehüllt oder mit Fell und Stroh behängt. Er hat einen langen Bart und schleppt einen großen Sack voll Asche und den Klapperbock mit sich herum. Der österreichische Klaubauf hat Hörner, lange Finger, einen langen Bart und eine lange Nase. Er kleidet sich in Tierfelle und hat einen Sack. Meistens verhält er sich still; wird er jedoch geärgert, grölt er und knirscht mit den Zähnen. Der Krampus ist ihm zum Verwechseln ähnlich. Der irische Phooka erscheint gern als Bock, Saubär oder Hengst.

VERBREITUNG

Kornböcke und Hausböcke sind in Nord- und Osteuropa verbreitet. Kornböcke, Catez und Urisks leben in Kornfeldern, lichten Wäldern und in der Nähe von Wasserfällen. Der Julbuk verbringt, wie Knecht Ruprecht, Klaubauf und Krampus, den Sommer im Wald, den Herbst auf den Feldern. Der Phooka und die skandinavischen Husbuke bevorzugen ein häusliches Leben.

MOIREN

Im antiken Griechenland bestimmten die drei Moiren das Schicksal eines jeden neugeborenen Kindes. Antike Mythologen erhoben sie in späterer Zeit in den Stand der Halbgöttinnen, deren Wirken sie eindeutig definierten: Clotho spann den Lebensfaden, Lachesis rollte ihn auf, und Atropos schnitt ihn ab.

EINE DER MOIREN

Im Volksglauben sind die Funktionen der Moiren nicht so deutlich definiert. Jedes Tal und jede Landschaft kennt seine eigene Geschichte über die glücksverheißenden, von ihrer harten Arbeit mißgestalteten Spinnerinnen. Hier hat das Beugen übers Spinnrad sie krumm und schief gemacht, dort haben sie häßliche, schlaff herabhängende Augenlider von der Nachtarbeit, anderswo ausgeleierte, sabbernde Lippen vom Fadennässen oder mächtige Fettsteiße vom endlosen Sitzen, und wieder woanders hat das unaufhörliche Fadenabbeißen sie langzähnig gemacht.

Als Verkörperung von Werden, Wandel und Vergehen erscheinen die Moiren bei den drei bedeutendsten Ereignissen im Leben eines Menschen: zu Geburt, Hochzeit und Tod.

Das erstemal kommen sie in der dritten Nacht nach der Geburt des Kindes, um ihm seine Muttermale zu schenken, seinen Lebensweg zu bestimmen und Ratschläge zu erteilen. Ihr Empfang sollte sorgfältig vorbereitet werden: Das Haus muß gut gekehrt und der Tisch liebevoll mit Honig, Brot und drei weißen Mandeln gedeckt sein. In einigen griechischen Landschaften steht für das Nachtmahl der Moiren außerdem ein Krug Wasser bereit, Münzen und kostbare Gaben. Die Haustür darf nicht verschlossen sein, ein Licht muß brennen, und überall im Haus hat Ruhe zu herrschen. Haben die Moiren das Schicksal des Kindes verkündet, ist es auf ewig festgelegt.

Heiratslustige Mädchen und Frauen, die vor der Entbindung stehen, bitten die Moiren um ihren Beistand. Sie pilgern zu ihren Höhlen und bringen ihnen Honig und Kuchen als Gaben. Da die Moiren auch zu Hochzeiten geladen werden, verteilt man geröstete Honigmandeln unter die Gäste.

Zum letztenmal erscheinen sie beim Tod eines Menschen, um ihn aus dieser Welt zu geleiten.

Im antiken Rom waren die Moiren unter dem Namen Parcae bekannt, doch wurden sie, wie so vieles, was aus Griechenland stammte, niemals wirklich heimisch. Dennoch gibt es bis heute Nachfahren der Moiren in Italien. Es sind die drei *Fate:* Befana, Maratega und Rododesa, die zum Dreikönigsfest Geschenke bringen und unfolgsame Kinder bestrafen.

KENNZEICHEN

Die Spinnerinnen sind zwischen drei und fünf Fuß groß. Sie sind unvorstellbar alt und meistens überaus häßlich oder mißgestaltet. Sie tragen schwarze Gewänder und Kopftücher, wie es bei alten Frauen Brauch ist. Die uralte und gebrechliche Maratega kann sich zu unermeßlicher Größe ausdehnen, während Rododesa die Fähigkeit besitzt, ihre Hände und Finger in Süßigkeiten zu verwandeln, die sie abbricht, um sie Kindern zu schenken. Die berühmteste der drei ist die Befana, die in ganz Italien als altes Weiblein erscheint. Sie klettert durch den Kamin oder schlüpft zur Tür hinein, um den bösen Kindern Kohle, den braven Süßigkeiten zu bringen. Nur in dieser einen Januarnacht kann man sie sehen. Den Rest des Jahres spinnt sie im Verborgenen, im Kamin oder in einer dunklen Höhle.

VERBREITUNG

Die Moiren bewohnen dunkle Höhlen in Griechenland, auf Rhodos, in Rumänien und in Albanien. Die albanischen Fate heißen auch Frauen von Rica, während die Albaner in Athen sie Miri nennen. Die in finsteren Höhlen und Kaminen hausende Befana ist in ganz Italien bekannt. Ähnliche Spinnerinnen kennt man in Nordeuropa unter dem Namen Metten, Parzae oder Nornen; in Holland Witte Wijven; in der Schweiz Trois Maries; Bonnes Dames in Frankreich; Rojenice in Friaul und Jugoslawien und Urd, Skulld oder Verdandi in Skandinavien. In anderen Teilen Europas kommen sie unter vielen Namen vor; sie werden jedoch derart häufig mit lokalen Natur- und Fruchtbarkeitsgeistern verwechselt, daß sie nur selten mit ihren wahren Namen bezeichnet werden.

Ein Mädchen hatte ein Jahr Zeit, an ihrer Aussteuer zu arbeiten. Da sie aber faul war, wurde sie nicht rechtzeitig fertig.
Unter der Bedingung, zur Hochzeit eingeladen zu werden, erschienen drei Frauen und boten ihre Hilfe an. Die erste hieß Nase: Ihre Nase reichte bis auf die Füße — sie hatte ihr Leben lang gewebt. Die zweite hieß Lippe: Ihre Lippe hing bis zum Boden — sie hatte ihr Leben lang genäht. Die dritte hieß Hintern: Sie war zwei Säue breit, weil sie ihr Leben lang auf einem Stuhl gesessen und gestrickt hatte.

Die drei Frauen machten sich an die Arbeit — und schon war die Aussteuer fertig.

Am Hochzeitstag erschienen, allen voran, jene drei alten Weiber. Als der Bräutigam die häßlichen Vetteln erblickte und erfuhr, daß ihr scheußliches Aussehen das Resultat lebenslänglichen Webens, Nähens und Strickens war, verbot er seiner Frau auf der Stelle, jemals wieder einen Webstuhl anzusehen oder auch nur eine Nadel in die Hand zu nehmen. Was Wunder: Sie gehorchte, ohne zu murren.

Als die Hebamme durchs Schlüsselloch spähte, sah sie, wie drei schöne weiße Frauen sich über das Neugeborene beugten.

»Ich verfüge, daß er ein berühmter Priester werden soll«, sagte die erste.

»Nein, er wird ein härteres Los zu tragen haben und als Soldat sterben«, widersprach die zweite.

»Dieses Kind wird nie ein Mann werden«, sagte die dritte, »an seinem achtzehnten Geburtstag wird ihn der Blitz treffen. Das ist sein Schicksal.«

Verschreckt erzählte die Hebamme der Mutter die Weissagung der Rojenice. Die Mutter, eine begüterte Dame, beschloß darauf, weder Kosten noch Mühen zu sparen, um ihren einzigen Sohn zu retten. Sie baute eine starke Feste, umgeben von neun mächtigen Wällen. Und kurz vor seinem achtzehnten Geburtstag schloß sie ihn darin ein.

Schon als der Morgen graute, war der Himmel schwarz. Zu Mittag heulte und tobte der Sturm, und ein gewaltiger Blitz schlug ins Dach. Die Burg stand in Flammen. Neun feste Tore hinderten den Jüngling am Entkommen. Er starb an seinem achtzehnten Geburtstag, wie es die Rojenic geweissagt hatte.

DUENDES

Kein Naturgeist, nicht einmal der *Domovoy*, hängt derart beharrlich an seinem Heim wie die Duendes. Es gibt kein Mittel, sie zu vertreiben; wie die *Follets*, fürchten sie weder Priester noch Weihwas-

DUENDE

ser. Nur der Auszug der Bewohner unter Mitnahme aller Gegenstände, die ihnen lieb sind und das Haus gemütlich machen, kann sie zum Verlassen ihrer Wohnung zwingen.

Die Duendes sind Nachtelben. Sie verschwinden, lange bevor die ersten Sonnenstrahlen am Himmel schimmern. Nachdem sie im Finstern ihre endlosen Streiche gespielt, Furchtsame erschreckt und Beherzte um den Schlaf gebracht haben. Die schabernäckischen Duendes sind Meister im Erfinden raffinierter Streiche, um sich am Verdruß ihrer Opfer zu ergötzen. Eins ihrer Lieblingsspiele heißt »Zwickezwacke«, bei dem es darum geht, den Schläfer aus seinem Traum zu reißen, z. B. durch Kitzeln mit feuchtkalten Fingern, Wegziehen der Bettdecke, Streicheln mit klammen Händen oder eiskalt den Rücken runterpusten. Sie rücken Möbel, werfen Steine und Erdklumpen aufs Dach, Teller aus dem Fenster, rasseln mit Ketten, singen, tanzen und benützen den wehrlosen Schläfer als Pferd. Trotz ihrer hemmungslosen Lust an diesen Spielen sind viele Duendes für eine Schale Milch bereit, auch nachts im Haus zu arbeiten. Sie putzen und schrubben, schüren das Feuer, setzen Reparaturbedürftiges wieder instand und übernehmen leichte Schmiedearbeiten.

KENNZEICHEN
Die Duendes sind etwa zwei Fuß groß. Sie können sich unsichtbar machen oder verwandeln. Wenn sie in ihrer normalen Gestalt erscheinen, tragen sie rote, graue oder grüne Kleider und stets einen kleinen Hut, der meistens rot ist. Einige Duendes bevorzugen dunkelgraue Kapuzen.

VERBREITUNG
Die Duendes sind überall in Portugal und Spanien bekannt. Im allgemeinen leben sie ausschließlich in Häusern, wobei sie einsame Gehöfte und verlassene Gemäuer, fernab vom städtischen Treiben, bevorzugen. Sie wurden auch in zerfallenen Türmen, Gewölben und Ruinen beobachtet.

SALIGE FRÄULEIN

»Die Welt ist halt anders geworden, aber nit besser. Die Wilden Männer sind in das Land gekommen, und haben die Saligen vertrieben, und a-hi-gethan.« Tiroler Bauern zufolge ist es mühsamer geworden, das Land zu bestellen, und der Boden hat an Fruchtbarkeit verloren, seit die Saligen das Land verlassen mußten. Ihre grimmigen Feinde, die Wilden Männer, haben sie vertrieben.

Die Wilden Männer sind sturmentfesselnde Riesen, die jedes Frühjahr von rasender Wut gepackt durch die Wälder toben. Sie brüllen im Wald, entwurzeln Bäume, knicken Pflanzen und hetzen die sanftesten Waldfrauen vor sich her: *Aguane*, *Moosweibchen* und Salige Fräulein. Nur ein Baumstumpf mit drei eingekerbten Kreuzen kann die Saligen vor den Riesen retten. Gelingt ihnen der rettende Sprung auf den Stumpf, ist die Macht der Wilden Männer gebrochen und die Hetzjagd vorbei.

Obwohl heute fast alle Saligen verschwunden sind, gibt es immer noch einige wenige, die sich ab und zu auf der Erde zeigen. Ihnen sollte der Mensch mit besonderer Hochachtung begegnen, da sie zu den liebenswürdigsten weiblichen Elben gehören. Wer beim Fällen eines Baumes drei Kreuze in den Stumpf ritzt, bevor der Baum den Boden berührt oder den Saligen auf andere Art Gutes tut, wird reich belohnt werden.

Solange die Saligen Fräulein von den Wilden Männern in Ruhe gelassen werden, hüten sie Wälder und Tiere, deren Gebieterinnen sie sind. Mit wütender Entschlossenheit verteidigen sie ihre Gemsen, Hirsche und Rehe vor der Verfolgung des Jägers und melken sie in ihren unterirdischen Ställen. Sie lassen Wiesen und Flachsfelder gedeihen, und oft helfen sie dem Bauern bei der Ernte, beim Hüten und Melken, Spinnen und Weben. Ihren Günstlingen verraten sie die Geheimnisse der Kräuterheilkunde, und Verirrte werden von ihnen wieder auf den rechten Weg gebracht.

Trotz ihrer großen Hilfsbereitschaft und Verständigkeit reagieren die Saligen empfindlich und können sogar vertrieben werden, sobald man ihr Haar berührt, in ihrer Gegenwart flucht, sie im Zorn schlägt, sie bei ihrem wahren Namen nennt oder ihnen Kleider

SALIGES FRÄULEIN

schenkt. Manchmal folgen sie dem Ruf einer Stimme, die ihnen den Tod eines ihrer Familienmitglieder verkündet. Dann kehren sie nie wieder zurück.

KENNZEICHEN

Dialen, Dive, Salige Fräulein, Frohn und Schneefräulein gehören alle zur Familie der Wilden Fräulein. Sie sind mit den männlichen Waldzwergen, Norggen und Lörggen eng verwandt und häufig mit ihnen durch Liebesbande verbunden.

Die Wilden Fräulein tragen in allen Farben schillernde, leuchtende Gewänder, haben langes blondes Haar und strahlendblaue Augen. Da sie ungefähr fünf Fuß groß sind, sind sie von den Menschenfrauen nur durch ihre strahlende Schönheit zu unterscheiden. Sie sind immer schlank und anmutig, gehen meistens barfuß, lieben Glocken und Glöckchen und tanzen gern. Die Dialen sind ziegenfüßig. Die Schneefräulein tragen weiße Kleider und Schmuck aus glitzerndem Bergkristall.

VERBREITUNG

Die großen Wilden Frauen sind überall in Deutschland und Österreich bekannt; die kleineren Wilden Fräulein dagegen nur in Süddeutschland und in Tirol. Die Saligen Fräulein stammen aus Tirol, die Dialen leben im Unterengadin an der österreichisch-schweizerischen Grenze, die Schneefräulein wohnen im österreichischen Stubaital und die Dive in Südtirol. Die Frohn sind in der Schweiz beheimatet.

Die Wilden Fräulein leben größtenteils unter der Erde oder in Gebirgshöhlen. Manchmal leben sie gemeinsam mit den Menschen in deren Häusern. Die Schneefräulein wohnen in Lärchen- und Buchenwäldern.

Während der Heumahd kam ein junges Mädchen zu einem Bauern und bot ihm ihre Hilfe an. Erfreut über ihre ungewöhnliche Schönheit ließ er sich nicht zweimal bitten. Als er aber sah, wie tüchtig sie war, schlug sein Herz noch höher. Wozu er sonst mehrere Tage brauchte, schnitt er mit ihrer Hilfe an einem einzigen.

Der Bauer war so von ihr beeindruckt, daß er sie gerne heiraten wollte. Er glaubte, eine so gute Arbeiterin müsse auch eine gute Bäuerin und Hausfrau sein. Aber das Mädchen lehnte seinen Heiratsantrag ab und sagte, sie müsse gleich nach dem Heuen wieder fort.

Der Bauer mochte sie von Tag zu Tag mehr, und um so weniger wollte er sie gehen lassen. Als sie die letzte Wiese mähten, beschloß er, das Mädchen einfach festzuhalten. Nachdem sie die letzten Halme zusammengerecht hatte, griff er nach ihrem linken Fuß und fesselte sie. Mit aller Macht sträubte sie sich und kämpfte verbissen um ihre Freiheit. Als sie endlich von ihm loskam, verschwand die Elbin vor Schmerzen wimmernd, das linke Bein nachziehend.

Weil er mehr wollte, als ihm geschenkt wurde, sah der Bauer das Mädchen nie wieder. Und ein paar Tage darauf brach er sich bei einem Sturz das linke Bein. Da der Knochen nicht mehr richtig zusammenheilte, mußte er Zeit seines Lebens hinken.

Ein verwegener Bursche verirrte sich einst auf der Gamsjagd im Hochgebirge. Vom Klettern und vor Hunger erschöpft, glitt er aus und stürzte zu Boden. Stunden später fanden drei Salige Fräulein den Bewußtlosen. Sie trugen ihn in ihren unterirdischen Palast und umsorgten und pflegten ihn drei ganze Tage. Es waren die schönsten Frauen, die er je gesehen hatte. Doch bald war der Traum vorbei. Die Saligen schickten ihn wieder fort.

»Kann ich euch denn nie wieder sehen?« fragte er.

»Nur, wenn du versprichst, nie wieder eins unserer Tiere zu jagen und keinem Menschen verrätst, wo du gewesen bist und verhinderst, daß dir je einer hierher folgt, und wenn du keiner anderen Frau deine Liebe schenkst, dann darfst du uns jedesmal zu Vollmond drei Tage besuchen.«

Der Junge gab sein Wort, und es schien ihm gering zu sein, gemessen am Glück, die Saligen wiedersehen zu dürfen.

Nachdem er in sein Dorf und in sein altes Leben zurückgekehrt war, weigerte er sich an den Jagdausflügen seiner Freunde teilzunehmen. Als der Vollmond am Himmel stand, verschwand er für drei Tage. Mürrisch und traurig kehrte er heim. Den drängenden Fragen seiner Mutter wich er aus.

Jeden Monat besuchte er jetzt die Saligen, und von Vollmond zu Vollmond wuchs seine Schwermut. Eines Tages beschloß die beunruhigte Mutter, ihm zu folgen. Als sie zum unterirdischen Garten der Saligen kam und das Geheimnis ihres Sohnes entdeckte, donnerte eine Steinlawine vom Gipfel des Berges und verschüttete das Tor.

Der Bursche wußte, daß er die Saligen nie wieder sehen würde. Tage und Wochen schloß er sich in seinem Zimmer ein und sprach kein Wort. Bis ihn eines Tages ein Freund überredete, mit ihm auf die Jagd zu gehen. An der frischen Luft kehrte die alte Jagdlust zurück. Eine Gemse sprang über den Weg, er setzte ihr nach. Er trieb sie von Fels zu Fels, bis er seine Jagdgefährten weit hinter sich gelassen hatte. Als das Tier stehenblieb, schoß er. Im gleichen Augenblick flammte, wo die Gemse gestanden hatte, strahlendes Licht auf, und drei Frauen nahmen Gestalt an. Gebannt von ihrer Schönheit, wich er an den Rand des Felsens. Sie schritten auf ihn zu, er setzte Fuß um Fuß zurück. Jetzt fiel ihm sein Versprechen ein. Es war zu spät. Aug in Aug mit den Saligen stürzte er in die Tiefe.

D ie wilde Jagd[1] tobte durch den Wald. Der Schäfer hörte das gierige Heulen der Meute und sah etwas Weißes durch die Bäume huschen. »Eine Salige«, dachte er und lächelte hämisch. Er wußte, daß es im Wald keine Baumstümpfe mit eingeritzten Kreuzen gab.

»Holla Alter! Jag toll und moarga bring mer o a Viartl davon!« rief er und lachte über sein Witzchen, während der Wilde Mann wortlos vorüberstürmte.

Am nächsten Morgen bekam er die Antwort. An seiner Tür hing an zwei Nägeln sein Teil von der Beute des Wilden Mannes: der halbe, bluttriefende Rumpf eines Saligen Fräuleins. Gellendes Geheul ließ die Bäume erzittern. Entsetzt nahm der Schäfer die Axt, fällte eine Fichte und hackte drei Kreuze in den Stumpf. Beim letzten Schlag brach ein Sturm los und trieb ihn in seine Hütte. Der blutige Rumpf war verschwunden.

1 Siehe Fußnote Seite 211

Eine Salige war von Jordan, dem Wilden Mann, gefangen und mußte seiner Frau, der Fangga, dienen. Sie arbeitete hart, mochte aber ihre Herrschaft nicht. Ihr einziger Freund war ein mächtiger schwarzer Kater, gleichfalls ein Diener der Fangga.

Eines Tages, als die Salige allein im Haus war, ergriff sie die Flucht. Sie lief, bis sie zu einem Haus am Rand eines Dorfes kam. Dort bot sie ihre Dienste an. Man nahm sie als Magd auf und gab dem Kater, der ihr gefolgt war, einen Platz am Feuer. Binnen kurzem wurde ihr neuer Herr, dank ihres unermüdlichen Fleißes, einer der reichsten Männer im Tal.

Eines Tages hörte ein Freund ihres Herrn, der mit einigen Ochsen auf dem Weg zum Markt war, aus dem Wald eine Stimme, die rief: »Ochsenjochtraga! Ochsenjochtraga! Sag zu der Hitte-Hatte sie soll hoam gehen! Der Jordan ist toad!«

Auf dem Heimweg hielt er am Haus seines Freundes und erzählte die Geschichte der Stimme im Wald. Hitte-Hatte ließ den Löffel fallen und schrie: »Ischt Jordan tot, so bin i froa! Haltet den hoarigen Hauswurm wohl, habat's guat'n Dank und habat's Glück mit dem Viech! Hätt 'ös mir meahr gfragt, hätt' i euch meahr gesagt!«

Mit diesen Worten verschwand die Salige, und nie wieder hat sie wer gesehen.

FOLLETS

In Frankreich werden die Bezeichnungen Follet, *Lutin* und *Fée* oft miteinander verwechselt, obwohl jeder Name eine ganz bestimmte Elbengruppe kennzeichnet.

Die Bezeichnung Follet wird vorwiegend für die Nachkommen jener Elben verwendet, die einst in den betriebsamen unterirdischen Dolmen-Metropolen lebten. Als diese Geister-Städte an Macht und Bedeutung verloren, wurden sie von den Follets verlassen, die seitdem mehr und mehr unter den Einfluß der menschlichen Zivilisation gerieten.

Vielleicht ist die lange Gewöhnung an den Menschen der Grund da-

FOLLET

für, daß sie vor Exorzisten, Weihwasser und anderen Schreckmitteln wenig Respekt haben. Im Gegenteil. Ein Publikum aus Priestern und Gläubigen steigert ihre Phantasie im Erfinden verrückter Streiche ins Unermeßliche. Fast nichts ist ihnen heilig. Sie sind eine lustige, unabhängige Gesellschaft, die keinen Herren über sich duldet. Mit leidenschaftlicher Ausdauer plagen sie spinnende Frauen, scheuern das Vieh solange mit Stroh, bis es Räude bekommt, und lassen Steine, Stöcke und Geschirr auf Hausdächer prasseln. Selbst vor abgeschmacktesten Späßen schrecken sie nicht zurück, wie beispielsweise der Farfadet, der vor drei alten Spinnerinnen am Feuer seine Hosen fallen läßt und dann lachend im Kamin verschwindet. Das einzige, was sie fürchten, ist Stahl, und meist genügt ein gutes, starkes Messer, um sie loszuwerden.

Wie die meisten Spaßvögel sind auch die Follets labile Charaktere und fügsam, sobald sie eine starke Hand zur Arbeit zwingt. Wer die Nerven hat, ihre Tollheiten zu ertragen und sich nicht provozieren läßt oder auf Rache sinnt, wird mit der Achtung der Geister belohnt. Zum Zeichen der Freundschaft bringen sie Verständigen Geschenke, erledigen ihre liegengelassenen Arbeiten und füttern und weiden ihr Vieh.

KENNZEICHEN

Den ältesten Berichten zufolge waren die Haus-Follets kleine, nach der Art der mittelalterlichen Gaukler gekleidete Männer mit grellbunten, glockenbehängten Gewändern. Die heutigen Farfadets lassen sich nur selten sehen, doch wenn sie erscheinen, tragen sie stets Kniehosen und rote Mäntel. Die stark behaarten Höhlen-Follets sind zwischen einem und zwei Fuß groß, langhaarig, rauschebärtig und dunkelhäutig. Gewöhnlich tragen sie Schwerter, die so klein sind, daß Frauen sie als Anstecknadeln verwenden können. Am liebsten erscheinen sie in der Gestalt eines Ziegenbocks.

VERBREITUNG

Die Follets sind überall in Frankreich, Belgien, der französischen Schweiz, auf Korsika und Mallorca anzutreffen. Sie leben in unterirdischen Höhlen, Meeresgrotten oder Dünen. Solche, die bei den Menschen wohnen, kommen durch den Kamin oder durchs Katzenloch ins Haus.

Auf Mallorca kam einmal eine Schar winziger Dimonis-Boyets zu einer Müllerin und bat sie um ein wenig Weizen.

»Euch Korn geben? Ihr habt mir doch bestimmt schon einen halben Zentner geklaut. Aber wenn ihr es wirklich haben wollt, wascht erst mal diese Wolle hier«, sagte die Frau. »Kommt wieder, wenn sie ganz weiß ist, dann geb' ich euch das Korn!«

Die Boyets schauten auf die Wolle, dann auf die Frau, und einige der kleineren begannen zu weinen. »Aber die Wolle ist schwarz, die kriegen wir niemals weiß.«

Die Müllerin lachte sie aus. Sie hatte die Elben um einen Gefallen gebeten und wußte genau, daß sie ihn erfüllen mußten. Sehr langsam und sehr traurig verließen die Dimonis-Boyets die Mühle.

Seitdem hat man sie auf Mallorca nicht mehr gesehen. Eines Tages jedoch werden sie mit einem Strang blütenweißer Wolle zurückkehren, um sich ihr schwerverdientes Korn zu holen.

BRUNNENFRAUEN

Korrigan und Lamignakfrauen sind die besonderen Wächter der französischen Quellen und Brunnen. Tagsüber schlafen sie unter der Erde in ihren Höhlen, und nur selten erheben sie sich vor Sonnenuntergang. Doch nachts, wenn sie wach sind, verbringen sie die meiste Zeit an ihren Gewässern, die sich im Fall der Korrigan gewöhnlich in der Nähe von Dolmen, Menhiren und Hünengräbern befinden.

Nachts ist die Schönheit der Brunnenfrauen am größten, wenn das Mondlicht sie in beängstigend strahlende, ätherische Wesen verzaubert. Dann feiern sie ihre kultischen Feste, bei denen sie ihre Quellen in heilende Wasser verwandeln. Im Schein des Vollmonds kämmen sie ihr langes Haar mit goldenen Kämmen, gelassen und gleichmäßig, wie das Wasser, das aus ihren Brunnen fließt. Dabei singen sie mit silbrigem Klang ihre uralten Lieder, daß der Mond innehält, um zu lauschen. Nachdem sie ihr Haar sorgsam gekämmt haben, baden Korrigan und Lamignak weitersingend in den kühlen Gewässern, wobei ihnen Frauen und Mädchen ziemlich gefahrlos zuschauen

BRUNNENFRAU

dürfen. Doch wehe dem Mann, der es wagt, eine Korrigan beim Bad zu überraschen. Er muß den Frevel mit Leib oder Leben bezahlen: sie binnen dreier Tage heiraten oder sterben.

Es wurde behauptet, die Korrigan seien die Enkelinnen der neun heiligen Druidinnen des alten Gallien. Es spricht jedoch mehr dafür, daß sowohl Korrigan wie auch Lamignak von den *Korred* abstammen, jenen Dunkel-Elben, die unter den bretonischen Dolmen leben. Im Laufe der Zeit sind die Korrigan durch ihre Verbindung mit dem Wasser immer schwereloser geworden, so daß sie heute als Dämmer-Elben klassifiziert werden können. An ihren heidnischen Überlieferungen halten sie derart beharrlich fest, daß der Anblick eines Priesterrocks sie in helle Aufregung versetzt und der Name der Jungfrau Maria in ihren Ohren einen gemeinen Klang besitzt.

Jedes Jahr feiern sie ihr Frühlingsfest, bei dem sie das Geheimnis der Poesie und aller irdischen Weisheit aus einem kristallenen Kelch trinken. Der Verwegene, der den Frieden ihres Festes stört, muß dafür mit dem Leben bezahlen.

Der Katholikenhaß der Lamignak ist zwar weniger heftig als der der Korrigan, doch können auch sie sich nicht von den alten Sitten und Gebräuchen trennen. Verständnisschwierigkeiten zwischen beiden Elbenarten bestehen nicht, wohl aber zwischen ihnen und den Menschen. Sie sagen immer genau das Gegenteil von dem, was sie meinen. Prophezeit eine Lamignak einen prächtigen Tag, kündigt sie damit Regen und Schnee an. Sagt sie schlechtes Wetter voraus, steht zweifellos die schönste Woche des ganzen Jahres bevor.

KENNZEICHEN

Korrigan und Lamignak sind zwei Fuß groß und wohlgestaltet. Sie kleiden sich stets in wallende weiße Gewänder und tragen langes, blondes Haar. Sie können als Spinnen, Aale oder Schlangen erscheinen. Nachts entfalten die Korrigan ihre größte Schönheit. Dann leuchtet ihr goldenes Haar wie durch ein inneres Licht. Am Tag dagegen röten sich ihre Augen, bleicht ihr Haar und welkt ihre Haut wie bei einer alten Frau.

Nicht alle Lamignak sind Brunnen-Elben. Viele von ihnen, männliche wie weibliche, leben im Gebirge, verborgen in Höhlen, Wäldern und Schluchten. Sie stehen zu den Brunnen-Lamignak im gleichen verwandtschaftlichen Verhältnis wie die *Korred* zu den Korrigan. Sie sind dunkler als die Brunnenfrauen und von kleinerer Statur.

VERBREITUNG
Die Korrigan leben in der Bretagne, die Lamignak im baskischen Teil der Pyrenäen. Sie halten sich in der Nähe von Brunnen und Quellen auf. Korrigan wie Lamignak wohnen in prächtigen unterirdischen Grotten.

Chevalier Nann hatte jung gefreit, und seine Frau war schwanger. Als sie Zwillinge zur Welt brachte, ritt er in den Wald, um für sie ein Reh zu jagen. Statt auf einen Rehbock stieß er auf eine weiße Hindin, die er bis zum Abend verfolgte.

Müde rastete er an einem Quell einer Korrigan, um daraus zu trinken. Die Korrigan saß am Ufer und kämmte ihr Haar mit einem goldenen Kamm.

»Verflucht sei dein Geschlecht! Wie kannst du es wagen, mein Wasser zu trüben!« rief sie. »Wenn du mich nicht heiratest, sollst du sieben Jahre dahinsiechen oder am dritten Tag sterben.«

»Ich kann dich nicht heiraten«, antwortete Chevalier Nann, »denn ich hab' Weib und Kinder daheim. Und sterben muß ich, wenn Gott es befiehlt.«

Chevalier Nann ritt zu seiner Burg. Und obwohl er den Fluch der Korrigan nicht ernst nahm, wurde er krank. Drei Tage später grub man sein Grab. Doch niemand wagte, es seiner Frau zu berichten. Auf dem Weg zur Kirche entdeckte sie die aufgeworfene Erde. Jetzt erfuhr sie seinen Tod, und wenig später folgte sie ihm nach. Der Fluch der Korrigan hatte sich erfüllt.

POLTERGEISTER

Die Bezeichnung Poltergeister ist fast jedem bekannt, doch nur die wenigsten wissen, daß die Klopf- und Poltergeräusche nicht von Gespenstern verursacht werden, sondern von einer spezifischen Klasse von Hausgeistern. Diese stammen von den *Kobolden* ab und

POLTERGEIST

sind ebenso begabte Verwandlungskünstler. Sie helfen bei der Hausarbeit und werkeln in Hof und Stall. Ihre Lieblingsbeschäftigung ist jedoch herumzulärmen. In der Gestalt von Eichhörnchen oder Katzen huschen sie durchs Haus, wobei sie derart vehement klappern oder klopfen, daß das Geschirr im Schrank klirrt und das Besteck auf dem Tisch zittert. Sie lassen die Nüsse die Kellertreppe hinabspringen, pochen sacht an die Wandvertäfelung, trappeln auf dem Speicher, werfen Steine aufs Dach, lassen Betten knarren und schaukeln an quietschenden Türen. Wenn der Tod eines Familienmitgliedes bevorsteht, poltern sie eindringlich und laut, um das Unglück anzukündigen.

KENNZEICHEN

Obwohl die Poltergeister von den Kobolden abstammen, sind sie nicht wie ihre Vorfahren an Bäume oder Holzfiguren gebunden. Ihre Bewegungsfreiheit ist daher nicht eingeschränkt. Sie tragen grobe Kleider in Grün oder Grau und rote oder graue Tarnkappen, womit sie sich unsichtbar machen können.

Der bekannteste französische Poltergeist ist der Sotret, der bedeutendste englische heißt Knocky Boh. In Deutschland sind u. a. bekannt: Ekerken, Klopferle, Hämmerlein, Poppele, Pulter Klaes und Nick-Nocker. Osteuropäische Poltergeister heißen: Bildukka, Ztrazhnik, Bubak, Strashila und Straszydlo.

VERBREITUNG

Poltergeister sind fast überall in Europa bekannt. Sie bevorzugen den Aufenthalt in Häusern.

Ein Schweizer Poltergeist trieb einmal eine Familie mit seinem unablässigen Klopfen und Lärmen an den Rand des Wahnsinns. Selbst der herbeigerufene Priester war nicht in der Lage, den lästigen Geist zu vertreiben. Beim zweiten Versuch aber hatte er mehr Glück. Es gelang ihm, den Quälgeist in ein Loch in der Wand zu verbannen — als Gegenleistung verlangte der Priester ein jährliches Ölopfer für seine Kirche.

Zehn Jahre war das Haus ruhig und still. Regelmäßig erhielt der

Priester sein Öl. Als es im elften Jahr vergessen wurde, begann der
Geist wieder zu poltern. Und seitdem hörte er nicht mehr auf.

VILEN

Ein altes slawisches Sprichwort sagt: »Ob die Vila weiß, ob schwarz
ist, eine Vila bleibt immer eine böse Vila.« Man hält sie für weit ge-
hässiger, eifersüchtiger und verruchter als ihre Verwandten, die
griechischen *Nereiden*.
Die ausschließlich weiblichen Vilen leben hauptsächlich in Bergwäl-
dern und auf schroffen Berggipfeln. Sie beschützen und beherrschen
die Quellen, Bäche, Bäume, Pflanzen und Tiere ihres Reviers, doch
hat im Laufe der Zeit ihr Besitzanspruch krankhafte Züge angenommen, sobald es darum geht, Eindringlinge fernzuhalten: dann ver-
giften sie notfalls sogar ihre eigenen Bäche. Sie sprechen die Sprache
der Tiere und hüten Gemsen, Hirsche und Rehe. Jeder unbesonnene
Jäger, der eines ihrer Tiere erlegt, muß den Frevel mit Verstümme-
lung, Blindheit oder Tod bezahlen.
Ein Mann, der ins Territorium der Vilen eingedrungen ist, wird mit
durchdringendem Geschrei empfangen und mancher zu Tode erschreckt. Wer sich zu lange in ihren Gebieten aufhält, wird mit Pfei-
len beschossen: unerwartet trifft ihn ein Hexenschuß, fällt er einer
Herzattacke oder einem Sonnenstich zum Opfer. So mancher wird
auch von herabdonnernden Lawinen begraben.
Schöne Frauen müssen sich besonders hüten, den Vilen-Wäldern nahe zu kommen. Selbst die gutmütigste und freundlichste Vila ist
Sklavin ihrer triebhaften Eifersucht, und die Schönheit anderer
Frauen bedeutet für sie bittere Kränkung.
Es heißt, daß Vilen nur an Sommertagen geboren werden, wenn
sanfter Regen fällt und das Sonnenlicht sich so im Gezweig der Bäume bricht, daß winzige Regenbogen entstehen. Ihr Wesen entspricht
dem launischen Wetter bei ihrer Geburt, bald düster, bald heiter.
Trotz ihrem Hang zu Bosheit und Eifersucht hat der Charakter der
meisten Vilen auch positive Seiten. Da sie Krankheiten verursachen
können, verstehen sie auch zu heilen, denn sie kennen die Heilkraft

VILA

jeder Pflanze in ihrem Revier. Sie kurieren Geistesgestörte, erwecken Tote zum Leben, zeigen die Stellen verborgener Schätze und geben Ratschläge für den Ackerbau.

Kinder, die sie unter ihren Schutz nehmen, sind ebenso geborgen wie die Tiere, Bäche, Felder und Wälder ihres Herrschaftsbereiches.

Furchtlosen, tapferen Männern erweisen sie ihre Gunst, indem sie sich in Pferde verwandeln, damit ihre Helden nicht zu Fuß reisen müssen. Wenn sie junge Männer heiraten, ist das Verhältnis oft durch ihre sexuelle Unersättlichkeit und ihre krankhafte Eifersucht belastet.

Die glücklichste Verbindung mit ihnen ist die Blutsverschwisterung. Menschen, die von einem Vilen-Pfeil getroffen oder von ihnen beraubt worden sind, gehen oft diese Wahlverwandtschaft ein, wobei sie nach dem Ablauf von drei, sieben, dreizehn oder einundzwanzig Jahren wieder in ihre Heimat zurückkehren dürfen. Sie werden dann Vileniki oder Vilenaci genannt und verfügen über reiche Kenntnisse in Heilkunde und Zauberei. Die Voraussetzung für eine Blutsverschwisterung ist ebenfalls erfüllt, wenn man einer Vila in großer Not beisteht.

Menschen, die Heilkundige werden möchten, begehen häufig eigenartige Zeremonien, um mit den Vilen in Verbindung zu treten. Eine erfolgreiche Beschwörung muß an einem Vollmondsonntag vor Sonnenaufgang stattfinden. Zunächst hat der Aspirant mit einem Besen aus Birkenreisern, der ohne Feilschen erstanden sein muß, einen Kreis um sich zu ziehen. In die Mitte dieses Kreises sind darauf zu plazieren: zwei oder drei Pferdehaare von Kopf, Schwanz oder Mähne in der Verbindung mit etwas Mist und ein Huf desselben Rosses mit dem darunterliegenden Muskelfleisch. Sodann muß der Vilenbeschwörer den rechten Fuß auf den Huf setzen, gellend in seine Hände schreien: »Hu! Hu! Hu!« und danach den Huf dreimal auf dem linken Bein umschreiten, wobei er zu sprechen hat: »Wahl-Schwestern Vilen, ich suche euch über neun Felder, neun Wiesen, neun Seen, neun Wälder, neun Berge, neun steile Berggipfel und in neun zerfallenen Schlössern. Willst du zu mir kommen und dich durch Wahlschwesternschaft mit mir verbinden?«

Wenn die Vilen kommen, müssen sie mit folgenden Worten begrüßt werden: »Wahlschwestern Vilen! Ich habe euch gefunden, ich bin eure geliebte Wahlschwester!« Dann muß die »Wahlschwester« die Vilen um die Erfüllung ihrer Wünsche bitten und sprechen: »Ich schwöre euch bei den lebendigen Göttern und den vereinten Vilen, was von Anfang der Welt an mir gehört hat, muß ich weiter haben.« Das zwingt die Vilen, jeden Wunsch zu erfüllen.

KENNZEICHEN

Die meisten Vilen haben strahlend helle Gesichter und rotbraune, bis zu den Füßen herabfallende Locken. Sie tragen schimmernde weiße Gewänder oder Kleider aus grünem Blattwerk. Manche besitzen unsichtbare Flügel, die sie durch die Lüfte tragen. Die Vily der jugoslawisch-ungarischen Grenze sind eine Nuance dunkler, und der Verlust eines einzigen Haares kostet sie das Leben. Die jugoslawischen Küsten-Vily haben Eisenzähne, Geißfüße und goldene Käppchen. Die böhmischen Vilen werden Jezinky genannt. In Istrien heißen sie Vili Cestitice, in Bulgarien Samovily. Nur Menschen, die ihnen durch Blutsverschwisterung verbunden sind, dürfen sie beim wahren Namen nennen.

Wie die meisten Waldgeister sind auch die Vilen von unterschiedlicher Statur. Die Bewohnerinnen unzulänglicher Waldgebiete sind furchterregender und größer als die Vilen der Wiesen und Felder am Rande der Wälder. Wenn sie in Gestalt von bezaubernd schönen, weißumflorten Mädchen erscheinen oder als Vila-Stuten, sind sie unschwer zu erkennen. Auch als Falken und als Silberwölfe wurden sie gesehen. Wer dienstags oder sonntags geboren wurde, kann sie mit Leichtigkeit wahrnehmen.

VERBREITUNG

Jeder Baum kann die Heimstatt einer Vila sein. Das Leben der Vila ist mit dem Schicksal ihres Stammbaums verknüpft, auch wenn sie umherschweift und ihn jahrelang nicht besucht. Wird er gefällt, ist das Leben der Vila zu Ende. Dann versammeln sich ihre Gefährtinnen, um den Tod ihrer Schwester zu rächen. Die Lieblingsbäume der Vilen sind Obst- und Nußbäume, Fichten und Buchen. Sie wohnen auch in der Nähe von Bächen oder in märchenhaften weißen, aus Knochen gebauten Burgen und Wachtürmen auf Bergkegeln. Es gibt auch Vilen, die in Flachspflanzen leben. Doch sind sie sehr selten. Vilen sind in ganz Südosteuropa bekannt.

Ein junger Bursche hatte den ganzen Tag auf der Wiese gearbeitet. Das Mähen wurde mühsam und langweilig. Er machte eine Pause und schaute auf. Sein Blick fiel auf ein Mädchen. Die Vila nickte auf seine stumme Frage, und einen Augenblick später waren beide verschwunden.

Kurz darauf erschien die Mutter des Burschen mit dem Abendessen. Als sie ihn nicht fand, befürchtete sie das Allerschlimmste, und klagend brach es aus ihr hervor: »Die Vilen haben mir den Sohn geraubt! Mein armer Sohn. Sie haben ihn ins Gebirge verschleppt. Ich werd ihn nimmer wiedersehn!«

Schluchzend und heulend beklagte sie das Schicksal ihres Jungen. Plötzlich hörte sie die Stimme einer Vila hinter sich: »Danke Gott, du dummes Weib, daß das Kind auf meinem Schoß schläft, sonst träfe dich ein Pfeil ins Herz. Was verstehst du altes Reff überhaupt von deinem Sohn oder gar von unserer Liebe? Pack dich, ehe dein Gejammer mein Kind weckt!«

Weitere Worte wartete die Alte nicht ab. Und so schnell es ging, watschelte sie auf ihren krummen Beinen heim.

Als Miodrag durch die Bäume spähte, entdeckte er im Dickicht eine Vila, die ihr Reh molk. Nur mit Mühe konnte er das Lachen unterdrücken, als er sah, daß gleichzeitig ein Bock die Geiß besprang. Die Vila jedoch fand das überhaupt nicht zum Lachen.

»Du geiler Bock, hau ab!« schimpfte sie. »Ich hoffe, Miodrag wird dich treffen, wenn er auf dich schießt.«

Das ließ sich Miodrag nicht zweimal sagen. Den ganzen Tag war er nicht zum Schuß gekommen, und er wußte, die Vila war daran schuld.

»Jetzt treff ihn!« rief er aus seinem Versteck springend und fällte den Bock mit dem Schuß.

»Du bist schlimmer als er!« schrie die Vila. »So schnell wie sein Leben soll dein Auge erlöschen.« Und noch ehe die Worte an sein Ohr drangen, hatte Miodrag das rechte Auge verloren.

Zwei gebirgskundige Jäger waren derart stolz auf ihre Kenntnisse, daß sie mit Freunden wetteten, in der Lage zu sein, alle Gipfel der Velez-Kette zu zählen. Doch so oft sie auch von vorn begannen, es gelang ihnen nicht. Jedesmal kam ein anderes Ergebnis heraus.

Rasch verging der Tag. Und ehe sie es gewahr wurden, brach die Nacht über sie herein. Sie wußten, im Fall einer Entdeckung würden die Vilen im Schlaf über sie herfallen. So schmiedeten die Jäger einen Plan, um sie zu täuschen: Eng aneinandergeschmiegt, die Füße des einen am Kopf des anderen, wickelten sie sich fest in eine Decke, so daß nur ihre Köpfe herausschauten.

Als die Vilen kamen, waren sie in der Tat erstaunt über den wunderlichen Schläfer in ihrem Wald.

»Was ist denn das, Schwester? Bei allen dreihundertsiebzig Gipfeln der Velez-Kette, noch nie hab' ich so ein Ding mit zwei Köpfen gesehen.«

Durch diese List blieben die Jäger von den Vilen verschont und gewannen zudem ihre Wette.

Auf seinem Weg durch den Wald stürzte Johannes in eine Schlucht am Ufer und brach sich Hand und Fuß. Eine Vila nahm vor ihm Gestalt an und erbot sich, ihn gegen Entgelt zu heilen. Sie forderte eintausend Dukaten, das Kopftuch seiner Schwester, das Pferd und den Falken seines Bruders, die Seide seiner Mutter, den Arm seines Vaters und das Perlenhalsband seiner Frau. Der Vater, die Mutter, die Schwester, der Bruder, sie alle willigten ein, das Opfer für ihn zu bringen, nur die Frau weigerte sich, ihre Lieblingskette zu geben.

»Wenn sie die Kette nicht gibt, wird sie dich nie mehr sehen«, drohte die Vila.

Die Hand und der Fuß wollten nicht heilen; sein Körper wurde vom Fieber geschüttelt. Am dritten Tag war er tot, ein Opfer der Habgier seiner Frau.

»Beherzige meine Worte, Mädchen, dir wird ein Leid geschehen, wenn du zu der Quelle der Vilen gehst. Sie haben sie sprudeln lassen und keinem ist es erlaubt, dort zu verweilen.«

Vom Zauber des Frühlings ergriffen, schlug das Mädchen den Rat des Alten in den Wind.

»Welch herrliche Blumen!« rief sie entzückt und pflückte die schönsten Rosen der Vilen.

»Und genau darauf hab' ich mich gefreut«, sagte sie und tauchte ihre Hand ins kühle Wasser der Quelle. Kaum hatte sie getrunken, da kamen die Vilen. In ihren blendend weißen Gewändern schritten sie drohend auf das Mädchen zu.

»Du wurdest gewarnt, doch du warst zu töricht, dem Ratschlag zu folgen. Jetzt mußt du für deinen Leichtsinn bezahlen!« rief die erste und trat ihr heftig gegen die Kehle.

»Das ist unsere Quelle. Niemand darf daraus trinken«, sagte die zweite und band ihr die Hände auf den Rücken.

»Komm nie mehr her, sonst töten wir dich«, sprach die dritte, und als sie es sagte, riß sie dem Mädchen die Augen aus.

PORTUNES

Die Portunes sind die ersten englischen Geister, über die es schriftliche Nachrichten gibt. Zugleich gehören sie zu den wenigen Elbengattungen, die verschollen sind: Seit Jahrhunderten hat man weder etwas von ihnen gesehen noch gehört. Man war der Ansicht, sie seien ausgestorben. Doch immerhin ist es möglich, daß sie sich einfach aus der ihnen böse und ungerecht erscheinenden Welt zurückgezogen haben.

Die Portunes fielen hauptsächlich durch ihre Größe auf: sie waren rund einen Zoll hoch und damit kleiner als der Däumling im Märchen. Nachts besetzten sie in Scharen leerstehende Bauernhäuser, machten es sich am Feuer bequem und rösteten über der Glut winzige Frösche, ihr Abendessen. Stets übermütig und zu tollen Streichen bereit, brachten sie Reisende vom Weg ab und lachten schadenfroh,

PORTUNE

wenn die Pferde knietief im Frühlingsschlamm versanken. Trotz ihrer hemmlungslosen Begeisterung für Unfug aber wurden die winzigen Elben gerne gesehen: sie waren geschickte Arbeiter, und ihre Anwesenheit brachte stets Glück ins Haus.

KENNZEICHEN
Die Portunes gehörten zu den kleinsten Elben; ihre Größe variierte zwischen einem halben und zwei Zoll. Sie waren eine überwiegend maskuline Gesellschaft mit runzligen, zerfurchten Altmännergesichtern. Ihre Kleidung bestand aus winzigen, mit Hunderten von bunten Flicken besetzten Mänteln.

VERBREITUNG
Ursprünglich lebten die Portunes in Frankreich, von dort emigrierten sie nach England. Sie bewohnten Bauernhäuser und hielten sich meistens in der Nähe von Viehherden auf.

LEPRECHAUNS

Der irische Leprechaun ist der Schuhmacher der Faeries, und jede Gegend in Irland kennt eigene Namen für ihn: Cluricaune in Cork, Lurican in Kerry, Lurikeen in Kildare und Lurigadaun in Tipperary. Zwar arbeitet der Leprechaun für die Faeries, doch gehört er einer anderen Elbengattung an. Er ist klein, dunkelhäutig und liebt extravagante Kleidung. Sein Wesen ist ein wenig manisch-depressiv: zunächst ist er völlig glücklich und nagelt lustig pfeifend eine Sohle auf den Schuh; ein paar Minuten drauf läßt er verdrossen den Kopf hängen und ertränkt seinen Kummer in selbstgebrautem Heidekrautbier. Tabak und Whisky sind sein Laster, und als erstklassiger Schwindler kann er den gerissensten Gauner ausfuchsen, der es auf seinen versteckten Goldtopf oder seinen magischen Schilling abgesehen hat. Stets schlägt er seinem Erpresser im letzten Moment ein Schnippchen und entwischt.

LEPRECHAUN

KENNZEICHEN

Leprechauns und Cluricauns sind kleine, zwischen sechs und vier-
undzwanzig Zoll große Geister. Sie haben eine mausgraue Haut,
von Falten zerfurchte Gesichter und scharlachrote Nasen. Sie tragen
Dreispitze, altmodische grüne Westen, Jacken mit gewaltigen glänzenden Knöpfen, Lederschürzen, blaue Kniestrümpfe und Schuhe
mit hohen Absätzen, besetzt mit Silberschnallen, die oft das Format
der Schuhe übertreffen. Sie rauchen kleine Pfeifen und tragen Leder-
taschen. Gewöhnlich sieht man sie eifrig an einem Schuh herum-
hämmern.

VERBREITUNG

Die Leprechauns leben und arbeiten an stillen, verborgenen Plätzen.
Ihre Wohnungen richten sie unter Baumwurzeln oder in verfallenen
Schlössern ein. Sie leben ausschließlich in Irland.

Heutzutage wagen es nur noch wenige, an Faeries zu glauben. Früher dagegen hielten es die Iren für äußerst gefährlich, nicht an sie zu
glauben. Felix O'Driscoll hatte eines Abends ein bißchen viel getrunken. Lallend ereiferte er sich, daß es ja überhaupt keine Cluricauns gäbe und daß die Geschichten über sie nichts als Hirngespinste von Ammen und Säufern seien. Eine alte Frau war über das lä-
sterliche Gerede entsetzt.

»So, du erdreistest dich also, daran zu zweifeln, woran deine Vorfahren unerschütterlich geglaubt haben! Ich will dir mal was sagen.
Cluricauns gibt es nicht nur, ich selbst habe sogar einen in der Hand
gehabt. Damals war ich noch jung. Ich ging gerade mit meinem ersten Kind schwanger. Ich sage dir, das ist schon eine ganz schöne
Zeit her. Ich buddelte grad ein bißchen im Garten herum, als ich
plötzlich so ein komisches Hämmern hörte. Tickticktick machte es
immerzu zwischen den Bohnen. Wie beim Schuster. Und tatsächlich, hinten am Ende des Beetes saß ein kleiner, uralter Mann. Er war
nicht halb so groß wie ein Neugeborenes. Auf dem Kopf hatte er einen Dreispitz und im Mund eine kleine Pfeife, an der er so gewaltig
zog, daß einem vor Lachen die Tränen kommen konnten. Und seine
Schuhschnallen! Größer als seine Schuhe. Er arbeitete und arbeitete

— behend und schnell. Da wußte ich, das ist ein Cluricaun. Und ich sagte zu ihm: ›Is es nich furchbar heiß heut' für so ne harte Arbeit?‹ — und schwupp, hatte ich ihn in der Hand. Sofort zog ich ein bitterböses Gesicht und fragte ihn drohend nach seinem Gold. Er druckste herum und behauptete, ein armer Kerl zu sein, der gar nicht wisse, was er mit soviel Gold überhaupt anfangen solle. Da wurde ich wirklich sauer, zog mein Messer aus der Tasche und drohte, ihm die Nase aus dem Gesicht zu schneiden, wenn er nicht... Da bekam er es mit der Angst und sagte: ›Gut, komm mit, ich zeig dir, wo es ist!‹ Ich hielt ihn fest in der Hand und ließ ihn nicht aus den Augen. Kaum hatten wir ein paar Schritte getan, da hörte ich lautes Summen hinter mir. Der Cluricaun schrie auf: ›Schau, schau doch, deine Bienen schwärmen!‹ Dumm wie ich war, drehte ich mich um. Keine Spur von einer Biene. Als ich wieder auf meine Hand sah, war sie leer. Das Männlein hatte sich verflüchtigt und mich mit List und Tücke um mein Gold gebracht.«

Vor langer Zeit glückte es einem Bauern, einen Leipreachán zu fangen, der sich unter einem Pilz versteckt hatte.
»Jetzt hab' ich dich, und ich lass' dich erst wieder frei, wenn du dein Gold rausgerückt hast.« Der Bauer drohte und fluchte, aber es nutzte nichts; der Leipreachán beharrte stur, kein Gold zu besitzen. Wütend sperrte ihn der Bauer in eine große, dunkle Truhe.
Die Zeit verging. Kein Laut drang aus der Truhe, bis der Bauer eines Tages ein Stück Holz verkaufte, das er am Strand gefunden hatte. In dieser Nacht hörte man Leipreachán dröhnend lachen.
Sieben Jahre ward er in der Truhe eingeschlossen. Und da er sich immer noch weigerte, das Gold zu verraten, blieb er weitere sieben Jahre darin gefangen.
Damals kam ein armer Mann ins Haus, doch ohne etwas zu essen, ging er wieder davon. Da lachte der Leipreachán ein zweites Mal. Bald waren auch diese sieben Jahre um, doch immer noch weigerte sich der Leipreachán, dem Bauern etwas vom Gold zu erzählen. Und wieder mußte er in die Truhe. Kurz darauf wollte der Bauer zum Markt. Er holte sich aus seinem Versteck im Garten ein paar Goldstücke und machte sich auf den Weg. Als er spät nachts nach

Hause zurückkehrte, hörte er das dumpfe Lachen des Leipreacháns. »Jetzt reicht's aber«, schrie der Bauer, »dreimal hast du gelacht, jetzt will ich wissen, was so lustig ist!«

Nach vielen Ausflüchten bekannte der Leipreachán, er hätte das erste Mal gelacht, weil das vom Bauern verkaufte Holz voll Gold gewesen sei. Das zweite Mal, weil sich der Arme beim Verlassen des Hauses das Bein gebrochen hätte. Wäre er zum Essen geblieben, wär's nicht passiert. Das dritte Lachen galt dem versteckten Gold: Während der Bauer nämlich dabei gewesen sei, ein paar Münzen auszugraben, hätte ein Dieb ihn beobachtet und sich den Rest geholt, als der Bauer auf dem Markt war. Entsetzt rannte der Mann zu seinem Versteck. Das Gold war weg. Und mit dem Gold auch sein Verstand.

Als Thomas Fitzpatrick an einem milden Herbsttag spazierenging, hörte er aus einer Hecke ein feines Klopfen. Neugierig bog er die Zweige auseinander. In einem Winkel sah er einen braunen Bierkrug, und daneben auf einem Hocker ein altes Männlein mit Lederschürze an einem winzigen Holzschuh hämmern. Thomas Fitzpatrick hatte schon viel über Cluricans gehört, doch es war der erste, den er zu Gesicht bekam. Behutsam, ohne die Augen von dem kleinen Schuster zu wenden, schob er sich näher. Als er nur noch eine Handbreit von ihm entfernt war, sprach er: »Gott segne dein Handwerk, Nachbar!«

Der Clurican schien überhaupt nicht überrascht. Ohne die Arbeit zu unterbrechen, gab er höflich Antwort.

»Und darf ich wissen«, fragte Thomas, »was du da in deinem Bierkrug hast?«

»Bier, ausgezeichnetes Bier, gebraut aus Heidekraut«, antwortete der Schuster. Thomas lachte ungläubig. Doch der Clurican erklärte ihm geduldig, wie die Dänen einst seinen Urgroßeltern die Kunst des Heidekrautbierbrauens beigebracht hätten.

»Darf ich einen Schluck kosten?« meinte Thomas.

»Paß mal auf, junger Mann, es wär wohl besser nach Haus zu gehen. Schau, grad trampeln die Kühe durch euern Obstgarten«, entgegnete der Schuster.

Fast hätte sich Thomas umgedreht. In letzter Sekunde besann er sich.

»So leicht entkommst du mir nicht«, rief er und packte den Kleinen. »Los, sag wo dein Gold ist!«

Der Clurican führte ihn über einen holprigen Pfad, bis sie an ein kreuzkrautbedecktes Feld kamen.

»Wenn du hier, unter dieser Staude gräbst, findest du alles Gold, was du dir wünschst.«

Thomas hatte natürlich keine Schaufel mitgenommen; so band er ein rotes Strumpfband in die Staude und rannte los, um eine Schaufel zu holen.

»Jetzt brauchst du mich doch nicht mehr?« fragte der Clurican.

»Nein, ich glaub', du kannst jetzt gehen«, rief Thomas und ließ ihn los.

Als er zurückkam waren alle Kreuzkrautstauden im Feld mit knallroten Strumpfbändern geschmückt. Vom Clurican aber fehlte jede Spur.

SIRENEN

Die Sirenen sind südeuropäische Meerfrauen. Sie sind mit den nordeuropäischen Mermaids, Havfrue und Meerweibern verwandt. Der Klang ihrer Stimmen ist sanft und verführerisch, daß sie Menschen, Fische und sogar Wind und Wellen in ihren Bann ziehen können. In den Vollmondnächten, wenn sie im silbrigen Licht auf den Wogen tanzen und singen, ist ihre Kraft am größten, ebenso mittags, wenn sie, im Geflimmer der Hitze verborgen, Schiffe auf Riffe und Sandbänke locken. Alle hübschen, jungen Matrosen müssen vor ihnen auf der Hut sein. Denn nichts lassen sie unversucht, um die jungen Männer ins Wasser zu ziehen, um sie in ihre Unterwasserpaläste zu bringen. Dort werden sie eifersüchtig bewacht und nicht selten zur Ehe gezwungen. Diejenigen, die sich allen Wünschen der Sirenen fügen, werden liebevoll behandelt und dürfen ein Leben in Saus und Braus führen. Wer sich ihnen jedoch verweigert, wird in goldenen Ketten gefangengehalten.

SIRENE

Sirenen haben die Fähigkeit, sich in Fische, Fisch-Frauen, Vögel und Vogel-Frauen zu verwandeln. In der Antike wurden diese Meerfrauen und ihre Künste von griechischen Dichtern und Mythologen in die Sage der drei Sirenen umgestaltet und vereinfacht. Es sollen drei Frauen gewesen sein, die zur Strafe zunächst in Vogel-Frauen, später in Fisch-Frauen verwandelt wurden. Sie mußten sterben, sobald ein einziger Seefahrer unversehrt an ihnen vorüberkam. Bei aller Bekanntheit ist diese Geschichte jedoch nichts weiter als eine poetische Version uralter Volksüberlieferungen. Dem Mythos ihres Todes zum Trotz, gehören die Sirenen bis heute zur phantastischen Fauna vieler Mittelmeerländer. Immer noch werden viele Geschichten über sie erzählt, und immer wieder werden sie von den Azoren bis zu den griechischen Inseln gesichtet.

KENNZEICHEN

Die Sirenen sind vier bis fünf Fuß groß und unvorstellbar schön. Sie tragen reichverzierte Gewänder und haben eine Schwäche für Geschmeide. Tagsüber schlafen sie, und nur um die Mittagszeit und im Licht des Mondes sind sie zu erblicken. Im Wasser bewegen sie sich als Frauen mit Fischschwänzen oder als Delphine; durch die Luft reisen sie als Adler.

Die griechische Sirenen-Königin heißt Lamia. Sie ist eine besonders gefährliche und verführerische Meerfrau.

VERBREITUNG

Die Sirenen leben in prächtigen Palästen unter dem Meer und sind hauptsächlich in Griechenland, Italien, Frankreich, Spanien, Portugal und auf den Azoren bekannt. Mit Vorliebe halten sie sich an Flußmündungen und Stränden auf. Im offenen Meer wurden sie selten gesehen.

Ein eigensinniger Junge wurde von seiner Mutter gewarnt, der Lamia wegen nicht zu nah an den Strand zu gehen. Doch zu stolz, den Rat einer Frau zu beherzigen, trieb er seine Schafe bis ans Gestade. Er setzte sich auf eine Klippe und begann, Flöte zu spielen. Von den Tönen gelockt, tauchte die Lamia aus dem Meer auf und forderte ihn zum Wettkampf heraus: Sein Spiel gegen ihren Tanz. Wer am längsten spiele oder tanze, solle Sieger sein. Der Junge hegte nicht den geringsten Zweifel an seiner Kunst. So ließ er sich leichtfertig auf die Wette ein.

Er spielte drei Tage und drei Nächte, die Lamia tanzte. Am Ende der dritten Nacht waren die Kräfte des Schäfers erschöpft, die Lamia dagegen tanzte noch immer so munter und so frisch wie am ersten Tag. Er hatte verloren. Sie nahm seine Schafe und verschwand damit im Meer. Den Jungen ließ sie am Strand mehr tot als lebendig zurück.

MONACIELLI

Die kalabrischen »kleinen Mönche« sehen zwar wie Klosterbrüder aus, doch besteht ihr größtes Vergnügen im Ärgern, Zwicken, Steinewerfen, Weingläserumstoßen, Tellerzerbrechen, Leuteschrecken, Bettdeckewegziehen, Mädchenzöpfeabschneiden, Hühnerndenhalsumdrehen, Aufschläferbrüstentanzen, Andiewandhämmern, Staubaufwirbeln, Sturmläuten und anderem Heidenkrach. Oft verwandeln sie sich in Katzen, die blitzschnell verschwinden, so daß man sie kaum wahrnehmen kann. Ruhig verhalten sie sich nur dann, wenn ein Sieb neben sie gelegt wird. Da ihre Rechenkünste äußerst mangelhaft sind, brauchen sie Stunden, um all die Löcher zu zählen. Während sie zählen, bleibt man vor ihrem Blödsinn verschont.

Der sizilianische Mamucca kleidet sich gleichfalls wie ein Mönch, doch ist er von heiterer Gemütsart. Sein größter Spaß besteht im Haushaltsgegenständeverschwindenlassen. Wenn sie etwas nicht wiederfinden, sagen die Sizilianer, »der Manucca hat seinen Spaß«, und ersparen sich damit das Suchen. Sobald man's vergessen hat, erscheint der Manucca und legt einem das verlorene Ding verschmitzt lächelnd vor die Nase.

Ein anderer kleiner sizilianischer Mönch ist der Trapani Fratuzzo. Er trägt einen riesigen Dachziegel auf seinen Schultern, der ihn fast völlig überdeckt.

Der berühmteste der kleinen Mönche ist der neapolitanische Mona-

MONACIELLO

ciello. Vor langer Zeit gab es in Neapel viele leerstehende Häuser, da man mutmaßte, daß dort Monacielli Quartier genommen hätten. Sie erfreuten sich eines derart schlechten Rufes, daß kein Mensch mit ihnen unter einem Dach leben wollte.

Alle kleinen Mönche sind Wächter unterirdischer Schätze, und alle tragen rote Kapuzen. Jedem, dem es gelingt, eine ihrer Kapuzen zu fassen, hat damit die Chance, den Schatz zu gewinnen. Der Mönch, dem die Kopfbedeckung geraubt wird, wird alles tun und versprechen, um sie zurückzubekommen: Ohne sie kann er nicht leben. Wenn er entdeckt, daß sie weg ist, bricht er in Heulen und Klagen aus und bettelt herzerweichend um seine Kapuze. Man darf sie ihm aber erst geben, wenn der Schatz geborgen ist. Denn hat das Kuttenbrüderchen erst einmal seine Kapuze zurück, stößt es einen Freudenschrei aus und flitzt davon, ohne eine Sekunde an sein Versprechen oder an seinen Schatz zu denken.

KENNZEICHEN
Der kalabrische Monachicchio ist etwa zehn Zoll groß und trägt eine rote Kapuze, die doppelt so groß ist wie er selbst. Der neapolitanische Monaciello oder Monachetto ist einen Fuß hoch, trägt ein Mönchsgewand und ebenfalls eine rote Kapuze. Er hat feuersprühende Augen. Ein sardinischer Geist, der Pundacciú, ist ihm sehr ähnlich, doch trägt er sieben rote Kapuzen übereinander. Wenn eine dieser Kapuzen abhanden kommt, muß er sterben.

VERBREITUNG
Diese Elben sind in Süditalien beheimatet, doch wurden einzelne von ihnen auch in Sardinien und Griechenland beobachtet. Meistens leben sie in Häusern, seltener auf Feldern oder in Höhlen.

Ein riesiger neapolitanischer Orco und seine Frau schnarchten eines Nachts einträchtig und friedlich im Bett, als plötzlich jemand versuchte, ihnen die Bettdecke zu stehlen. Erbost beschimpfte der Orco sein Weib, sie zöge die Decke weg, um sie für sich allein zu haben. Doch die Frau gab es ihm giftig zurück. Keiner der beiden war's gewesen. Als der Orco suchend unter das Bett tastete, berührte er das Gesicht des Diebes. Schlotternd, es könne sein Todfeind, der kleine Mönch sein, schrie er auf: »Der Monachetto! Der Monachetto! Der Monachetto versteckt sich unterm Bett. Zu Hilfe!«

In Kalabrien wird die Geschichte von den Straßenarbeitern erzählt, die morgens in aller Herrgottsfrüh ihre Arbeit begonnen und sich mittags, wenn die Hitze unerträglich wurde, eine Pause gönnten.
Nach dem Essen legten sie sich auf ein Nickerchen in eine Höhle. Doch keiner konnte schlafen. Was Wunder. In der Höhle hauste ein Monachicchio. Der hüpfte herum und zwickte und kitzelte sie ohne Erbarmen. Jeder Versuch, ihn in eine Falle zu locken oder seinen Hut zu rauben, schlug fehl. Er war zu flink. Erschöpft legten sie sich wieder nieder und beschlossen, daß immer einer Wache halten müsse. Doch es nutzte nichts. Der Monachicchio stürmte einfach am Wachposten vorbei und kitzelte und kniff genauso erbarmungslos wie zuvor.
Verzweifelt schickten die Arbeiter einen Mann zum Ingenieur. Ein Studierter wußte gewiß mit dem Schlafschreck fertig zu werden. Der Ingenieur kam mit zwei geladenen Gewehren. Er feuerte eins auf den Mönch. Die Kugel traf den Quälgeist genau in die Brust, prallte ab und pfiff knapp am Ingenieur vorbei. Das war zuviel. In panischer Angst stürzten die Männer davon. Seitdem versuchten sie nie wieder in dieser Höhle zu schlafen.

POLEVIKI UND POLUDNITSY

Mit fanatischem Eifer wachen die Feldgeister über ihr Revier. Sie erlauben zwar dem Menschen, das Getreide auf ihren Feldern zu ernten, doch nur, wenn sie sicher sind, daß es mit größter Sorgfalt geschieht. Die Mittagsfrau oder Poludnitsa verstellt Frauen, die sie mittags auf dem Feld trifft, den Weg und verhört sie über den Anbau

POLEVIK

und die Verarbeitung von Flachs. Frauen, die um eine Antwort verlegen sind, werden für ihre Unwissenheit mit dem Tode bestraft. Der norditalienische Pavaró schlitzt Bohnendieben die Beine auf, und der Polevik würgt Betrunkene ab, die im Delirium in sein Feld torkeln und dort vom Schlaf übermannt werden. Kinder, die sich ins Korn wagen, finden nicht mehr heraus oder werden von der Roggenmuhme an ihren giftigen schwarzen Brüsten gesäugt. Ihr Gefährte, der Pilwiz, beschießt Eindringlinge mit Elbenpfeilen, die Krankheit und Tod hervorrufen.

Ihre sicher nicht unbedeutende Rolle als Beschützer der Felder wurde in den letzten Jahren übertrieben und verleumderisch dargestellt. Allerdings darf man nicht vergessen, daß Sicheln und Mähmaschinen Jahr für Jahr ihre Felder niedermähen, ihre Verstecke zerstören und sie sogar hin und wieder selbst verwunden. Wenn ein Bauer zur falschen Zeit ins Feld geht und ihren Frieden verletzt, schlagen sie ihn mit der Elbensichel in Bein oder Nacken. Deshalb empfiehlt es sich, die Methoden zur Besänftigung rachsüchtiger Elben zu lernen und zu beherzigen. In Deutschland ist es Brauch, ein mit drei Kreuzen markiertes Taschenmesser auf den Pilwiz zu werfen und zu rufen: »Da hast's Bilbze!« In Ostrußland wird die Schnittwunde des Polevik durch die Rinde eines bestimmten Baumes geheilt. Viele glauben auch, daß jeder, der das Vaterunser eine halbe Stunde lang rückwärts aufsagen kann, nicht von den Feldgeistern belästigt wird.

KENNZEICHEN

Die Größe der russischen Feldgeister ändert sich mit dem Wachstum des Getreides, in dem sie leben. Im Herbst sind sie nur wenige Zoll hoch, im Sommer so groß wie die höchsten Halme. Die männlichen Poleviki sind dunkelhäutig und tragen weiße Leinengewänder. Sie haben grasgrünes Haar. Ihre sehr schönen Frauen, ebenfalls weißgewandet, erscheinen mit Sichel und Sense um die Mittagszeit.

Der deutsche Pilwiz oder Bockschnitt ist dunkelhäutig wie der Polevik und trägt gleichfalls Leinenkittel. Abends erscheint er mit einem dunklen Dreispitz auf dem Kopf und einer am linken Fuß befestigten Sichel. Seine Gefährtin, die Roggenmuhme, ist immer nackt und zeigt ihre todbringenden schwarzen Brüste. Der bei weitem exotischste Feldgeist ist der Pavaró aus Norditalien. Er trägt einen Hundekopf mit breiter Schnauze und glühenden Augen. Als Wächter der Bohnenfelder hat er Zähne und Nägel aus Stahl und derart lange Arme, daß er mehrere Felder gleichzeitig durchkämmen kann.

VERBREITUNG
Die Poleviki sind in ganz Nord- und Osteuropa bis Rußland bekannt. Die schwedischen Feldgeister heißen Ljusgubbar. Die Pilwize haben sich von Bayern bis Polen, Thüringen und Franken ausgebreitet. Ursprünglich lebten sie in Bäumen, inzwischen siedeln sie jedoch in Roggen-, Hafer- und anderen Kornfeldern. Der Pavaró lebt ausschließlich in Saubohnenfeldern, der Kornkater in Weizen- und der bayerische Preinscheuhen in Hafer- und Hirsefeldern.

KLEINE DRACHEN

Obwohl oft mit Feuergeistern verwechselt, sind die kleinen Drachen eindeutig Hausgeister, die als feurige Streifen über den Himmel ziehen, um ihrem Herrn Getreide, Milch und Eier zu bringen. Die Beziehung zu ihrem Herrn ist ihrem »feurigen« Wesen entsprechend sehr intensiv. Meistens handelt es sich dabei um ein Männerbündnis, gelegentlich sogar um eine Blutsbrüderschaft zwischen einem kleinen Drachen und dem Hausherrn. In diesen Abkommen verpflichtet sich der kleine Drache, Pferde und Ställe in Ordnung zu halten und dafür zu sorgen, daß Vorratskammer, Kornspeicher und Geldsack seines Herrn immer gut gefüllt sind. Der Hausherr dagegen garantiert für die ausreichende Versorgung seines Partners und daß ihm der nötige Respekt entgegengebracht wird. Wer den kleinen Drachen beleidigt, gefährdet die Existenz des gesamten Hauses, in dem er lebt.
Die Eigenschaften des Feuers nehmen sie ausschließlich im Fliegen an. Dann erscheinen sie als feurige Schweife mit großen Köpfen oder als ovale flammende Bälle. Sekundenschnell überwinden sie riesige Entfernungen und kehren ebensoschnell mit Geschenken vom anderen Ende der Erde zurück. Menschen, die zufällig ihre Himmelsfahrt beobachten, müssen sofort in Deckung gehen, da ein

KLEINER DRACHE

unerträglicher Gestank von brennendem Schwefel hinter ihnen herzieht. Ein Zuschauer, der rasch reagiert, indem er »Fifty-fifty!« ruft oder ein Messer nach dem kleinen Drachen wirft, kann einige Drachengeschenke erhaschen. Sind die Zuschauer zu zweit, müssen sie schweigend ihre Beine übereinanderschlagen, das vierte Rad eines Wagens abnehmen und schleunigst verschwinden. Wird dieses Ritual behend genug ausgefürt, ist der kleine Drache gezwungen, einen Teil seiner Schätze abzuwerfen.

KENNZEICHEN
Die kleinen Drachen zeigen sich in einer überwältigenden Zahl von Erscheinungen und Gestalten. Obwohl die nordeuropäischen kleinen Drachen, Drakes, Draks und Fire-Drakes ursprünglich, wie die *Kobolde*, in beschnitzten Alraunenwurzeln gefangengehalten wurden, treten sie jetzt als kleine Jungen mit roten Jacken und Mützen auf und schwirren als feurige Schweife mit großen Köpfen und langen Schwänzen durch die Luft. Der schwedische Krat erscheint als kleiner, zwei bis drei Fuß großer fliegender Drache.

VERBREITUNG
Die englischen, skandinavischen, deutschen und französischen kleinen Drachen verbringen den Großteil ihrer Zeit in der Luft. Nur zum Ausruhen lassen sie sich in der Scheune nieder.

ASRAI

In Cheshire und Shropshire wird eine Vollmondnacht »Asrai-Nacht« genannt. In dieser Nacht tauchen die liebenswürdigen, scheuen Asrai aus dem Wasser empor, um den Mond zu betrachten. Obwohl dem Wuchs nach Kinder, sind die Asrai viele hundert Jahre alt. Nur im Mondlicht können sie wachsen; doch nur einmal in jedem Jahrhundert ist es ihnen erlaubt, an der Wasseroberfläche zu erscheinen. Ein einziger Sonnenstrahl ist ihr Tod, und im gleichen Moment geht ihr Leib in Wasser über. Ihr größter Feind ist der Mann. Wer je von ihrer Schönheit geblendet worden ist, findet weder Rast noch Ruh, bis er sie in seiner Gewalt hat.

ASRAI

KENNZEICHEN
Die Asrai sind im Durchschnitt zwei bis vier Fuß groß, auschließlich
weiblichen Geschlechts, nackt, scheu, gutwillig und überaus schön.
Sie haben langes, grünes Haar und Schwimmhäute zwischen den
Zehen.

VERBREITUNG
Die Asrai sind englische Elbinnen, die am Grunde tiefer Gewässer
leben, sowohl in Seen als auch im Meer. An Land müssen sie binnen
kurzem sterben.

Ein Fischer war bei Vollmond auf Fang gefahren. Plötzlich spürte
er etwas Schweres in seinem Netz. Er zog es ins Boot und fand darin
das schönste Mädchen, das er je erblickt hatte. Es war eine Asrai.
Da er's nicht übers Herz brachte, sie wieder ins Wasser zu werfen,
legte er sie ins Boot und bedeckte sie mit Binsen, um sie zu wärmen.
Sie war kälter als Eis, und wo seine Hand sie berührt hatte, brannte
sie wie Feuer.
Während er zum anderen Ufer ruderte, versuchte er ihr Weinen zu
überhören. Als er am Steg anlegte, ging die Sonne auf. Die Asrai
stieß einen Schrei aus. Erschreckt blickte er sich um — sie war fort.
Eine ganze lange Nacht Arbeit hatte ihm nicht mehr eingebracht als
eine Wasserlache im Boot und eine erstarrte Hand.

GLASHANS UND SHOPILTEES

In der Regel sind die männlichen Geister der nordeuropäischen Seen
ungeschlachte Monster, die mit den Wasserelben wenig gemein haben. Doch auch in diesem Fall bestätigt die Ausnahme die Regel.
Die schottischen Kelpies und Fuaths erscheinen in der Gestalt riesiger Wasserrösser, die Glashans der Insel Man und die schottländi-
schen Shopiltees im Gegensatz zu ihnen als Miniaturpferde: der

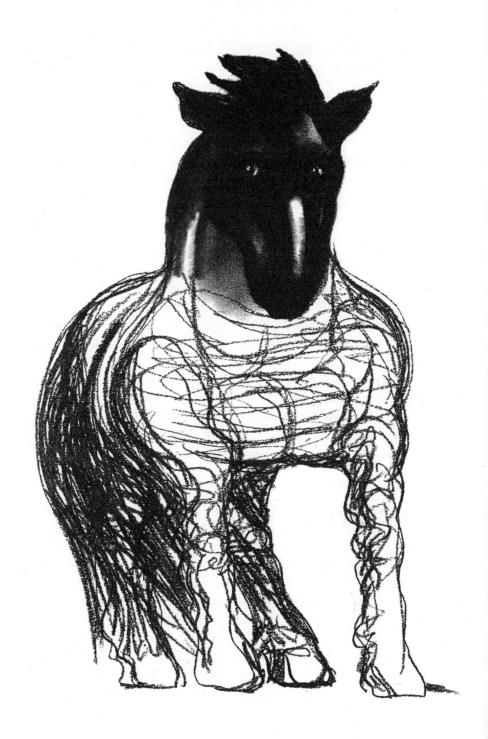

SHOPILTEE

Shopiltee häufig als Shetland-Pony, der Glashan als schwaches Fohlen oder als einjähriges Lamm.

Obwohl sie weniger blutgierig sind als ihre größeren Verwandten, sollte man ihnen nie zu nahe kommen. Der Glashan vergewaltigt Frauen und Mädchen, der Shopiltee nährt sich vom Blut der Ertrunkenen.

KENNZEICHEN
Die wahre Gestalt des Glashan ist unbekannt. Er erscheint als Mensch, Lamm oder graues Fohlen. Der Shopiltee wird auf den Orkney-Inseln Tangye genannt. Er ist ein kleines Pony mit langen Pferdebeinen, mächtigen Hoden und seegrasbedecktem Rücken, der sich auch in einen Menschen verwandeln kann.

VERBREITUNG
Sie leben in Flüssen und tiefen Seen in Wales, Schottland, auf den Shetland- und den Orkney-Inseln und auf der Insel Man.

HEINZELMÄNNCHEN UND HÜTCHEN

Die *Kobolde* sind, wie die skandinavischen *Nissen*, die alten, ursprünglichen deutschen Hausgeister. Seit der Frühzeit wurden sie mit Namen versehen und wieder umbenannt, in verschiedene Subspezies geteilt und weiter untergliedert. Heute kann man, trotz der verwirrenden Vielzahl ihrer Namen, zwei separate Gruppen unterscheiden: Die lauten und lästigen *Poltergeister*, deren Namen von ihrer unablässigen Krachmacherei herrührt, und eine zweite Gruppe Hausgeister, deren Leben mit dem der Menschen derart eng verbunden ist, daß ihnen die Familien eigene Spitznamen geben wie: Kleiner Hans oder Heinzlin, Hinzelmann oder Heinzelmann, Guter Johann, Chimke (Verkleinerungsform von Joachim), Wolterken u. a. Nach ihren typischen roten Kappen werden sie auch Mützchen, Eisenhütel, Hutzelmann, Pumphut, Hopfenhütel oder Hütchen genannt.

Die Geister der zweiten Gruppe sind fleißige Schwerarbeiter, die einmal in der Woche und an Feiertagen als Lohn eine Mahlzeit fordern. Dafür erledigen sie die gesamte Haus- und Hofarbeit. Sie waschen Geschirr, kehren und scheuern Böden, füttern, tränken und striegeln Pferde, misten Kuhställe aus, tragen Heu und Korn in die Scheunen, hacken Holz, machen Feuer, treiben faule Knechte und Mägde zur Arbeit an, verwalten das Haus und wenden sicheres Unheil ab.

Neben ihrer rastlosen Arbeit finden sie noch Zeit, die Zukunft vorauszusagen und gute Ratschläge zu geben. Der Familie, der sie dienen, halten sie unverbrüchlich die Treue, und nichts kann sie zwingen, das Haus freiwillig zu verlassen. Der Aufenthalt in einem Haus wird ihnen vergällt durch Nahrungsmittelentzug, schlechte Behandlung, aufwendige Kleidergeschenke oder Arbeitstreiberei. Wenn man sich über ihre Arbeit lustig macht oder ein Wagenrad vor dem Haus stehen läßt, nachdem das Haus abgebrannt ist, verschwinden sie. Doch jeden, der sie vertrieben hat, trifft ihr Fluch.

KENNZEICHEN
Heinzelmännchen und Hütchen sind zwischen einem und drei Fuß groß. Sie tragen rote oder grüne Kleider mit roten Mützen und sind im allgemeinen rothaarig, rotbärtig und ab und zu auch blind. Ihr Lachen ist ansteckend und ihre Verwandlungsfähigkeit durchschnittlich: sie erscheinen als Kinder, Katzen, Fledermäuse, Schlangen oder Hähne.

VERBREITUNG
Wie alle Hausgeister lieben auch die Heinzelmännchen und Hütchen die dunkelsten Winkel des Hauses. Man findet sie in der Scheune, im Stall, in den Bäumen am Haus, im Winkel hinter dem Herd, zwischen den Dachsparren, auf dem Speicher oder im Keller. Sie leben hauptsächlich in Deutschland, doch gibt es auch aus Dänemark Berichte über sie.

Einer der berühmtesten deutschen Hausgeister war Hinzelmann, ein blonder Dämmer-Elbe mit rotem Hut, der mit seinem Weib Hille

HÜTCHEN

Bingels um die Mitte des 16. Jahrhunderts in Lüneburg lebte. Er hatte seinen eigenen Raum im obersten Stock des Schlosses, möbliert mit einem geflochtenen Strohsessel, einem runden Tisch und einem bequemen Bett. Seiner Verdienste wegen war es ihm gestattet, im Haus an der Seite des Hausherrn am Herrentisch zu essen. Wehe dem Diener, der es vergaß, Hinzelmann das Mittagessen oder das Frühstück aus Brotkrumen und Dickmilch zu bringen!

Nicht immer war es Hinzelmann in Lüneburg so gut ergangen. Anfangs zeigte sich der Hausherr nicht gerade entzückt über ihn, und nichts blieb unversucht, um ihn aus dem Schloß zu jagen. Aber der Geist wollte nicht weichen; und wer ihn mißhandelte, mußte es bitter bereuen. Einem zu Hilfe gerufenen Exorzisten zerriß er das Gebetbuch und ließ die Fetzen durchs Zimmer flattern. Schließlich ließ der Schloßherr verdrossen die Pferde anspannen, um sich nach Hannover zurückzuziehen. Auf dem Weg wurde die Kutsche von einer weißen Feder umschwebt, der er jedoch wenig Beachtung schenkte, da er sich wieder und wieder zu seiner geglückten Flucht vor Hinzelmann gratulierte.

Am nächsten Morgen aber schon gab es neuen Verdruß. Seine goldene Halskette war weg. Erst nachdem er den Wirt des Diebstahls bezichtigt und hitzig mit ihm gestritten hatte, tauchte Hinzelmann auf und gestand seinem Herrn, in Gestalt einer weißen Feder gefolgt zu sein und die Kette unter dem Kopfkissen versteckt zu haben. Da erkannte der Fürst, daß er den Hinzelmann niemals mehr loswerden würde. Er vergab ihm, und gemeinsam kehrten sie nach Lüneburg zurück. Seit dieser Zeit lebte der Geist mit seinem Weib viele Jahre lang glücklich im Schloß. Als er es verließ, mußte er das Versprechen abgeben, sogleich wieder zu erscheinen, falls das Geschlecht seines Herrn vom Aussterben bedroht sei.

FATE

Die italienischen Fate gehören, wie die irischen Faeries, zur uralten mächtigen Aristokratie der Elben. Viele der edlen Fate sind namentlich bekannt: die Fata Sibiana, die Fata Aquilina, die Fata Culina

Fata

und die Fata Alcina, die Schwester der berüchtigten Fata Morgana, Königin der französischen *Fées* wie der Fate. Der Palast der Königin schwebt über der Straße von Messina. Er schimmert in den Lüften. Seeleute, die ihn entdecken, müssen bei dem Versuch, ihn zu erreichen, ihr Leben lassen.

Die italienischen Fate sind Wald- und Wassergeister von großer Schönheit und Güte. Ihre Günstlinge belohnen sie mit kostbaren Gaben, jene aber, die sie unverschämt oder hartherzig behandelt haben, müssen für diesen Frevel mit ihrer Schönheit, ihrer Gesundheit, ihrem Leben oder ihrem Glück bezahlen. Daher ist es immer ratsam, sich in Gegenwart der Fate maßvoll zu benehmen. Es ist nicht leicht, sie zu erkennen. Sie erscheinen als alte Männer oder Frauen, als schöne Damen oder in Gestalt eines Tieres. Wer einer alten Frau im Wald behilflich ist, wird oft zu seiner Überraschung feststellen, daß sich in der Gestalt der Alten eine Fata verbirgt, die die Hilfsbereitschaft großzügig belohnt.

KENNZEICHEN

Die Fate sind sehr schöne, etwa fünf Fuß große Elbinnen, die fast immer weiß gekleidet erscheinen. Die Sibille der Abruzzen sind schatzhütende Fate, und die sizilianischen Binidica sind gutherzig und schön, wenngleich sie im allgemeinen unsichtbar bleiben.

VERBREITUNG

Sie leben in Höhlen, Grotten, Felsen, Quellen oder Bäumen, die sie vor dem Menschen beschützen. Mittags ist ihre Macht am größten; um diese Zeit werden sie am häufigsten gesehen. Sie leben überall in Italien und in Kroatien.

In einem kleinen Dorf in der Nähe von Turin waren eines Nachts einige Mädchen mit Spinnen beschäftigt. Es war Vollmond, und die nächtliche Stunde regte sie zu Geschichten über Gespenster, Folletti und Fate an. Nur eine von ihnen mochte nicht zuhören.

»Ich glaube nicht an eure Folletti und eure berühmten Fate! Das sind doch Ammenmärchen. Heute nacht noch geh' ich allein in den Wald, dann werdet ihr ja sehen...! Nichts wird geschehen.«

Und ehe die erschrockenen Mädchen etwas sagten, war sie mit der Spindel in der Hand verschwunden. Sie riefen ihr nach, aber sie drehte sich nicht einmal um.

Voll Angst und Sorge warteten ihre Freundinnen Stunde um Stunde, doch sie kam nicht zurück. Der Morgen kam, das Mädchen blieb aus. Als sich das ganze Dorf auf die Suche machte, entdeckten sie, was alle erwartet hatten. Sie lag unter einer riesigen Kastanie. Die Spindel steckte ihr mitten im Herz.

Zwei Halbschwestern wurden von ihrer Mutter zum Wasserholen geschickt. Die leibliche Tochter bekam einen Krug, die Stieftochter aber nur ein Sieb. Und so oft sie auch das Sieb in den Bach tauchte, immer wieder rann das Wasser durch die Löcher. Und jedesmal, wenn sie das leere Sieb nach Hause brachte, wurde sie dafür geschlagen.

Eines Tages rutschte ihr das Sieb aus der Hand und trieb den Bach hinab. Entsetzt rannte sie ihm nach. Und jeden, den sie traf, fragte sie, ob er es gesehen hätte. Endlich sah sie es auf einer Insel aus Schlamm mitten im Bach liegen. Im Schlamm saß ein dreckiges, häßliches Weib und lauste sich.

»Würdet Ihr so nett sein und mir bitte mein Sieb geben?« fragte das Mädchen.

»Natürlich, Schätzchen«, sprach die Alte, »aber zuerst mußt du nachschauen, was mich da im Rücken kratzt. Was das bloß wieder ist.«

Das Mädchen zerquetschte die lästigen Flöhe, die über den Rücken der alten Vettel spazierten, sagte ihr aber, sie hätte Diamanten und Perlen gefunden.

»Dann sollst du auch Diamanten und Perlen haben, kleine Frau«, sagte die Alte und führte sie in ihr Haus. »Kannst du mir noch den Gefallen tun, und mein Bett machen?«

Das Mädchen nickte. Und obwohl die Laken schwarz von Läusen und stinkenden Wanzen waren, sagte sie, das Bett sei voll Rosen und Lilien.

»Dann sollst du auch Rosen und Lilien haben«, sagte die Alte und bat sie, noch das Haus zu kehren. Als das Mädchen fertig war, behauptete sie, Rubine gefunden zu haben.

»So sollst du Rubine haben!«

Die alte Vettel führte das Mädchen zu ihrem Kleiderschrank und ließ sie zwischen einem Baumwollkleid und einem Seidenkleid wählen.

»Gebt mir das aus Baumwolle, das paßt besser zu einem armen Mädchen.«

»So nimm das Seidenkleid. Magst du eine Kette aus Gold oder aus Korall?«

»Mir reicht die aus Korall.«

»So sollst du Gold bekommen. Willst du Ohrringe aus Diamant oder Kristall?«

»Für mich reicht's aus Kristall.«

»Dann sollst du Diamanten haben«, sagte die Alte und steckte ihr zwei prächtige Ohrringe an.

»Von heute an wirst du für immer schön sein, und dein Haar wird leuchten wie Gold. Wenn du die eine Seite kämmst, fallen Rosen und Lilien herab, kämmst du die andere, wirst du Rubine finden. Nun geh heim, aber dreh dich nicht um, wenn du den Esel brüllen hörst. Erst wenn der Hahn kräht.«

Als der Hahn krähte, drehte sich das Mädchen um, und ein strahlend goldener Stern erschien auf ihrer Stirn.

Neidisch über ihr Glück machte sich die Stiefschwester auf, um es ebenfalls zu versuchen. Aber sie brachte es nicht übers Herz, zu der Fata freundlich zu sein. Und sie wählte die falschen Geschenke. Noch häßlicher als zuvor kehrte sie nach Hause zurück, und mitten auf ihrer Stirn prangte ein Eselsschwanz.

HOI-HOI-MÄNNER

Eine Gruppe von Waldgeistern, Hoi-Hoi-Männer genannt, hat sich von Süddeutschland über Österreich bis zur Tschechoslowakei, nach Polen, Ungarn und Rumänien verbreitet. Sie werden selten gesehen, aber um so öfter gehört, wenn sie ihr »Hoi, Hoi, Hey, Huu!« rufen. Reisende, die das Pech haben, ihrem durchdringenden Ruf zu

HOI-HOI-MANN

folgen, werden mit Sicherheit in die Irre gehen; und jeder Unverständige, der versucht, die Hoi-Hoi-Männer zu verspotten, muß unweigerlich sein Leben lassen.

Der brühmteste Hoi-Hoi-Mann ist Rübezahl, ein Ureinwohner des Riesengebirges. Wie alle deutschen Hoi-Hoi-Männer liebt er es, Menschen in die Irre zu führen, wobei er jedoch in einer geradezu verwirrenden Vielzahl verschiedenartigster Gestalten auftreten kann. Jeder Holzfäller, Mönch, Esel, Köhler, Führer, Bote, Bauer, Jäger, Hengst oder Kräutermann, den man im Gebirge trifft, kann Rübezahl sein. Er versteht nicht nur einiges von der Kunst der Verwandlung und wie man Wanderer vom rechten Weg abbringt, er kann auch Regen-, Hagel- und Schneestürme auslösen, Menschen lange Ohren wachsen lassen, Obst in Mist oder Gold verwandeln, Mädchen mit Bärten schmücken und Männern Hörner aufsetzen. Er kann Wurzeln in Schlangen verwandeln, Nasen verlängern, Perücken zu Eselsschwänzen und Stroh zu Pferden machen. Kein Wunder, daß man ihn »Meister Johannes« und »den Herrn der Berge« nennt.

KENNZEICHEN

Rübezahl erscheint in derart vielen Verkleidungen, daß es unmöglich ist, seine wahre Gestalt zu bestimmen. Die anderen Hoi-Hoi-Männer können sich ebenfalls verwandeln, doch hat man sie am häufigsten als kleine Männer mit großen Hüten und verdeckten Gesichtern gesehen, die rote Mäntel und Peitschen tragen. Unter den vielen lokalen Bezeichnungen für die Hoi-Hoi-Männer seien hier angeführt: der böhmische Hejkadlo, die deutschen Hoi-Hoi-Männer Rôpenkerl und Hüamann, die rumänischen He-Männer und Schlorcherl, der Hoi-Hoi-Mann der Sümpfe.

VERBREITUNG

Ursprünglich lebten die Hoi-Hoi-Männer nur in unzugänglichen Waldgebieten. Seit jedoch viele ihrer bevorzugten Schlupfwinkel abgeholzt und zerstört worden sind, haben sie sich an andere einsame Plätze zurückgezogen: in Sümpfe, ausgetrocknete Mühlbachbetten und Getreidefelder. Rübezahl lebt auf den dichtgewaldeten Höhen des Riesengebirges. Die in Frankreich und England lebenden

Hooters und Houpoux oder Lupeux wurden meist an der Küste oder in Sümpfen und Morastlandschaften beobachtet.

Ein mit allen Wassern gewaschener Händler übertölpelte einst einen Bauern, indem er ihm ein wertloses Stück Tuch um fünfzig Dukaten verkaufte.

Kaum hatte er die Tür seines Lagers hinter sich versperrt, stürzte er sich auf das Gold, um es zu zählen. Blind vor Geldgier hatte er nicht bemerkt, daß sein Opfer Rübezahl gewesen und daß die fünfzig Dukaten, die er behend in seine Geldkatze getopft hatte, nichts anderes als ein quirlendes Knäuel aus Pelzen und Zähnen war.

Erst am Abend hatte der Händler die letzte Maus gefangen. Doch zu spät. Von seinen kostbaren Tuchballen war nur ein einziger heil geblieben. Alle andren hatten Rübezahls »Goldmäuse« zernagt.

Nach einer langen Wanderung kam ein durstiger Mann zu einer Quelle. Das Wasser war so tief und derart kalt und klar, daß es beinahe schwarz aussah.

»Das ist sicher die berühmte Quelle von Rübezahl!« rief er. »Tief, dunkel, unheimlich und gefährlich. Doch wenn mein Freund Rübezahl es erlaubt, will ich mir trotzdem einen Schluck genehmigen.«

Da er keine Antwort bekam, beugte er sich herab, trank einen tiefen Schluck und füllte seine Wasserflasche auf.

»Vielen Dank, Freund!« rief er und machte sich erneut auf den Weg. Nachdem er einige Zeit in der glühenden Hitze bergan gestiegen war, bekam er wieder Durst. Er nahm die Flasche vom Gürtel und wunderte sich, wie schwer sie war. Als er trinken wollte, kam nicht ein einziger Tropfen heraus. Enttäuscht und wütend schmetterte er die Flasche gegen einen Felsen. Da entdeckte er, daß sie mit kostbarem, gelben Topas gefüllt war.

»Vielen Dank, ich wünschte, alle meine Freunde wären so freigebig wie du!« rief der Mann.

Ob Rübezahl ihn hörte oder nicht, ist nicht bekannt. Er gab keine Antwort.

Rübezahl sollte nie und nimmer gereizt werden. Eine Böhmin, die das Pech hatte, ihn zu beleidigen, mußte einmal teuer für ihren Fehltritt bezahlen.

Ganz versessen auf Schminke, kaufte sie bei einem Hausierer freudig ein Döschen purpurnen Lidschatten. Nachdem sie sich aber geschminkt hatte, erkannte sie, daß der Händler niemand anders als Rübezahl gewesen war, denn die Schminke war keine gewöhnliche Schminke. Es war eine Zaubersalbe, die ihre lilienweißen Lider in schwarzbraunes Leder verwandelte. Was sie auch tat, nichts half. Die Farbe ging nie wieder weg, und kein anderes Mittel blieb daran haften.

Vor vielen Jahren ging ein Bauer vom Wirtshaus in Rastbach heimwärts nach Moritzreith. Der Mond stand am Himmel. Als der späte Gast am düsteren Schloßwald vorüber den Kirchsteig talwärts wankte, drang mit einem Mal von Ferne der Ruf »He! He!« an sein Ohr. Und wieder, aber schon viel näher, ertönte das durchdringende »He! He!«. Zu anderer Zeit und bei klarem Kopf hätte sich der Bauer im Schatten einer Fichte verborgen. Aber der Trunk hatte seinen Mut gestärkt. Ein spöttisches Lächeln huschte über sein Gesicht; dann schrie auch er mit heiserer Stimme: »He! He!«

Die Bäume rauschten, ein Sausen und Brausen erfüllte die Luft. Der Bauer erstarrte. Schon sah er ihn, den fahl glänzenden schweren Grenzstein auf dem Rücken, auf sich zuhasten. Entsetzt wandte sich der Mann zur Flucht. Aber es war zu spät. Mit einem gewaltigen Satz sprang ihm der Hehmann ins Genick. Er war so schwer, daß der Mann keuchend zu Boden sank. Seine Hilferufe trug der Sturm mit sich fort. Am nächsten Morgen fand man den Landmann am Weg. Sein Gesicht war zerkratzt und verzerrt. Sterbend hatte er erkannt, daß der Hehmann der Stärkere war.

SALVANELLI

In einigen norditalienischen Dialekten bedeutet das Wort »salbanello« oder »sanguanello« die tanzende Reflektion des Sonnenlichts im Spiegel. Zugleich ist es der Name eines *Folletto*, des leichtherzigen, listigen Salvanel, einem der kleinsten Waldgeister. Trotzdem er riesige Herden dickwolliger Schafe hütet, verpaßt er nie die Gelegenheit, anderen Bauern ihre Milch zu stehlen. Er verheddert Mähnen und Schwänze der Pferde miteinander und hetzt sie nächtelang umher, daß sie am Morgen matt und müde sind.

Eins seiner anderen Hobbys ist das Irreführen. Sicheren Schritts steigt er vor ortsunkundigen Wanderern einen Bergpfad hinauf, um kurz darauf seine hilflosen Opfer am Rand eines Abgrunds oder auf einem schmalen Gamssteig lachend zu verlassen. Auch wer in Gedanken den Fußstapfen des Salvanels folgt, verirrt sich mit Sicherheit. Um den richtigen Pfad wiederzufinden, muß man die Schuhe umdrehen und mit nach rückwärts gerichteten Spitzen weiterwandern.

Trotz Schabernack und Schadenfreude ist der Salvanel harmlos, ein Kinderfreund, der insbesondere zwei- bis dreijährige Mädchen liebt, doch raubt er sie nie in böser Absicht. Mit Sorgfalt und Liebe zieht er sie in seiner Waldhöhle auf.

KENNZEICHEN

Die Salvanelli sind drei Fuß groß, gelegentlich etwas kleiner. Sie kleiden sich rot, haben eine behaarte rostrote Haut und eine hagere Gestalt. Sie sind die Kinder der *Salvani* und der *Aguane*. Ihre eigenen Kinder werden Salbanelli genannt.

VERBREITUNG

Die Salvanelli leben hauptsächlich im italienischen Teil der Alpen, doch sie wurden auch im Westen bis nach Genua und im Norden bis in die Gegend von Innsbruck beobachtet. Sie leben vorzugsweise in Waldhöhlen oder in hohlen Bäumen.

SALVANEL

Einmal stahl ein Salvanel ein Kind von einem Hof aus der Nachbarschaft. Als er sein Haus erreichte, entdeckte er, daß er einen Knaben geraubt hatte.
Außer sich über das Mißgeschick rannte er den Weg zurück, stürzte ins Haus und über die ahnungslosen Eltern her, wobei er schrie: »Hier, nehmt ihn zurück. Ich will ihn nicht. Er ist kein Mädchen!« Nachdem die Eltern endlich aus dem Geschrei klug geworden waren, nahmen sie überglücklich dem zornig fuchtelnden Salvanel ihr Kind wieder ab.

Ein Bauer, der gerade seine Kühe gemolken hatte, ließ seine Milch für ein paar Minuten allein. Als er zurückkam, war die Kanne leer. Überzeugt, daß der Salvanel die Milch gestohlen hätte, beschloß der Bauer, ihm eine Lektion zu erteilen.
Am nächsten Abend füllte er die Milchkanne mit starkem Rotwein und ließ sie an der gewohnten Stelle stehn.
Zunächst war der Salvanel über die sonderbare Milch ein wenig befremdet, dann aber schmeckte sie ihm so gut, daß er sich daran bewußtlos soff. Als er wieder zu sich kam, war er an Händen und Füßen gefesselt.
»Was für eine Pflanze gibt solch süßen Saft, Bauer?« wollte der Geist wissen, aber der argwöhnische Bauer wollte ihm nicht das Geheimnis preisgeben. So antwortete er: »Kratzbeeren!«
»Dann verfüge ich hiermit«, beschloß der Salvanel, »daß jede Kratzbeere, die den Boden berührt, neue Wurzeln schlagen und sich ausbreiten soll, damit es genug Saft für uns alle gibt.«
Jetzt verfluchte der Bauer insgeheim seine Dummheit.
»Ich habe auch eine Frage an dich«, sagte er darauf, »warum klaust du mir meine Milch, wo du doch die besten Herden im Land besitzt?«
»Deine Milch, die trinke ich«, sagte der Geist, »aus meiner aber mache ich Käse.«
»Käse?«
Als Preis für seine Freiheit brachte der Salvanel dem Bauern das

Käse-, Butter- und Quarkmachen bei. Als er in der Tür stand aber rief er:

»Hättest du mich noch ein bißchen länger festgehalten, dann hätt' ich dir auch gezeigt, wie man Wachs aus Molke macht!«

Daher glauben bis heute viele Bergbauern, daß man aus Molke Wachs machen kann.

GWAGEDD ANNWN

Die schönsten walisischen Elben sind die Gwagedd Annwn oder Seemädchen. Hochgewachsen, stolz, blond und unsterblich, leben sie in ihren prächtigen Palästen auf dem Grund der vielen walisischen Seen. Zu zweit oder zu dritt kommen sie an Land zum Tanzen, Jagen oder einfach Spazierengehn. In Vollmondnächten heben sie sich eine Minute vor Mitternacht vom Erdboden ab, um bis zum ersten Hahnenschrei über die Auen zu schweben. In manchen dieser Nächte sieht man nur ihre Köpfe im Silberschleier des Nebels auf und ab gleiten.

Die Gwagedd Annwn sind ein sehr altes Elbengeschlecht, doch unerfindlicherweise sind sie vorwiegend weiblich. Eine Erklärung dafür geht aus den Überlieferungen nicht hervor. Aus diesem Grund jedoch suchen sie oft hübsche junge Männer zu ihrer Unterhaltung. Heiraten zwischen Männern und Seemädchen enden für den Menschen im allgemeinen unglücklich, da die Gwagedd Annwn nur unter kaum erfüllbaren Bedingungen eine Ehe eingehen. Ihre Männer dürfen sie z. B. niemals mit Eisen berühren oder in irgendeiner Weise schlagen, sei es noch so sanft. Ihrer unwiderstehlichen Schönheit wegen aber werden sie trotzdem gern von jungen Männern geheiratet. Außerdem sind die fetten Seekühe, ihre Mitgift, ein nicht zu verachtender Gewinn für mittellose Bauern. Kinder aus diesen Verbindungen besitzen magische Kräfte.

KENNZEICHEN
Die Frauen sind groß, schön und schlank und haben eine leuchtende helle Haut. Sie sind zwischen vier und sechs Fuß groß und von den

GWAGEDD ANNWN

Menschen nur durch ihre überirdische Schönheit und ihre Unfähigkeit, nicht weiter als bis fünf zählen zu können, zu unterscheiden. Die wenigen Männer sind alt, doch trotz ihres hohen Alters stattlich und stark. Sie tragen lange weiße Bärte und sind im allgemeinen fünf Fuß groß.

VERBREITUNG
Die Gwagedd Annwn leben in prächtigen Palästen auf dem Grunde tiefer Seen. Am häufigsten werden sie in Wales gesehen, doch gibt es ähnliche Elben auch in England, Frankreich, Skandinavien, Deutschland und in der Bretagne.

Die letzten Strahlen der Sonne vergoldeten den See. Gemächlich trieb ein junger Hirte das Vieh seiner Mutter zusammen.
Während er sich auf den Heimweg machte, schwebte eine Gestalt über die Wellen auf ihn zu. Es war eine Frau, schöner als im Traum. Sie kämmte ihr langes goldenes Haar, das glitzernd in die Wellen floß. Der Junge lud sie ein, sein Abendessen aus Käse und Brot mit ihm zu teilen.
»Zu hart gebacken ist dein Brot, du hast es nicht leicht, mich zu fangen«, wisperte sie und verschwand in den Wogen.
Am nächsten Tag brachte der Junge frischen Teig mit. Die Sonne versank schon, als sie endlich lächelnd an der Wasseroberfläche erschien.
»Dein Brot ist nicht gar. Ich werd dich nicht nehmen«, neckte sie und versank im See.
Am folgenden Tag nahm sie sein leichtgebackenes Brot wie auch seinen Heiratsantrag an. Dann tauchte sie aufs neue hinab.
Der Hirte war verzweifelt — hatte sie nur eingewilligt, um ihn zum Narren zu halten? Einsam und unglücklich beschloß er, sich im See zu ertränken — da erschien sie wieder, begleitet von einem alten Mann und einem anderen Mädchen, das ebensoschön war wie sie und auf die gleiche Weise gekleidet.
»Um deiner Braut wert zu sein, mußt du herausfinden, welche es ist«, sagte der Alte. »Wenn du richtig wählst, ist sie dein.«
Nachdem der Hirte die beiden lange betrachtet hatte, bemerkte er,

daß sie sich doch nicht völlig glichen: ihre Sandalen waren verschieden geschnürt. So erkannte er seine Braut.

Ihr Vater war mit der Hochzeit einverstanden. Doch stellte er die Bedingung, daß der Bräutigam sie nicht mehr als dreimal grundlos schlagen dürfe. Ihre Mitgift aber sollten soviel Schafe, Rinder, Ziegen und Pferde sein, wie sie in einem Atemzug würde aufzählen können. Mit sanfter Stimme begann sie zu zählen: »Eins, zwei, drei, vier, fünf; eins, zwei, drei vier...«, bis ihr der Atem ausging. Die Summe des Zählens tauchte als Schafherde aus dem See auf und vereinigte sich mit der Herde des Hirten. Und desgleichen stiegen Rinder, Ziegen und Pferde an Land. Zu guter Letzt standen Dutzende fetter gesunder Tiere am Strand.

Die Ehe der beiden war glücklich, bis zu dem Tag, als sie sich zu einer Taufe verspäteten. Um sie zu mahnen, schlug er sie leicht mit dem Handschuh.

»Der erste Schlag ist gefallen. Gib acht!« warnte sie.

Ein zweites Mal schlug er sie beruhigend auf die Hand, als sie während einer Hochzeit über den bevorstehenden Kummer des Paares in Tränen ausbrach. Zum dritten und letzten Mal geschah es, als ihre Kinder schon erwachsen waren. Da die Seefrau während einer Beerdigung aus vollem Hals lachte, wollte ihr Mann sie zum Schweigen bringen. »Jetzt hast du mich ein letztes Mal geschlagen«, weinte sie, »nun wirst du mich nicht mehr wiedersehn.« Sie ging und rief alle ihre Tiere. Sogar das schwarze Kalb im Schlachthaus erwachte wieder zum Leben und folgte ihr in den See.

Ihre Söhne aber vergaß sie nicht. Den ältesten, Rhiwallon, lehrte sie die Kunst des Heilens mit der Verheißung, daß die Gabe durch alle Generationen in der Familie bleiben würde. Und vom zwölften Jahrhundert, von Rhiwallon an bis zu den letzten Mydvai-Medizinern des 19. Jahrhunderts, war die Kunst dieser Ärzte berühmt.

ZIEGENELBEN

Außer den zahlreichen Elben, die gelegentlich in Gestalt von Ziegen erscheinen oder deren Wesen ziegenhaft ist, gibt es eine besondere Gruppe, die die charakteristischen Eigenschaften von Menschen und Ziegen in sich vereint. Die berühmtesten sind die Pane, Silenen und Satyrn des antiken Griechenlands, ursprünglich Wald- und Feldgeister, aus denen später die klassischen Halbgötter wurden, mit denen wir vertraut sind. Die Silenen oder albanischen Ziegenelben vereinfachten die Mythographen zur Gestalt des Silenus, dem bezechten, glatzköpfigen Geißbockmann im Gefolge des Dionysos. Die anfangs nur in Argos bekannten Satyrn wurden später überall in Griechenland als »sanfte Götter« verehrt, die Wald- und Herden-Pane zum großen Gott Pan, dem flöteblasenden Nymphen-Schänder umgedichtet.

In Italien nannte man die Ziegenelben Fauni und Silvani. Die Fauni, einst Feldgeister, die Tiere mit Albträumen plagten, wurden im guten Gott Faunus zusammengefaßt, dem zu Ehren dann regelmäßig Staatsfeiertage begangen wurden. Die Silvani, Wächter der Herden, Häuser und Grenzsteine der antiken Römer, wurden der Halbgott Silvanus.

Diese neu-mythologisierten Staatsgötter verdrängten die alten Satyrn und Fauni aus dem Herzen des Volkes. Die echten alten Ziegenelben wurden nach und nach vergessen und nicht einmal mehr erkannt, wenn sie sich blicken ließen. Erst in jüngerer Zeit hat man Elben gesehen, welche offenbar die Abkömmlinge der alten Ziegenelben sind. Griechische Schäfer hatten Pane auf den Bergen entdeckt. Die italienischen *Salvani* und *Salvanelli* wiederum haben sehr viel Ähnlichkeit mit den alten Silvani.

KENNZEICHEN

Die Ziegenelben haben Ziegenhufe und Bocksbeine. Ihr Oberkörper hat menschliche Gestalt. Die griechischen Ziegenelben sind hinreißende, in zottige Ziegenfelle gehüllte Tänzer. Die Silenen wirken älter als Satyrn und Pane. Die Satyrn haben mächtige Geschlechtsteile, flache Nasen und spitze Ohren.

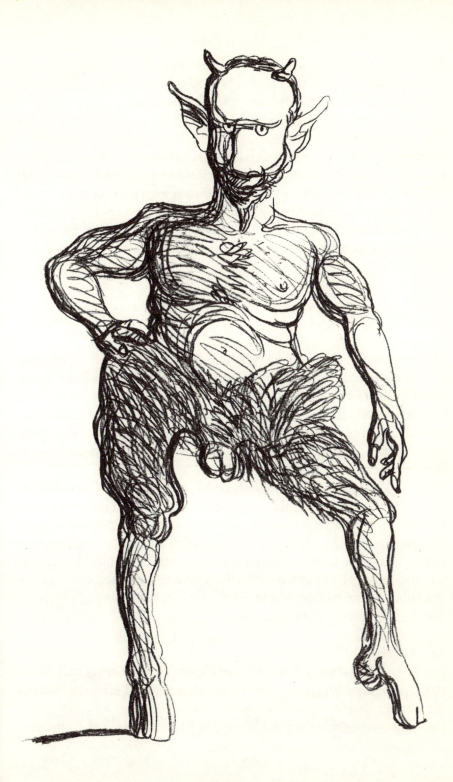

SATYR

Die italienischen Fauni und Silvani sind den griechischen Elben im Körperbau sehr ähnlich. Die Fauni sind schmächtiger, Silvani und Salvani größer und dickfelliger und überaus stark.

VERBREITUNG
Die Silenen waren ursprünglich albanische Geister, während die Satyrn aus Argos stammten. Später breiteten sie sich in anderen griechischen Gegenden aus. Fauni und Silvani lebten in Italien bis hinauf zu den schweizerischen und französischen Alpen.
Die Ziegenelben lieben lichte, luftige Wälder und Felder. Sie reisen auf leichten Winden, die sie nach ihrem Willen lenken können.

MASSARIOLI

Der venetische Massariol ist, wie sein Name sagt, ein »Bäuerchen«, gedrungen, lustig und fett, mit einem großen roten Hut. Er versorgt Rinder und Pferde. Seine Lieblingstiere erkennt man leicht an ihrer Größe: innerhalb einer einzigen Nacht mästet er sie zu stattlichen Tieren. Sind am Samstag in Pferdemähnen und Kuhschwänze viele kleine Zöpfe geflochten, ist das ein sicheres Zeichen, daß der Massariol sie betreut.
Sein Wirkungsbereich ist jedoch nicht nur der Stall. Gern hilft er auch in der Küche den Frauen, die ihm überaus gefallen. Er dient den Damen nach Kräften, und oft verwandelt er sich in einen Kamm oder in einen Faden, um ihnen besser zur Hand gehen zu können. Junge Mädchen zu beobachten, bereitet ihm die größte Lust, und hin und wieder lockt er sie ins Gebirge, wo er sie zu seinem Vergnügen zum Tanzen zwingt. Wenn sie müde sind, bringt er sie jedoch behutsam und unversehrt nach Hause zurück.

KENNZEICHEN
Der Massariol ist einen Fuß groß; er kleidet sich rot, trägt rote Kniestrümpfe und einen großen roten Hut. Er lacht wiehernd und hat ein Altmännergesicht.
Der jugoslawische »Landmaćić« oder Mamalić ist ihm nahe ver-

wandt. Der »Seemaćić« ist ein Maćić, der eine Schwäche für Pfannkuchen hat und im Adriatischen Meer lebt.

VERBREITUNG
Der Massariol lebt auf den großen Genossenschaftshöfen in den norditalienischen Ebenen und auf den kleineren Gehöften am Hang der Südalpen. Er kommt im Süden bis zur jugoslawischen Insel Krk vor, im Norden bis Südtirol.

Ein Massariol wurde eines Tages beim Füttern der Kühe beobachtet. Zum Dank nähten ihm die Knechte ein Hemd und legten es nachts in den Stall. Als aber der Massariol das Geschenk erblickte, rief er: »Einen Fuß hab' ich hier, den andern da drüben: Der Kittel paßt mir nicht!«

Ein jugoslawischer Mamalić lebte im Speicher eines Landhauses und liebte Makkaroni. Mit dem Hausbesitzer hatte er daher vereinbart, gegen Bezahlung einiger Goldmünzen täglich seinen Teller Pasta zu bekommen.
Das Dienstmädchen, das beauftragt war, ihm die Nudeln zu bringen, war aber einmal derart hungrig, daß sie das Essen herunterschlang, ehe sie den oberen Treppenabsatz erreicht hatte.
Der Mamalić hatte sie jedoch beobachtet. Als sie die Speichertreppe wieder hinabstieg, schlang er sich um ihre Beine und ließ sie krachend die Stufen hinunterstürzen. Der Lärm lockte den Hausherrn herbei. Er fand sie auf dem Treppenabsatz liegen, den leeren Teller auf dem Kopf. Schnell wurde ein neuer Topf Makkaroni aufs Feuer gesetzt, bevor noch der vergrämte Mamalić Zeit fand, weiteres Unheil zu stiften.

Ein kleiner Seemaćić kam eines Tages zu einem Strand, wo eine Witwe herumspazierte. Als sie versprach, ein paar Pfannkuchen für ihn zu backen, verschwand er und kehrte gleich darauf mit einem goldenen Fisch zurück. Von diesem Tage an gab er ihr für jeden Pfannkuchen, den sie buk, immer ein wenig mehr Gold.

NEREIDE

»Wie heißt du denn, gute Bäckerin?« fragte der Maćić.

»Niemand«, antwortete die schlaue Frau.

Jeden Tag buk sie nun im Ofen für den goldbringenden Maćić Pfannkuchen. Eines Tages aber wurde es ihr so langweilig, daß sie die Pfanne mit dem heißen Öl auf den Geist fallen ließ.

Heulend vor Schmerz und Zorn raste er zu seinen Freunden, den Landmaćićs.

»Wer war's denn?« wollten die wissen.

»Niemand, niemand war's«, wimmerte er kläglich, »ich bin völlig verbrannt.«

Nur mit knapper Not entging der arme Maćić einer Tracht Prügel — als Strafe für seine Dummheit.

NEREIDEN

Die Nereiden oder Exoticas sind mittags und um Mitternacht besonders gefährlich. Jeder Mann, der sie stört oder an einem ihrer Lieblingsplätze einschlummert, muß seine Vermessenheit bitter bereuen. Krankheit, Wahnsinn, Impotenz oder Tod werden ihn treffen. Wer sie beim Baden beobachtet, verliert sein Augenlicht, wer sie anspricht, wird seiner Stimme beraubt.

Mancher Mann versucht, eine Nereide in seine Gewalt zu bekommen, indem er ihren weißen Schleier raubt. Ohne diesen Schleier ist das Leben für die Nereide sinnentleert, und widerstandslos wird sie sich dem Mann ergeben. Gelingt es ihr jedoch, den Schleier zurückzugewinnen, läuft sie ihm davon, um wie früher mit ihren Freundinnen auf den Hügeln zu tanzen. Die zurückgelassenen Kinder tragen viele Charaktereigenschaften ihrer Mutter. Manche Griechen besitzen bis heute die Fähigkeit, Abkömmlinge der Nereiden an ihrem Wesen zu erkennen.

Es gibt mehrere Mittel und Wege, dem Zorn und der Arglist der Nereiden zu entgehen. Nach alter Sitte sollte man vor jedem Wirbelwind Respekt haben und ihm die Zauberformel: »Milch und Honig deinem Weg!« zurufen, da die Nereiden nicht selten mit ihm reisen.

Auch ist es nicht besonders ratsam, sich um Mitternacht außerhalb des Hauses aufzuhalten.

Besondere Vorsichtsmaßnahmen müssen Mütter nach der Geburt ihres Kindes treffen. Rasend vor Eifersucht und giftig vor Neid werden die Nereiden nichts unversucht lassen, um die Mutter mit Krankheit zu schlagen, sie zu verletzen, oder ihr das Kind zu rauben. Um ihr Versteck geheimzuhalten, darf die Frau des Nachts unter keinen Umständen Geräusche erzeugen. Wenn sie das Haus verläßt, muß sie auf den Haustürschlüssel treten, ein schwarzes Kreuz auf die Schwelle malen und den Nereiden etwas zum Essen hinstellen.

Wird ein Mann (oder eine Frau) von einer Nereide »geschlagen« oder in irgendeiner Weise verletzt, sollte er auf Tag und Stunde genau eine Woche, einen Monat oder ein Jahr lang warten, um an die Stelle zurückzukehren, wo ihn das Unglück getroffen hat und mit Opferspeisen (besonders Honig) die Nereiden versöhnlich stimmen. Wer seine Gaben gegeben hat, darf sich nicht umdrehen; das beleidigt sie aufs neue.

KENNZEICHEN

Die Nereiden oder »Honiggleichen« sind durchwegs von erlesener Schönheit. Sie sind jung, schlank, anmutig, haben eine milchweiße Haut und wohlklingende Stimmen. Sie kleiden sich in Weiß und Gold und umhüllen Kopf und Schultern mit einem weißen Schleier, den sie hin und wieder auch in der Hand tragen. Sie sind nicht unsterblich. Es heißt: »Der Rabe lebt doppelt solang wie der Mensch, die Schildkröte doppelt solang wie der Rabe, der Nereide doppelt solang wie die Schildkröte.«

Gelegentlich haben sie einen Pferde- oder Eselsfuß. Sie können durch die Luft fliegen und durch Astlöcher schlüpfen. Der größte Teil von ihnen ist weiblichen Geschlechts.

VERBREITUNG

Vor Zeiten wurden die Nereiden Nymphen genannt und je nach ihrem Siedlungsgebiet als Najaden, Oreaden, Dryaden, Limniaden etc. klassifiziert. Seit diese verschiedenen Nymphenarten ihre Heimat verließen und sich mit Geistern, Göttern und Menschen paarten, sind sie nicht mehr so leicht einzuordnen.

Heute werden sie Nereiden oder Exoticas genannt, und diejenigen, die in den Bergen leben, sind kaum von den Flußbewohnerinnen zu unterscheiden. Sie sind überall in Griechenland, Albanien und auf Kreta bekannt; sie leben im Meer und im Gebirge, in Flüssen, Quellen, Sümpfen, Brunnen, Höhlen, Tälern, Ebenen, Bäumen und auf kleinen Felsen und schroffen Berggipfeln. Die albanischen Exoticas heißen Jashtesmé.

Ein junger Kreter wurde von den Nereiden eingeladen, in ihrer Höhle Lyra zu spielen. Von dieser Nacht an konnte der Mann das Gesicht der jüngsten nicht mehr vergessen. Er beschloß, sie zu seiner Frau zu machen — koste es, was es wolle. Daher suchte er Rat bei einer Weisen Frau. Sie riet ihm, nochmals in die Höhle zu gehen und dort den Morgen abzuwarten. Kurz vor dem ersten Hahnenschrei müsse er das Mädchen bei den Haaren packen und festhalten, gleich, in welcher Gestalt sie auch immer sich verwandeln würde.
Er hielt sie fest, sogar als sie in seinen Händen Hund, Schlange, Kamel und loderndes Feuer wurde. Als der schwarze Hahn krähte, verschwanden die andren Nereiden. Seiner aber blieb keine Wahl; sie war sein.
Mehrere Jahre lebten sie wie Mann und Frau, und die Nereide gebar ein Kind. Doch niemals sprach sie ein Wort. Das beunruhigte und betrübte ihn. So ging er eines Tages wieder zu der Weisen Frau.
»Um sie zum Sprechen zu bringen, mußt du das Kind nehmen und so tun, als ob du es in den Backofen steckst. Dann wird sie sprechen — sei gewiß.«
Der Mann tat, wie ihm geheißen. Als die Mutter die Flammen an ihrem Kind lecken sah, schrie sie auf: »Laß mein Kind, du Schwein!« Und mit dem Säugling im Arm verschwand sie. Er hatte sie zum Sprechen gebracht — das einzige und letzte Mal. Denn er sah sie nie wieder.

Spät abends machte sich ein junges Mädchen auf den Weg zur Mühle. Als sie dort ankam, war es bereits Mitternacht, und der Müller schlief tief und fest. Aber die Mühle war voller Leben: die Nereiden feierten ein Fest.

Sobald sie das Mädchen erblickten, hielten sie sie fest, schmückten sie, hüllten sie in einen weißen Brautschleier und setzten ihr eine goldene Krone aufs Haupt. Gab es eine bessere Gelegenheit für eine Hochzeit? Dann ließen sie sie in der Obhut eines Greises und eilten fort, um den Bräutigam zu holen.

Das Mädchen aber hatte nicht die geringste Lust, die Braut des Elben zu werden. So schlug sie dem Alten ein Schnippchen, sprang auf ihren Esel und trabte mit zwei Säcken Korn davon.

Als die Nereiden zurückkamen und ihre Flucht entdeckten, rasten sie vor Zorn. Sie stürmten den Weg zum Dorf hinab, um sie zu fangen.

Bald hatten sie den Esel gefunden, vom Mädchen aber fehlte jede Spur.

»Das ist ein Sack und das ist der andre und das in der Mitte der dritte. Doch wo ist die Braut?« fragten sie.

Sie stürmten zurück, um zu sehen, ob sie sich nicht doch in der Mühle versteckt hätte.

Flink richtete sie sich wieder auf und trieb den Esel den Pfad hinunter. Bald mußte sie sich erneut zwischen den Säcken zusammenkauern. Die Nereiden kamen zurück.

»Das ist ein Sack und das ist der andre und das in der Mitte der dritte. Doch wo ist die Braut?«

Auch diesmal entdeckten sie sie nicht. So ging es die ganze Nacht, bis die verdrossenen Nereiden die Suche aufgeben mußten, da der weiße, der rote und der schwarze Hahn zu krähen begannen. Das Mädchen war gerettet, und die kostbare Krone gehörte ihr.

Ihre Schwester aber neidete ihr das Kleinod. So machte sie sich auf den Weg, um auch ihr Glück zu versuchen. Doch diesmal waren die Nereiden auf der Hut. Nicht eine Sekunde ließ der Alte sie aus den Augen. Von dieser Nacht an wurde sie im Dorf nicht mehr gesehen.

ZUR DEUTSCHEN AUSGABE

Aus Elben Elfen machen, heißt unserer Sprache Gewalt tun.
Jacob Grimm, Deutsche Mythologie

In den Augen der meisten unserer Vorfahren war die Natur von Geistern belebt, die Elben genannt wurden. Jeder Baum, jeder Bach, jeder Berg wurde von Wesen beseelt und geheiligt, die eng mit deren Schicksalen verknüpft waren und denen nicht nur die bäuerliche Gesellschaft mit Ehrfurcht begegnete. So war es beispielsweise noch bis zur Mitte unseres Jahrhunderts im österreichischen Waldviertel Brauch, vor einem frei im Felde stehenden Hollerbusch den Hut zu ziehen und sich dreimal zu verneigen.

Im deutschen Sprachraum haben sich daher bis heute Landschaftsbezeichnungen und Begriffe erhalten, deren elbischer Ursprung deutlich erkennbar ist wie Alpen, schwäbische Alb, Neckar, Elbe — unheimliche Gebirge und Flüsse, in denen Elben leben, deren Wesen und Eigenarten in den Wörtern Alptraum oder albern in seiner ursprünglichen Bedeutung ebenso weiterexistieren wie in necken, das von Necker, dem Wassergeist, abgeleitet ist. Das Heimchen ist ein Herdgeist, der im Ofen singt, die Windsbraut, eine Waldelbin, die auf dem Wind reitet und Stürme entfesselt, heimtückisch ist der Tückbote, ein Irrwisch, der Menschen in Sümpfe und Abgründe lockt. Das grobe, schwarze, schwere Roggenbrot in Westfalen wird nach einem kleinen, dicken Hausgeist Pumpernickel genannt; ein anderer Geist ist der Stiefelknecht oder Stiefel-Henz, der in der Gestalt des gestiefelten Katers dem armen Müllersburschen zu Reichtum und Prinzessin verhilft. Huckepack sitzt der Waldviertler Hehmann mit seinem Grenzstein dem nächtlichen Wanderer im Genick, bis dieser unter der Last zusammenbricht und erstickt. Und um das Brautpaar in der Hochzeitsnacht von jenen Quälgeistern zu befreien, die mit ihrem lästigen Zwicken und Zwacken das eheliche Werk stören möchten, werden sie bis auf den heutigen Tag am Polterabend durch heftiges Lärmen in die Flucht gejagt. Aus demselben Grund wird während der Hochzeit die Braut von ihren Freunden entführt und so vor den erneuten Nachstellungen der Elben gerettet.

Schutz vor der Drud, einem Nachtmahr, der gräßliche Alpträume und gelegentlich Erstickungstod verursacht, bildet der Drudenfuß, ein Pentagramm, das man hin und wieder noch auf den Toren alter Bauernhäuser erkennen kann. Es hindert die Drud am Eindringen ins Haus.

Wie man hieraus ersieht, sind die Elben bis heute immer und überall gegenwärtig, ungeachtet dessen, ob sie erkannt werden oder nicht. Auch andere, im Deutschen allgemein gebräuchliche, aus der Antike stammende Wörter wie Nymphen, Satyrn und Sirenen sind elbischer Herkunft. Sie bezeichnen bestimmte Baum-, Feld-, Wald- oder Wassergeister. Und die Fata Morgana ist die Elbenkönigin der französischen Fées wie der italienischen Fate, deren Palast über der Straße von Messina schimmernd in den Lüften schwebt.

Der griechische Hirtengott Pan, von dem der Begriff Panik abgeleitet wurde, ist eine von antiken Theologen aus Wald- und Feldelben, den Paniskoi, synthetisch hergestellte Göttergestalt, ähnlich dem römischen Faunus, dem Staatsgott des Ackerbaus und der Viehzucht, zu dem die Fauni, alptraumerregende Feldgeister, zusammengefaßt und simplifiziert wurden. Die Natur der Antike war von ihnen derart durchdrungen und erfüllt, daß die Gesamtheit aller sich bewegenden Lebewesen bis heute mit ihren Namen gekennzeichnet wird, die Fauna. Auch das lateinische, für die Kultur und Geistesgeschichte der Neuzeit so bedeutsame Wort Genius (franz. Genie) bezeichnet ursprünglich einen Naturgeist. Ähnlich dem nordischen Fylgia folgte dieser seinem Herrn auf Schritt und Tritt und beschützte ihn nach Kräften. Der berühmte Dämon des Sokrates, auf dessen Wissenschaft sich der Philosoph blindlings verließ, den er liebte und fürchtete und dessen Stimme er glaubte, ist wohl der bekannteste Schutzgeist dieser Art.

Die Beziehungen zwischen Menschen und Elben waren in den vergangenen Zeiten durchaus nachbarlicher Natur. Die Bauern wußten, daß das Gedeihen der Ernte von den Feld- und Baumgeistern, daß die Wohlfahrt des Hauswesens, der Tiere und sogar die Güte des Bieres und des Branntweins von den Hausgeistern abhängig waren. Die Bergleute setzten bei ihrer gefahrvollen Arbeit im Stollen alles Vertrauen in die Hämmerlinge, die Seeleute wußten sich und ihr Schiff in der sicheren Obhut des Klabautermanns.

Die Geister waren nicht gut, nicht böse. Es kam auf die Art der Beziehung zu ihnen an. Wie aber die Menschen Mittel und Wege kannten, sich vor Schabernack, Arglist und Tücke der Elben zu schützen, so erkannten sie ebensogut, daß auch die Geister der Natur hin und wieder des Schutzes und der Hilfe des Menschen bedurften. Daher schnitzte der Holzfäller drei Kreuze in den Baumstumpf, um einen Zufluchtsort für das vom Wilden Mann verfolgte Salige Fräulein zu schaffen; ließ die Hausfrau den Wasserhahn tropfen und die Knödel im Topf ungezählt, damit das Moosweibchen sich mit den nötigsten Lebensmitteln versorgen konnte; brachte jedermann in den Rauhnächten (den 12 Tagen zwischen dem Heiligen Abend und dem Dreikönigstag) Efeu, Misteln und Tannenzweige ins Haus, um den Waldelben ein »grünes« Versteck zum Überleben zu sichern. Zur gleichen Zeit kehrte auch der Feldgeist Knecht Ruprecht mit Sack und Rute ein, um die Kinder zu strafen oder zu belohnen.

Da Wald und Feld den Lebensraum vieler Elben darstellen und oft Blumen, Bäume, Gesträuche, Gräser und Kräuter ihre Wohnstätten bilden, verwundert es nicht, daß Bäume, Heil- und Giftpflanzen im Volksmund nach ihnen benannt sind. So heißt die Erle auch Eller oder Ellernbaum (das ist: Elben oder Elbenbaum); die Schwarzpappel Alberbaum; die Mistel Albranken, Drudenfuß oder Marenstocken; das Johanniskraut Alfblut; die Kuhschelle Wildmannskraut; der Nachtschatten Alpranken oder Alpschloß, um nur einige Beispiele zu nennen.

Alb entspricht wie Alp oder Alf dem mittelhochdeutschen Wort Elb, das Jacob Grimm in seinem »Deutschen Wörterbuch« von 1862 mit Vehemenz wieder in den deutschen Sprachgebrauch einzuführen suchte, nachdem die entstellte Form Elf bzw. Elfen, seit Wielands Oberon in Mode, durch die deutsche Literatur geisterte: »Elb habe ich statt des unhochdeutschen elf hergestellt, welches man, des eigenen wortes uneingedenk, ohne überlegung, dem englischen elf nachgebildet hatte; elf klingt in unserer sprache so, als wollten wir kalf, half anstatt kalb, halb sagen, zu geschweigen, daß die form elf den zusammenhang mit Elbe und elbisz stört.«

Trotz Grimms Bemühung um die Wiedereinführung der exakten Bezeichnung lebt »Elfen« bis heute im Volksmund, selbst Volkskundler halten wider besseres Wissen daran fest. Der verfälschte Ausdruck kennzeichnet die verfälschte Sache allerdings recht genau: die putzige Heinzelmännchen- und Mondschein-Elfen-Welt der meisten Schriftsteller des 19. und 20. Jahrhunderts in ihren Geistlein-Geschichten für »Kinder zwischen sieben und siebzig«.

Elb (altnordisch âlfr, angelsächsich älf, gotisch albs, althochdeutsch alp) bezeichnet usprünglich einen lichten, glänzenden Geist, der im allgemeinen unsichtbar erscheint. In der Form Alp, mit der Bedeutung eines Nachtgeistes, ist der Begriff bis heute lebendig. Und angesichts der Gräßlichkeit einer Begegnung mit einem Nachtmahr wird wohl niemand auf die Idee kommen, einen Alp als »Nacht-Elflein« zu bezeichnen.

Margret Carroux gebührt das Verdienst, durch ihre richtige Übersetzung des Wortes »elves« in Tolkiens »Herrn der Ringe« die Elben seit gut 200 Jahren erstmals wieder als ernste, mächtige Geister einem breiteren deutschen Publikum bekanntgemacht zu haben. Denn aus Elben Elfen machen, heißt ja nicht nur unserer Sprach Gewalt anzutun, sondern unsere Mythologie zu verniedlichen.

QUELLEN

9	zu unterscheiden‹. W. W. Gill, A Manx Scrapbook (London, 1929), Bd. 1, S. 16.
19	Leben lang‹. Lady Gregory, Visions and Beliefs in the West of Ireland, 2 Bd. (London, 1920), Bd. 2, S. 200.
19	gut geht‹. Ebd., Bd. 2, S. 189.
21	Eine Frau... tanzen müssen. Aus W. B. Yeats, Mythologies (London, 1959), S. 76.
21	Ein Mädchen... genommen hatten. Aus Gregory, Visions and Beliefs, Bd. 1, S. 193.
21	Ein kleiner Junge... leuchteten. Ebd., Bd. 1, S. 14.
22	Es gibt... des Hauses. Ebd., Bd. 2, S. 21.
24	Zappel-Thorsten... komisches Bild. Aus B. Thorpe, Northern Mythology, 3 Bd. (London, 1852), Bd. 1, S. 114.
27	Die Kühe... Vergeßnes erninnern. Aus Th. Keightley, The Fairy Mythology (London, 1968), S. 90.
32	Welch Glück... zu Grabe. Aus J. N. Ritter v. Alpenburg, Mythen und Sagen Tirols (Zürich, 1857), S. 97.
42	Vorsicht... Rettung. Aus Schweizerisches Archiv für Volkskunde (Zürich, 1897-), Bd. 26, S. 71.
42	Im letzten... Kopf. Aus L. Bechstein, Deutsches Sagenbuch (Leipzig, 1853), S. 470.
45	Es war... zurückgebracht. Aus E. L. Rochholz, Schweizersagen aus dem Aargau, 2 Bd. (Aarau, 1956), Bd. 2, S. 324.
46	In einem... verwandelt. Aus E. L. Rochholz, Naturmythen (Leipzig, 1862), S. 126.
46	Einst hatte... den Wald. Aus Rochholz, Schweizersagen, Bd. 2, S. 312.
47	Jeder... goldenen Käse. Aus Bechstein, Deutsches Sagenbuch, S. 17.
47	Die Armen... in den Abgrund. Aus Rochholz, Naturmythen, S. 107.
52	Einst kamen... seinem Tod. Aus Bechstein, Deutsches Sagenbuch, S. 621.
53	Ein Wichtl... verlorene Liebe. Aus Alpenburg, Mythen, S. 107.
58	Bitte... Meilen. Aus Bechstein, Deutsches Sagenbuch, S. 526.
59	An einem heißen... Frieden. Aus Friedrich Ranke, Die deutschen Volkssagen (München, 1910), S. 130.
59	Eine arme Hebamme... verwandelt. Aus Bechstein, Deutsches Sagenbuch, S. 758.

60	Es war... heimgesucht. Aus Folk-Lore Journal (London, 1888-), Bd. 1, S. 361.
61	Ein Bauer... herunterschlucken. Aus Thorpe, Northern Mythology, Bd. 3, S. 37.
63	In den Zeiten... gesehen. Aus Bechstein, Dt. Sagenbuch, S. 451.
65	Eine dänische... belästigt. Aus Keightley, The Fairy Mythology, S. 125.
69	Einst arbeite... Juwelen. Aus P. Kennedy, Legendary Fictions of the Irish Celts (London, 1866), S. 104.
70	In Cornwall... verschwunden. Aus The Folk-Lore Journal, Bd. 5, S. 184.
75	Zwei Fischer... unterscheiden. Aus P. Sébillot, Le Folk-Lore de France, 4 Bd. (Paris, 1904—07), Bd. 2, S. 113.
75	Ein Korse... bleiben. Ebd., Bd. 2, S. 414.
76	Die Bewohner... schwarz. Aus W. Mannhardt, Antike Wald- und Feldkulte (Berlin, 1877), S. 175.
78	ein rotes Ei!« W. R. S. Ralston, The Songs of the Russian Poeple (London, 1872), S. 135.
78	neuen Platz!« Ebd., S. 138.
79	Auf einem... verlassen. Ebd., S. 123.
79	Auch von... leiden. Ebd., S. 12.
80	Ein Domovoy... in Ruhe. Ebd., S. 132.
82	Das ist... hatte. Ebd., S. 131.
84	Richard... im Raum. Aus Kennedy, Legendary Fictions, S. 91.
86	Ein Faery... schmoren würde. Aus Gregory, Visions etc., Bd. 1, S. 14.
86	Die Faeries... zu ihrem Tod. Aus S. O'Sullivan, Folktales of Ireland (London, 1966), S. 176.
87	Überall... Nachbarn gesehen. Aus Gregory, Visions etc., Bd. 1, S. 85.
90	Einmal schenkten... ins Haus. Aus J. Rhys, Celtic Folklore, 2 Bd., (Oxford, 1901), Bd. 1, S. 37.
90	Im 18. Jahrhundert... halbblind. Ebd., Bd. 1, S. 211.
91	Einst tanzten... gewesen war. Ebd., Bd. 1, S. 104.
94	Als die Pest... befreit wurde. Aus W. Mannhardt, Der Baumkultus der Germanen und ihrer Nachbarstämme (Berlin, 1875), S. 97.
95	Die Nörglein... Rufes. Aus J. N. Ritter von Alpenburg, Deutsche Volkssagen (Wien, 1861), S. 48.
95	In einem ... zu legen. Aus Alpenburg, Mythen, S. 91.

96	Ein reicher... gesehen. Aus Ignaz u. Josef Zingerle, Tirols Volks-dichtungen und Volksgebräuche (Innsbruck, 1852), Bd. 1, S. 226.
99	Die Saal-Nixe... töten. Aus Bechstein, Deutsches Sagenbuch, S. 463.
100	Wie jede Woche... sehen. Aus Sébillot, Le Folk-Lore, Bd. 2, S. 349.
101	an Land.« Thorpe, Northern Mythology, Bd. 2, S. 112.
103	Die weise Frau... Mann. Aus J. W. Wolf, Deutsche Märchen und Sagen (Leipzig, 1845), S. 195.
103	In Westfalen... versank. Aus Keightley, The Fairy Mythology, S. 260.
104	Einmal fingen... hatten. Aus Thorpe, Northern Mythology, Bd. 2, S. 79.
104	Ein paar... Wasser. Ebd., Bd. 3, S. 28.
107	Im fünften Jahrhundert... Skrupeln. Aus L. M. Sinistrari, Demoniality (London, 1927), S. 15.
108	Weil es... sterben. Aus M. Savi-Lopez, Alpensagen (Stuttgart, 1893), S. 209.
112	Ein dänischer Bauer... tragen. Aus Keightley, The Fairy Mythology, S. 118.
113	Obwohl... Leib. Aus Thorpe, Northern Mythology, Bd. 2, S. 16.
114	Es war... aufgehen. Ebd., Bd. 2, S. 6.
117	Einmal geriet... ab. Aus J. Brand, Observations on the Popular Antiquities of Great Britain, 3 Bd. (Detroit, 1969), Bd. 3, S. 413.
118	In Schottland... Mülltonnenkatzen. Aus R. MacDonald Robertson, Selected Highland Folk-Tales (London, 1961), S. 159.
118	In der Hoffnung... Welt. Aus Gregory, Visions etc., Bd. 1, S. 11.
122	Grethe... verlassen hatte. Aus Thorpe, Northern Mythology, Bd. 2, S. 172.
124	Ein Hobgoblin... gehen. Aus K. M. Briggs, The Fairies in Tradition and Literature (London, 1967), S. 35.
128	Auf ihrem Weg... Wald. Ebd., S. 203.
128	Ein Russe... gefolgt war. Aus Ralston, Songs etc., S. 134.
131	Das Reich... voll Gold. Aus Bertha Ilg, Maltesische Märchen und Schwänke, 2 Bd. (Leipzig, 1906), Bd. 1, S. 100.
134	Einmal mußten zwei... abgeschnitten werden. Aus Keightley, The Fairy Mythology, S. 477.
134	Im Tal... verschwunden. Aus Schweizerisches Archiv, Bd. 18, S. 113.

135	Die Dorfbewohner... los bin. Ebd., Bd. 18, S. 112.
135	Auf ihrem Weg... Spaß versaut. Aus Sébillot, Le Folk-Lore, Bd. 2, S. 89.
138	Obwohl die Pixies... Hinkebein. Aus R. L. Tongue, Somerset Folklore (London, 1965), S. 112.
138	In Exmoor... wie zuvor. Ebd., S. 117.
142	Einst kam... Grab gebracht. Aus Bechstein, Deutsches Sagenb., S. 609.
143	Ein Bauer... Wagen. Aus Thorpe, Northern Mythology, Bd. 3, S. 84.
146	Das Jahr 1843... schicken. Aus Ralston, Songs etc., S. 156.
146	Auf ihrem Weg... Topf. Aus Mannhardt, Baumkultus, S. 142.
147	Guten Tag... Hahaha. Aus Ralston, Songs etc., S. 158.
147	Wenn die Leshiye... rufen. Aus Mannhardt, Baumkultus, S. 140.
150	Einst wurden... Jahre gewährt. Aus Keightley, The Fairy Mythology, S. 380, und Robertson, Selected Highland Folk-Tales, S. 9.
150	Jeden Tag... verschont. Ebd., S. 12.
151	Einst war... getroffen hatte. Aus J. F. Campbell, Popular Tales of the West Highlands, 4 Bd. (Edinburgh, 1860—2), Bd. 2, S. 68.
151	Eine alte... Holz verwandelt. Aus R. B. Johnson (Hrsg.), A Book of British Ballads (London, 1966), S. 83.
154	im Sack!« Carobole, carobole, doman the pagheró. Aus G. Bonomo, Studi Demologici (Palermo, 1970), S. 129.
154	Ein armer... noch gegeben. Aus G. Bernoni, Leggende fantastiche popolari veneziane (Venedig, 1875), S. 22.
158	In Löwen... zu finden. Aus Wolf, Deutsche Märchen, S. 342.
158	Es ist allgemein bekannt... Mann. Aus Bechstein, Dt. Sagenbuch, S. 140.
163	Ein Mann... gerettet. Aus Chr. Schneller, Märchen und Sagen aus Wälschtirol (Innsbruck, 1867), S. 211.
164	Müde von der harten... Mann. Ebd., S. 226.
166	Ein kleines Mädchen... Stein. Aus K. M. Briggs und Ruth L. Tongue, Folktales of England (London, 1965), S. 34.
167	Küchlein... herumtanzen. Aus Keightley, The Fairy Mythology, S. 305.
167	Ein Mann... Mann. Aus Tongue, Sommerset Folklore, S. 154.
170	Einmal wurde... Gehülfe. Aus Savi-Lopez, Alpensagen, S. 204.
170	Tomte dick.« Thorpe, Northern Mythology, Bd. 2, S. 94.
172	Ein Junge... fallen. Aus Keightley, The Fairy Mythology, S. 146.
172	Da sich... Meute. Ebd., S. 142.

178   Eine Gruppe... Wasser. Aus S. Hibbert, A Description of the Shetland Isles (Edinburgh, 1822), S. 160.

181   Ein Laúru... Scherben. Aus G. Gigli, Superstizioni, pregiudizi e tradizioni (Bologna, 1970), S. 49.

184   Ein betrunkener... getötet hatte. Aus B. Schmidt, Das Volksleben der Neugriechen und das Hellenische Alterthum (Leipzig, 1871), S. 187.

184   Ein armer... gesehen. Aus J. Naake, Slavonic Fairy Tales (London, 1874), S. 257.

188   Ein armer... nicht mehr. Aus Mannhardt, Baumkultus, S. 85.

188   um Mitternacht.« Tongue, Somerset Folklore, S. 26.

190   im Walde wächst.« Mannhardt, Baumkultus, S. 10.

190   Kindes vergessen.« Ebd., S. 65.

191   Ein Gutsbesitzer... Leben. Aus R. L. Tongue, Forgotten Folk-Tales of the English Counties (London, 1970), S. 150.

192   In Balla Koig... Schlacht. Aus Gill, A Manx Scrapbook, Bd. 1, S. 207.

194   Eines Tages... im See. Aus Ralston, Songs etc., S. 151.

194   Ein nordrussischer Vodyany... gesehen. Aus New Larousse Encyclopedia of Mythology (London, 1968), S. 292.

197   furz ihn tot!« Bonomo, Studi Demologici, S. 123.

198   Ein junger Mann... Haus. Aus Bollettino storico lucchese (Lucca, 1935), S. 38.

198   Ein brünettes Mädchen... zu. Aus Bonomo, Studi Demologici, S. 123.

202   Eine Rusalka... an Land. Aus Ralston, Songs etc., S. 150.

202   please a Brownie.« William Henderson, Notes on the Folk-lore of the Northern Counties of England and of the Borders (London, 1879), S. 24.

205   Die meisten... geschafft. Ebd., S. 266.

205   Ein Brownie... gesehen. Ebd., S. 249.

208   Ein Bwca... Rote Meer. Aus Rhys, Celtic Folklore, Bd. 2, S. 594.

212   Die Nacht... gelegt hatte. Aus Mannhardt, Baumkultus, S. 113.

212   Als ich... vertraute. Ebd., S. 135.

219   Ein Mädchen... murren. Aus B. Schmidt, Griechische Märchen, Sagen und Volkslieder (Leipzig, 1877) S. 66.

220   Als die Hebamme... geweissagt hatte. Aus A. v. Mailly, Sagen aus Friaul und den Julischen Alpen (Leipzig, 1922), S. 19.

223   und a-hi-gethan.« Alpenburg, Mythen, S. 8.

225   Während der Heumahd... hinken. Aus Mannhardt, Baumkultus, S. 105.

226	Ein verwegener... Tiefe. Aus Alpenburg, Mythen, S. 18.
227	Die wilde Jagd... verschwunden. Ebd., S. 29.
228	Eine Salige... gesehen. Ebd., S. 23.
231	Auf Mallorca... holen. Aus Erzherzog Ludwig Salvator, Märchen aus Mallorca (Leipzig, 1896), S. 151.
234	Chevalier Nann... erfüllt. Aus Keightley, The Fairy Mythology, S. 433.
236	Ein Schweizer... nicht mehr auf. Aus Schweizerisches Archiv, Bd. 12, S. 48.
237	böse Vila.« Friedrich Krauss, Volksglaube und religiöser Brauch der Südslaven (Münster, 1890), S. 90.
239	mir verbinden?« Ebd., S. 104—6.
240	weiter haben.« Ebd., S. 79.
241	Ein junger Bursche... heim. Ebd., S. 99.
241	Als Miodrag... verloren. Ebd., S. 85.
242	Zwei gebirgskundige... Wette. Ebd., S. 79.
242	Aus seinem Weg... Frau. Ebd., S. 95.
243	Beherzige... Augen aus. Ebd., S. 87.
247	Heutzutage... Gold gebracht. Aus C. Croker, Elfenmärchen, S. 82.
248	Vor langer... Verstand geschehen. Aus O'Sullivan, Folktales of Ireland, S. 179.
249	Als Thomas Fitzpatrick... Spur. Aus C. Croker, Irische Elfenmärchen (Frankfurt, 1966), S. 91.
252	Ein eigensinniger Junge... zurück. Aus Schmidt, Volksleben, S. 132.
253	hat seinen Spaß.« G. Pitré und S. Salomone-Marino, Archivio per lo studio delle tradizioni popolari, 23 Bd. (Palermo, 1882—9) Bd. 20, S. 536.
255	Ein riesiger... Hilfe. Aus Gian Alesio Abbatius, Il Pentamerone del Cavalier Giovan Battista Basile (Neapel, 1728), S. 126.
256	In Kalabrien... schlafen. Aus C. Levi, Cristo si é fermato a Eboli (Turin, 1958), S. 135.
263	Ein Fischer... Hand. Aus Tongue, Somerset Folklore, S. 25.
266	Einer der... bedroht sei. Aus Keightley, The Fairy Mythology, S. 240.
270	In einem... Herz. Aus Guida all'Italia leggendaria misteriosa insolita fantastica, 2 Bd. (Mailand, 1967), Bd. 1, S. 430.
271	Zwei Halbschwestern... Eselsschwanz. Aus I. Calvino, Fiabe italiane, 2 Bd. (Turin, 1956), Bd. 1, S. 409.
275	Ein mit... zernagt. Aus Bechstein, Deutsches Sagenbuch, S. 534.

275	Nach einer... Antwort. Ebd., S. 533
276	Rübezahl... haften. Ebd., S. 535.
276	Vor vielen Jahren... Stärkere war. Aus J. Wurzer (Hrsg.), Heimatbuch Gföhl (Gföhl, 1982), S. 409.
279	Einmal stahl... wieder ab. Aus Schneller, Märchen, S. 214.
279	Ein Bauer... machen kann. Ebd., S. 213.
282	Die letzten... berühmt. Aus Rhys, Celtic Folklore, Bd. 1, S. 2—14.
287	Ein Massariol... mir nicht. Aus G. Bastanzi, Le superstizioni delle Alpi Venete (Treviso, 1888), S. 33.
287	Ein jugoslawischer... stiften. Aus Pitré und Salomone-Marino, Archivio, Bd. 20, S. 298.
287	Ein kleiner... Dummheit. Aus v. Mailly, Sagen, S. 30.
289	deinem Weg.« John C. Lawson, Modern Greek Folklore and Ancient Greek Religion (Cambridge, 1910), S. 150.
	die Schildkröte.« Ebd., S. 156.
291	Ein junger Kreter... nie wieder. Aus Schmidt, Griechische Märchen, S. 119.
291	Spät abends... gesehen. Aus J. G. v. Hahn, Griechische und albanesische Märchen, 2 Bd. (Leipzig, 1864), Bd. 2, S. 80.

BIBLIOGRAPHIE

Abbatius, Gian Alesio, *Il Pentamerone del Cavalier Giovan Battista Basile* (Neapel, 1728)

Abjörnsen, P. und Moe, Jörgen, *Norwegische Volksmärchen* (Berlin, 1908)

Afanassiew, Alexander, N., *Russische Volksmärchen* (Wien, 1906)

—, *Russische Volksmärchen. Neue Folge* (Wien, 1910)

Aichele, Walther, *Zigeuner Märchen* (Jena, 1926)

Alpenburg, Johann Nepomuk Ritter von, *Deutsche Alpensagen* (Wien, 1861)

—, *Mythen und Sagen Tirols* (Zürich, 1857)

Alton, Giovanni, *Proverbi, Tradizioni ed Annedoti delle Valli Ladine orientali* (Innsbruck, 1881)

Amalfi, Gaetano, *Tradizioni ed Usi nella Peninsola Sorrentina* (Palermo, 1890)

Arndt, Ernst Moritz, *Märchen und Jugenderinnerungen I. Teil* (Berlin, 1818)

Babudri, F., *Fonti vive dei Veneto-Giuliani* (Mailand, 1926)

Barrett, W. H., *Tales from the Fens* (London, 1963)

Bastanzi, Giambattista, *Le superstizione delle Alpi Venete* (Treviso, 1888)

Bechstein, Ludwig, *Deutsches Sagenbuch* (Leipzig, 1853)

Benzel, Ulrich, *Volkserzählungen aus dem Oberpfälzisch-Böhmischen Grenzgebiet* (Münster, 1965)

Bernoni, Dom. Giuseppe, *Credenze popolari veneziane* (Venedig, 1874)

—, *Leggende fantastiche popolari veneziane* (Venedig, 1875)

Böckel, Otto, *Die Deutsche Volkssage* (Berlin, 1922)

Bødker, Laurits, *Dänische Volksmärchen* (Düsseldorf, 1964)

Bollettino storico lucchese (Lucca, 1935)

Bonomo, Giuseppe, *Studi Demologici* (Palermo, 1970)

Bottiglioni, Gino, *Leggende e Tradizioni di Sardegna* (Genf, 1922)

—, *Vita Sarda* (Mailand, 1925)

Brand, John, *Observations on the Popular Antiquities of Great Britain*, Bd. 2 u. 3 (Detroit, 1969)

Brewer's Dictionary of Phrase and Fable (London, 1962)

Briggs, K. M., *The Anatomy of Puck* (London, 1959)

—, *The Fairies in the Tradition and Literature* (London, 1967)

—, *An Encyclopedia of Fairies* (New York, 1976)

Briggs, K. M., and Tongue, Ruth L., *Folktales of England* (London, 1965)

Bronzini, Giovanni, *Tradizioni popolari in Lucania* (Matera, 1953)

Bukowska-Grasse, Ewa und Koschmieder, Erwin, *Polnische Volksmärchen* (Düsseldorf, 1967)

Busk, R. H., *The Folk-Lore of Rome* (London, 1874)

Calvino, Italo, *Fiabe Italiane*, 2 Bd. (Turin, 1956)

Campbell, J. F., *Popular Tales of the West Highlands*, 4 Bd. (Edinburgh, 1860—2)

Campbell, Rev. J. G., *Clan Traditions and Popular Tales of the Western Highlands, Bd. 5 aus Lord Archibald Campbell's »Waifs and Strays of Celtic Tradition«* (London, 1895)

Caravaggio, M. Giovanni Francesco Straporola da, *Le Piacevoli Notti* (Venedig, 1551)

Child, Francis James, *The English and Scottish Popular Ballads, 5. Bd., Neudruck* (New York, 1965)

Choice Notes from Notes and Queries (London, 1859)

Christiansen, Reidar Th. und Stroebe, Klara, *Norwegische Volksmärchen* (Düsseldorf, 1967)

Colum, Padraic (Hrsg.), *A Treasury of Irish Folklore* (New York, 1967)

Croker, Crofton, *Irische Elfenmärchen* (Frankfurt, 1966)

Curtin, Jeremiah, *Tales of the Fairies and of the Ghost World* (New York, 1971)

Dähnhardt, O., *Natursagen, 6 Bd.* (Leipzig, 1907—12)

Dawkins, R. M., *Modern Greek Folktales* (Oxford, 1953)

De Bhaldraithe, Tomás, *English-Irish Dictionary* (Baile átha Cliath, 1959)

Dégh, Linda, *Folktales of Hungary* (London, 1965)

Dorson, Richard M., *American Folklore* (Chicago, 1959)

Enciclopedia universal ilustrada (Barcelona, 1925)

Encyclopedia Italiana (Mailand, 1932)

Eustachi-Nardi, Anna M., *Contributo allo studio delle tradizioni popolari marchigiani* (Florenz, 1958)

Finamore, Gennaro, *Tradizioni popolari abruzzesi* (Turin, 1894)

The Folk-Lore Journal, Bd. 1—7 (London, 1888—)

Fondi, Mario, *Abruzzo e Molise* (Turin, 1970)

Frazer, Sir Jame George, *The Golden Bough, 13 Bd., Neudruck* (New York, 1966)

Garnett, Lucy, M. J., *Greek Folk Poesy, 2 Bd.* (London, 1896)

Geldart, Rev. E. Martin, *Modern Greek Folk Lore: the Tales of the People* (Leipzig, 1884)

Gigli, Giuseppe, *Superstizioni, pregiudizi e tradizioni* (Bologna, 1970)

Gill, W. W., *A Manx Scrapbook* (London, 1929)

—, *A Second Manx Scrapbook* (London, 1932)

Giovanni, Gaetano di, *Usi Credenze e Pregiudizi del Canavese* (Palermo, 1889)

Grande Dizionario Enciclopedico UTET (Turin, 1968)

La Grande Encyclopédie (Paris, 1900)

Graves, Robert, *The Greek Myths, 2 Bd.* (Edinburgh, 1957)

Gregory, Lady, *Visions and Beliefs in the West of Ireland, 2 Bd.* (London, 1920)

Grimm, Jakob, *Deutsche Mythologie, 3 Bd. Neudruck* (Berlin, 1982)

Grimm, Jakob und Wilhelm, *Kinder- und Hausmärchen* (München, 1963)

Guida all'Italia leggendaria misteriosa insolita fantastica, 2 Bd. (Mailand, 1967)

Hahn, H. G. v., *Griechische u. albanesische Märchen, 2 Bd.* (Leipzig, 1864)

Hallgarten, Paul, *Rhodos, die Märchen und Schwänke der Insel* (Frankfurt, 1929)

Halliwell, J. O., *Polpular Rhymes and Nursery Tales* (London, 1859)

Henderson, William, *Notes on the Folk-lore of the Northern Counties of England and of the Borders* (London, 1879)

Hibbert, Samuel, *A Description of the Shetland Isles* (Edinburgh, 1822)

Hoffmann-Krayer, K. und Bächtold-Stäubli, H., *Handwörterbuch des deutschen Aberglaubens, 10 Bd.* (Berlin, 1941)

Ilg, Bertha, *Maltesische Märchen und Schwänke, 2 Bd.* (Leipzig, 1906)

Jacobs, Joseph, *Celtic Fairy Tales* (London, 1895)

Johnson, R. Brimley (Hrsg.), *A Book of British Ballads* (London, 1966)

Jones, Gwyn und Thomas (Übers.), *The Mabinogion* (London, 1966)

Jones, Rev. W. Henry u. Kropf, Lewis L., *The Folktales of the Magyars* (London, 1889)

Jungbauer, Gustav, *Böhmerwald Märchen* (Passau, 1923)

Karadschitsch, Wuk Stephanowitsch, *Volksmärchen der Serben* (Berlin, 1854)

Karlinger, Felix, *Inselmärchen des Mittelmeeres* (Düsseldorf, 1960)

Keightley, Thomas, *The Fairy Mythology* (London, 1968)

Keller, Walter, *Italienische Märchen* (Jena, 1929)

Kennedy, Patrick, *Legendary Fictions of the Irish Celts* (London, 1866)

Kovács, Agnes, *Ungarische Volksmärchen* (Düsseldorf, 1966)

Krauss, Friedrich, *Sagen und Märchen der Südslaven, 2 Bd.* (Leipzig, 1883)

—, *Volksglaube und religiöser Brauch der Südslaven* (Münster, 1890)

Kretschmer, P., *Neugriechische Märchen* (Jena, 1917)

Kuhn, Adalbert und Schwartz, W., *Norddeutsche Sagen, Märchen und Gebräuche* (Leipzig, 1848)

La Sorsa, Saverio, *Leggende di Puglia* (Bari, 1958)

—, *Tradizioni Popolari Pugliesi* (Rom, 1928)

Larousse, *New Larousse Encyclopedia of Mythology* (London, 1968)

Lawson, John C., *Modern Greek Folklore and Ancient Greek Religion* (Cambridge 1910)

Leskien, August, *Balkanmärchen* (Jena, 1915)

Levi, Carlo, *Cristo si é fermato a Eboli* (Turin, 1958)

Luck, Georg, *Rätische Alpensagen* (Chur, 1935)

Ludwig Salvator, Erzherzog, *Märchen aus Mallorca* (Leipzig, 1896)

Machado y Alvarez, Antonio, *Biblioteca de las tradiciones populares espanolas, 10 Bd.* (Sevilla, 1883)

MacInnes, Rev. D., *Folk and Hero Tale, Bd. 2* aus Lord Archibald Campbell's »Waifs and Strays of Celtic Tradition« (London, 1890)

MacLellan, Angus, *Stories from South Uist* (London, 1961)

MacManus, D. A., *The Middle Kingdom* (London, 1975)

Mailath, Johann Graf, *Magyarische Sagen, Märchen und Erzählungen, 2 Bd.* (Stuttgart, 1837)

Mailly, Anton von, *Sagen aus Friaul und den Julischen Alpen* (Leipzig, 1922)

Mannhardt, Wilhelm, *Antike Wald- und Feldkulte* (Berlin, 1877)

—, *Der Baumkultus der Germanen und ihrer Nachbarstämme* (Berlin, 1875)

Manninen, Ilmari, »*Die Dämonischen Krankheiten im Finnischen Volksaberglauben*« in *Folklore Fellows Communications, Nr. 45* (Helsinki, 1922)

Massignon, Geneviève, *Folktales of France* (London, 1966)

Maury, Alfred, *Croyances et Légendes du Moyen Age* (Paris, 1896)

Megas, Giorgios A., *Griechische Volksmärchen* (Düsseldorf, 1965)

—, *Folktales of Greece* (London, 1970)

Meier, Harri, *Spanische und Portugiesische Märchen* (Düsseldorf, 1940)

Menghin, Alois, *Aus dem deutschen Südtirol, Mythen, Sagen, Legenden und Schwänke, etc.* (Meran, 1884)

Merkelbach-Pinck, Angelika, *Lothringer Volksmärchen* (Düsseldorf, 1961)

Migliorini, Elio, *Veneto* (Turin, 1962)

Molony, Eileen, *Folk Tales from the West* (London, 1971)

Morandini, Giuseppe, *Trentino Alto Adige* (Turin, 1962)

Moser-Rath, Elfriede, *Deutsche Volksmärchen* (Düsseldorf, 1966)

Naake, John, *Slavonic Fairy Tales* (London, 1874)

Nilsson, Martin P., *A History of Greek Religion* (Oxford, 1963)

Nino, Antonio de, *Usi Abruzzesi, 6 Bd.* (Florenz, 1879)

O'Faolain, Eileen *Irish Sagas and Folk-Tales* (London, 1954)

Ortutay, Gyula, *Ungarische Volksmärchen* (Berlin, 1957)

Ostermann, V., *La Vita in Friuli, Usi, Costumi, Credenze, Pregiudizi e Superstizioni Popolari* (Udine, 1894)

O'Sullivan, Sean, *Folktales of Ireland* (London, 1966)

—, *A Handbook of Irish Folklore* (London, 1963)

Pansa, Giovanni, *Miti, leggende e superstizioni dell' Abruzzo, 2 Bd.* (Sulmona, 1927)

Parry-Jones, D., *Welsh Legends and Fairy Lore* (London, 1953)

Partridge, Eric, *A Dictionary of Slang and Unconventional English, 2 Bd.* (London, 1961)

Pedroso, Consiglieri, *Portuguese Fairy Tales* (London, 1882)

Pitré, Giuseppe, *Novelle Popolari Toscane, 2 Bd.* (Rom, 1941)

—, *Usi e Costumi, Credenze e Prediudizi del Popolo Siciliano, 9 Bd.* (Florenz, 1944)

Pitré, Giuseppe und Salomone-Marino, S., *Archivio per lo studio delle tradizioni popolari, 23 Bd.* (Palermo, 1882—9)

Poli, Germano, *Venezia Tridentina* (Turin, 1927)

Porter, Enid, *Cambridgeshire Customs and Folklore* (London, 1969)

Prati, Angelico, *Folclore Trentino* (Mailand, 1925)

Preindlsberger-Mrazović, Milena, *Bosnische Volksmärchen* (Innsbruck, 1905)

Radford, E. und M. A., *Encyclopaedia of Superstitions* (London, 1961)

Ralston, W. R. S., *Contes Populaires de la Russie* (Paris, 1874)

—, *The Songs of the Russian People* (London, 1872)

Ranke, Friedrich, *Die deutschen Volkssagen* (München, 1910)

Rehfues, P. J., *Gemählde von Neapel und seiner Umgebung, Bd. 1* (Zürich, 1808)

Reiser, Karl August, *Sagen, Gebräuche und Sprichwörter des Allgäus, 2 Bd.* (Kempten, 1895)

Rhys, John, *Celtic Folklore, 2 Bd.* (Oxford, 1901)

Robertson, R. Macdonald, *More Highland Folk-Tales* (London, 1964)

—, *Selected Highland Folk-Tales* (London, 1961)

Rochholz, Ernst L., *Naturmythen* (Leipzig, 1862)

—, *Schweizersagen aus dem Aargau, 2 Bd.* (Aargau, 1956)

Róna-Sklacek, Elisabeth, *Ungarische Volksmärchen* (Leipzig, 1909)

Rosa, Gabriele, *Dialetti, costumi e tradizioni nelle provincie di Bergamo e di Brescia* (Brescia, 1870)

Rua, Giuseppe, *Antiche Novelle in Versi* (Palermo, 1893)

Rubino B. und Cocchiara, Giuseppe, *Usi e Costumi Novelle e Poesie del Popolo Siciliano* (Rom, 1924)

Savi-Lopez, Maria, *Alpensagen* (Stuttgart, 1893)

Schmidt, Bernhard, *Griechische Märchen, Sagen und Volkslieder* (Leipzig, 1877)

—, *Das Volksleben der Neugriechen und das Hellenische Alterthum* (Leipzig, 1871)

Schneller, Christian, *Märchen und Sagen aus Wälschtirol* (Innsbruck, 1867)

Schutz, Joseph, *Volksmärchen aus Jugoslawien* (Düsseldorf, 1960)

Schweizerisches Archiv für Volkskunde (Zürich, 1897— die Edition ist nicht abgeschlossen)

The Scottish National Dictionary (Edinburgh, 1953)

Sébillot, Paul, *Le Folk-Lore de France, 4 Bd.* (Paris, 1904—7)

Sikes, Wirt, *British Goblins* (London, 1973)

Sinistrari, Ludovico Maria, *Demoniality* (London, 1927)

Die Sonnentochter (Moskau, o. J.)

Soupalt, Ré, *Bretonische Märchen* (Düsseldorf, 1959)

—, *Französische Märchen* (Düsseldorf, 1963)

Stephens, James, *The Crock of Gold* (London, 1965)

—, *Irish Fairy Tales* (New York, 1962)

Strauss, Heinz A., *Psychologie und astrologische Symbolik* (München, 1971)

Stumme, Hans, *Maltesische Märchen* (Leipzig, 1904)

Temming, Rolf L., *Seemanns-Sagen und Schiffer-Märchen* (Frankfurt, 1973)

Thiele, J. M., *Danmarks Folksagn, 3 Bd.* (Kopenhagen, 1843)

Thorpe, Benjamin, *Northern Mythology, 3 Bd.* (London, 1852)

Tolkien, J. R. R., *The Tolkien Reader* (New York, 1966)

Tongue, Ruth L., *Forgotten Folk-Tales of the English Counties* (London, 1970)

—, *Somerset Folklore* (London, 1965)

Toschi, Paolo, *Romagna Solatia* (Mailand, 1926)

Vasconcellos, J. Leite de, *Tradicoes Populares de Portugal* (Porto, 1882)

Vernaleken, Theodor, *Österreichische Kinder- und Hausmärchen* (Wien, 1864)

Vidossi, Giuseppe, *Saggi e Scritti Minori di Folclore* (Turin, 1960)

Villemarqué, H. de la, *Barzaz breiz — Chants populaires de la Bretagne, 2 Bd.* (Paris, 1846)

Wardrop, Marjory, *Georgian Folk Tales* (London, 1894)

Webster, Wentworth, *Basque Legends* (London, 1879)

Wentz, Evans, *Fairy Faith in Celtic Countries* (London, 1975)

Wlislocki, Heinrich von, *Märchen und Sagen der Bukowiner und Siebenbürger Armenier* (Hamburg, 1891)

Wolf, Johannes Wilhelm, *Deutsche Märchen und Sagen* (Leipzig, 1845)

Wolff, C. F., *Ultimi Fiori delle Dolomiti* (Bologna, 1953)

Wright, Joseph, *The English Dialect Dictionary, 6 Bd.* (London, 1902)

Zaunert, Paul, *Deutsche Märchen aus dem Donaulande* (Jena, 1926)

—, *Deutsche Märchen seit Grimm* (Düsseldorf, 1964)

Zingarelli, N. und Vocino, M., *Apulia Fidelis* (Mailand, 1926)

Zingerle, Ignaz, *Sagen aus Tirol* (Innsbruck, 1850)

Zingerle, Ignaz und Josef, *Tirols Volksdichtungen und Volksgebräuche*, 2 Bd. (Bd. 1, Innsbruck, 1852, Bd. 2, Regensburg 1852)

REGISTER

A

Aguane, 105, **161—164**, 174, 223, 277
Aitwara, siehe Hähne
Allerünken, siehe Kobolde
Alp, siehe Nachtmahre,
Alraune, siehe Kobolde
Alven, 17
Amadán-na-Briona, 19
Ammazzamareddu, siehe Wind-Folletti
Ancho, siehe Silvani
Annequins, siehe Irrwische
Araignées Lutins, siehe Lutins
Artus, König, 164
Asrai, **261—263**
Atropos, 216

B

Bacchantinnen, siehe Fées
Bagany, **80—83**
Banniki, **80—83**
Barabao, **152—154**
Barstukken, siehe Baumelben
Basa-Andrée, siehe Aguane
Basadone, siehe Wind-Folletti
Basa-Juan, siehe Silvani
Basilisken, **181—185**
Baumelben **188—192**
Baumkobolde, siehe Baumelben
Beansídh, 150
Beatrik, 163
Befana, 218
Bendith y Mamau, 88
Ben-Varrey, siehe Meerfrauen
Bergmandeli, siehe Erdluitle
Bergmönche, siehe Hämmerlinge
Bilbze, 258
Bildukka, siehe Poltergeister
Binidica, siehe Fate
Bittinger, siehe Kielkröpfe
Black Dwarfs, siehe Hämmerlinge
Blanquettes, siehe Fées
Bloody Caps, siehe Red Caps

Böcke, siehe Hausböcke, Kornböcke
Bockschnitt, siehe Poleviki
Bodach na Croibhe Moire, siehe Baumelben
Bodachan Sabhaill, siehe Brownies
Böhlers-Männchen, siehe Das Stille Volk,
Bom Noz, siehe Lutins
Bonnes Dames, siehe Moiren
Boruta, siehe Baumelben
Boudiguets, siehe Korred
Bregostani, siehe Salvani
Bregosténe, siehe Aguane
Brownies, 122, **202—207**
Brunnenfrauen, **231—234**
Bubak, siehe Poltergeister
Buffardello, siehe Linchetti
Buschgroßmutter, 187
Butze, 52
Bwbach, siehe Bwciod
Bwciod, 122, 205, **206—208**

C

Caccavechia, siehe Linchetti
Calcatràpole, siehe Nachtmahre
Cambiones, siehe Kielkröpfe
Candelas, siehe Irrwische
Carikines, siehe Korred
Carroux, Margret, 296
Catez, siehe Kornböcke
Cauchemar, siehe Nachtmahre
Cauld Lad, siehe Brownies
Ceasg, siehe Meerfrauen
Cestitice, siehe Vilen
Chervan, siehe Serván
Chèvres Dansantes, siehe Irrwische
Chimke, siehe Heinzelmännchen
C'horriquets, siehe Korred
Chrüegeli, siehe Erdluitle
Church Grims, siehe Kirchen-Grimme
Churn Milk Peg, siehe Baumelben
Cincuit, siehe Nachtmahre
Clotho, 216